PÉTRONE

LE SATYRICON

TRADUCTION

DE

LAURENT TAILHADE

ILLUSTRATIONS DE ROCHEGROSSE

PARIS

LOUIS CONARD, LIBRAIRE-ÉDITEUR

17, BOULEVARD DE LA MADELEINE, 17

MDCCCCX

LE SATYRICON

IL SATYRICON

PÉTRONE

LE SATYRICON

TRADUCTION

DE

LAURENT TAILHADE

ILLUSTRATIONS DE ROCHEGROSSE

PARIS

LOUIS CONARD, LIBRAIRE-ÉDITEUR

17, BOULEVARD DE LA MADELEINE, 17

MDCCCCX

À EDMOND PICARD

Laurent TAILHADE

« Voici longtemps que je promets de vous narrer mes aventures, si bien que j'ai résolu de donner suite aujourd'hui même à cet engagement : car moins pour éclaircir de doctes problèmes que pour animer des propos hilares et des colloques grivois, s'est opportunément congrégée notre assemblée.

« Fabricius Vejento des mystifications religieuses avec infiniment d'esprit a causé devant vous. Il a démasqué supercheries et menteuses vaticinations de la prêtraille, son audace à publier des mystères dont elle n'entend pas le premier mot.

« Mais » n'est-ce pas un charlatanisme aussi

furieux de quoi les déclamateurs sont férus et possédés? Ils braillent : — Ces navrures, pour la publique liberté, je les endurai! cette vie, j'en ai pour vous fait le sacrifice; donnez-moi, donnez un guide qui me guide vers mes enfants, car mes genoux mutilés ne me soutiennent plus! — Ces choses même seraient tolérables si elles ouvraient aux débutants un chemin vers l'éloquence. Mais aujourd'hui, à la bouffissure du discours, au fracas très vain des maximes ils gagnent uniquement ceci que, rendus au Forum, ils se croient dépaysés dans une autre planète. Et c'est pourquoi j'estime que les adolescents, à l'école, deviennent des sots fieffés qui de nos usages ne voient et n'entendent rien, mais qu'on berne, tout le temps, de pirates, debout sur le rivage, préparant des fers, et de monarques promulguant un édit qui enjoint aux fils de trancher la tête paternelle, et d'oracles vouant à la mort en temps d'épidémie, trois pucelles ou même davantage, et d'un oratoire melliflu où tout — actes et paroles — est meringué pour ainsi dire de sésame et de pavot.

Ceux qui sont nourris là dedans ne peuvent

pas avoir le sens commun, plus que ne peut odo-
rer bon qui s'héberge en la cuisine. Avec votre
congé, Maîtres de rhétorique, souffrez que l'on
vous die que c'est vous les premiers qui perdez
la Faconde. En suscitant une fallacieuse harmonie, et les pointes dérisoires, vous avez énervé le
corps du discours, préparé sa chute. Les éphèbes
n'étaient pas encore entraînés à ces déclamations
quand Sophoclès et Euripidès inventèrent les
mots qui portent leur génie aux siècles à venir.
Un pion ténébreux n'avait pas encore hébété les
esprits, lorsque Pindarus et les neuf Lyriques,
sur les rhytmes d'Homerus, prirent l'audace magnanime de chanter. Et, sans invoquer le témoignage des poètes, je ne vois pas, certes, que
Plato ni Demosthenès aient jamais entrepris
ce genre d'exercice. Le grand et, si j'ose parler
ainsi, le virginal Bien-Dire n'est point maquillé
ou redondant, mais, par sa beauté propre, surgit.
Naguère, cette énorme, cette venteuse loqua-
cité, immigra de l'Asia dans Athenæ. Sur les
esprits des jeunes hommes guindés vers le sublime, comme d'un astre pestilentiel, tomba son
haleine. Corrompue en son principe, l'éloquence
dépérit et, bientôt, resta muette. Qui, depuis
lors, approcha la perfection de Thucydidès, la

renommée d'Hyperidès? Pas même un vers qui brille d'une heureuse couleur : mais tous, comme bouffis d'un pernicieux régime, ne peuvent, sous leur perruque blanche, atteindre la vieillesse. La peinture n'a pas une fin plus brillante, depuis que l'audace égyptiaque s'avisa d'en abréger la technique et d'en vulgariser les procédés.

« Je déclamais un jour à peu près de la sorte, quand Agamemnon s'approcha de nous, scrutant la foule d'un œil curieux et cherchant quel était l'orateur si diligemment écouté. »

Ne souffrit pas Agamemnon que je pérorasse longuement sous le portique au temps où lui-même avait sué en vain dans sa chaire : — Mignon, dit-il, puisque tu causes d'un air qui ne sent pas le commun et, chose combien rare, puisque tu prises le bon sens, je ne t'abuserai pas touchant les secrets de mon art. La faute, dans ces exercices, n'incombe pas aux précepteurs qui, vivant au milieu d'archifous, sont

tenus d'extravaguer. Car s'ils ne débitent pas les fariboles qui plaisent aux élèves, ils restent — comme dit Cicéro — abandonnés dans leur classe déserte. Pareil à ces malins parasites qui voulant capter le dîner du riche, inventent d'agréables propos (car, pour atteindre le but de leurs désirs, faut piper les oreilles) tel apparaît le Maître d'éloquence. Il ressemble encore au pêcheur qui, s'il n'amorce point des lignes avec l'appât que le poisson préfère, se morfond en vain sur son rocher.

Que dirai-je? Les parents seuls méritent vos objurgations qui ne veulent pas instruire leurs héritiers dans les bonnes disciplines. Ils sacrifient tout, jusqu'à l'avenir, au besoin d'arriver. Par ambition, ils poussent au barreau des blancs-becs frais émoulus de leur école et, sachant quelle maturité demande l'Éloquence, ils y consacrent des gamins qui ont encore le lait au bout du nez. Que si les familles voulaient endurer la gradation des cours et que les jeunes hommes studieux, exercés par une lecture choisie, conformassent leur éducation à de nobles préceptes, de façon à châtier le style avec énergie, à suivre

longuement les orateurs qu'ils prennent pour modèles, ces parfaits élèves auraient bientôt fait de mépriser tout ce qui, de nos jours, séduit l'enfance. Leurs plaidoyers d'une allure élevée acquerraient sur-le-champ et poids, et majesté. A présent, les écoliers baguenaudent en classe; les juveigneurs prêtent à rire, sitôt qu'ils se montrent au Forum. Chose turpide, ce qu'ils ont appris autrefois de travers, ils n'en veulent pas confesser le vice, dans leur âge mûr. Cependant, pour que vous n'alliez pas croire que j'approuve absolument les impromptus dont Lucilius nous donna le modèle, je vous dirai en vers mon sentiment là-dessus :

D'un art sévère si tu veux goûter les fruits,
Applique ton âme aux grandes choses; qu'à la manière antique,
Tes mœurs reluisent d'une exacte frugalité.
Ne prends souci de capter, dans leur maison, le regard hautain des rois
Ni, parasite, le dîner des puissants.
Fuis les biberons et n'étouffe pas dans les pots
La chaleur de ton génie; que, laudicène, on ne te voie pas,
Couronné, t'asseoir au théâtre ni prendre plaisir aux histrions.

Mais que t'agrée soit la citadelle de Tritonis Armigèra,
Soit le terroir habité par un colon de Lacédémôn,
Ou bien Neapolis demeure des Sirènæ. Consacre à la
Muse tes virides années
Et t'abreuve d'un cœur joyeux aux sources mœo-
niennes;
Bientôt, absorbé par la troupe socratique, libre, et chan-
geant de rênes,
Du grand Demosthenès tu feras sonner les armes.
Ici pourtant jaillira la puissance romaine et, sous peu, du
grec
Exonéré, ton esprit donnera sa vertu personnelle.
Entre temps, tu liras les pages des auteurs renommés au
Forum
Et l'assemblée retentira de tes discours agiles.
Tu goûteras les prises d'armes en sonorités belliqueuses
mémorées
Et, dominant sur ces choses, la grandiose parole de
l'indompté Cicéro.
Pare ton intellect de fiers ornements et, comme d'un
large fleuve
Ruisselant, tu feras jaillir de ton sein le verbe des Piéridès.

J'écoutais bouche béante et ne m'aperçus pas
qu'Ascyltos avait fui. Pendant que je m'enfon-

çais dans la chaleur de cette longue diatribe, une troupe d'écoliers envahit le portique. Ils venaient manifestement d'ouïr une harangue improvisée par je ne sais quel rhéteur en réponse au cours d'Agamemnon. Pendant que ces marmousets bafouent, qui le fond même, qui l'ordonnance et l'écriture du discours, je m'évade opportunément, et de courir en quête d'Ascyltos. Mais j'ignorais mon chemin, l'adresse de notre garni; c'est pourquoi je marchais sans profit, revenant sans cesse à mon point de départ, jusques au temps que, brisé par la course et déjà trempé de sueur, l'idée me vint d'aborder une vieille sempiterneuse qui criait, par les rues, des herbes potagères.

Maman, saurais-tu par hasard où je demeure? fut ma première question.

Délectée par ma niaiserie et mon urbanité : — Possible que je le sache, répond-elle; et voici qu'elle marche devant moi. Je la croyais devineresse : mais bientôt, débouchant dans un lieu plus secret, la matrone obséquieuse soulève une portière : — C'est ici, dit-elle, que je pense que tu habites. Je me défendis de connaître ce

logis : mais, en même temps, j'aperçois, parmi
les écriteaux et les mérétrices à poils, des promeneurs furtifs. Bien tard, que dis-je? trop tard,
je compris qu'on m'avait égaré dans un lieu
d'honneur. Exécrant les embûches de la vieille
ogresse, je couvris ma tête et m'empressai de
fuir à travers le lupanar, vers une autre sortie.
J'en touchais le seuil, lorsque je m'aplatis contre
Ascyltos, crevé de fatigue et plus défaillant que
moi : vous auriez imaginé que la même procu-
reuse nous avait affrontés en ce clapier. C'est
pourquoi, riant un peu, je lui fis ma révérence :
— Et que fais-tu, lui dis-je, en ce taudis com-
promettant?

A pleines mains, il bouchonna la sueur qui
l'inondait. — Si tu savais ce qui m'est arrivé,
gémit-il. — Quoi de neuf? répliquai-je. Mais
lui, presque mourant : — Comme j'errais par
la ville entière, sans retrouver la place où j'avais
laissé notre auberge, m'accoste un père de famille
qui s'offre à me conduire, le plus honnêtement
du monde. Ensuite, par des venelles très obs-
cures, il m'emmène jusqu'ici et, m'offrant de
l'argent, il se met à requérir de moi le don

de courtoisie. Déjà la matrulle avait touché un as pour prix du cabinet. Déjà il passait la main dans mes chausses et, n'était ma vigueur plus grande que la sienne, j'eusse trinqué sans phrases.

« Tandis qu'Ascyltos me narre son malencontre, le père de famille lui-même, accompagné d'une gaupe assez ragoûtante, survient et, faisant les yeux doux, invite Ascyltos à le suivre dans la maison, l'assurant qu'il n'a rien à craindre et, puisqu'il se refuse à être le patient que, du moins, il consente à besogner en qualité d'agent. D'autre part, la catau s'évertue à m'aguicher et me prie de la suivre. Alors, nous emboîtons le pas et, menés à travers les affiches putanières, nous apercevons toute sorte de gens de l'un et de l'autre sexe en train de beluter dans les chambres d'amour, » avec tant de violence qu'on les aurait crus empoisonnés de satyrion.

« Dès qu'ils nous aperçoivent, ils s'efforcent de nous exciter par leur entrain, par leurs gestes de cinèdes. Soudain, retroussé jusqu'à la ceinture, un furieux investit Ascyltos et, le culbutant sur un grabat, s'efforce de l'engeigner. Je bondis au secours du malheureux et », joignant nos forces, nous incaguons le malotru.

Ascyltos gagne au pied, s'enfuit dare dare,
me laissant en proie aux libidineuses complexions des forcenés : mais plus qu'eux riche en
force et en valeur, je sors intact de ce nouvel
assaut.

« Ayant parcouru toute la ville ou peu s'en
faut », comme à travers un brouillard caligineux,
sur le trottoir d'une place, je reconnus Giton,
debout « au seuil de notre hôtellerie », où je
m'empressai d'entrer. — Frère, lui demandai-je,
que nous as-tu cuisiné pour souper? — Mais
l'enfant s'asseyant sur le lit cherche en vain à
retenir des larmes et se met à pleurer abondamment. Perturbé moi-même par l'émotion du
petit frère, je m'enquiers de ce qui lui est arrivé.
Mais lui, tardivement et comme à regret, après
que j'eus mêlé aux prières les éclats de fureur :
— Ton ami, exclama-t-il, ton copain, Ascyltos
a devancé ta venue. Me trouvant ici tout seul,
le monstre a voulu entreprendre sur ma pudeur.
Comme je criais de mon mieux il a dégainé et :

« Si tu es Lucretia, m'a-t-il dit, tu as trouvé un Tarquinius. » — Entendant cela, je poussai mes griffes vers les yeux d'Ascyltos : — Que réponds-tu à cela, catin ? catin soumise et plus banale qu'une paillasse de rouleuse, toi dont le souffle même est ignominieux ? — Feignant une horreur mensongère, Ascyltos lève à son tour la main sur moi et clabaude sur un ton encore plus élevé : — As-tu fini, gladiateur obscène, « assassin de ton hôte », rebut de l'amphithéâtre ! Ferme ça, voleur de nuit, qui, même lorsque tu godillais proprement, n'a jamais accolé une femme propre ! Tu sais bien que je t'ai servi de frère, dans un quinconce, comme à présent, le môme dans ce cabaret. — Mais, répliquai-je, pourquoi t'esbigner pendant mon entretien avec le pédant ?

— Triple idiot ! que voulais-tu que je fisse là ? Je crevais de faim. Devais-je écouter des sentences, comme qui dirait un fracas de vitres brisées, ou bien l'*Oracle des Songes* ? Tu es cent fois plus cochon que moi, par Herculæ ! toi qui pour souper en ville, flagornes un magister. — Et voilà que nous tournons en risée cette discussion très honteuse, parlant avec sang-froid de

choses et d'autres. Mais bientôt sa perfidie me
revint en mémoire : — Ascyltos, dis-je, nos
humeurs ne peuvent s'accorder; le mieux est de
partager les hardes que nous avons en commun,
puis de combattre par des gains séparés notre
mutuelle pauvreté. Tu n'es pas sans lettres, ni
moi-même; cependant, pour ne pas marcher sur
tes brisées, je choisirai une autre sorte d'industrie, faute de quoi mille occasions nous feraient,
à chaque instant, harpailler. Nous serions, avant
peu, montrés au doigt. Ascyltos acquiesça : —
Mais, dit-il, aujourd'hui, en qualité de beaux
esprits, nous sommes conviés à un banquet. Ne
perdons pas cette agréable nuit; toutefois, demain, puisque cela te plaît, je me pourvoirai
d'un gîte et d'un amant. — Il est oiseux, répliquai-je, de différer ce qui plaît. Le désir seul
me faisait ainsi brusquer les choses : depuis
longtemps je brûlais d'espacer un fâcheux, et
de reprendre avec mon cher Giton nos amusements d'autrefois.

« Ascyltos digéra peu cette avanie. Sans répliquer, il sortit brusquement. J'augurai mal de ce
départ soudain : car je connaissais la fougue de
son caractère et le dévergondage de ses appétits.
Je le suivis pour observer ses démarches, pour

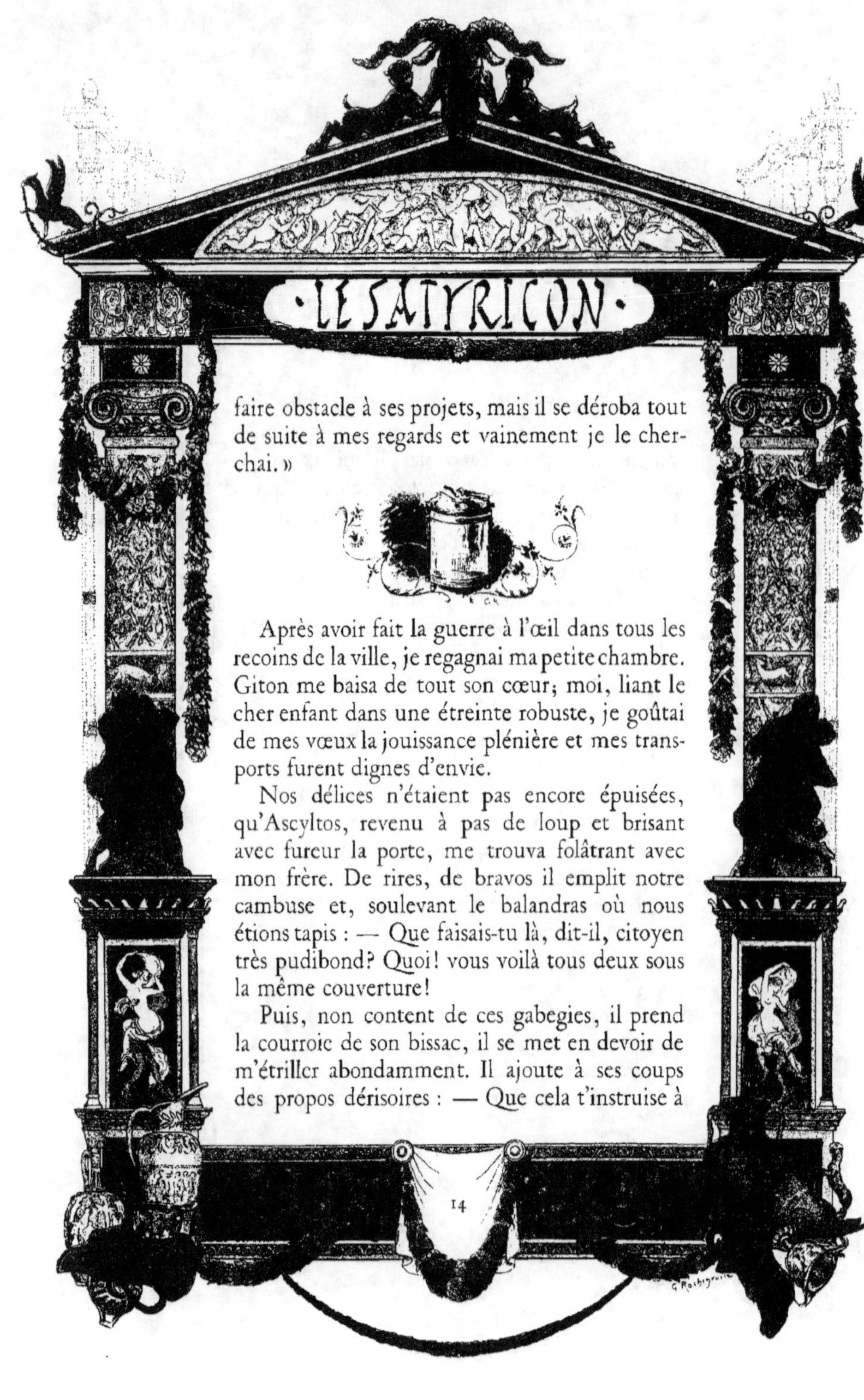

faire obstacle à ses projets, mais il se déroba tout
de suite à mes regards et vainement je le cher-
chai. »

Après avoir fait la guerre à l'œil dans tous les
recoins de la ville, je regagnai ma petite chambre.
Giton me baisa de tout son cœur; moi, liant le
cher enfant dans une étreinte robuste, je goûtai
de mes vœux la jouissance plénière et mes transports furent dignes d'envie.

Nos délices n'étaient pas encore épuisées,
qu'Ascyltos, revenu à pas de loup et brisant
avec fureur la porte, me trouva folâtrant avec
mon frère. De rires, de bravos il emplit notre
cambuse et, soulevant le balandras où nous
étions tapis : — Que faisais-tu là, dit-il, citoyen
très pudibond? Quoi! vous voilà tous deux sous
la même couverture!

Puis, non content de ces gabegies, il prend
la courroie de son bissac, il se met en devoir de
m'étriller abondamment. Il ajoute à ses coups
des propos dérisoires : — Que cela t'instruise à

ne plus désormais, frère, trancher quoi que ce soit avec ton frère !

« L'imprévu du choc me stupéfia. J'avalai sans broncher sarcasmes et plamussades : je tournai la chose en bouffonnerie. C'était prudent, car sans cela, j'eusse dû en venir aux mains avec mon rival. Ma fausse hilarité apaisa ses esprits : — Encolpis, me dit-il en souriant, toi, dans la débauche enseveli, tu perds de vue notre disette de pécune. Ce qui nous reste est si peu que rien. Pendant les beaux jours, la ville est d'une effroyable stérilité, la campagne nous sera plus fructueuse. Allons voir nos amis.

« La nécessité me fit donner la main à ce conseil et suspendre mon ressentiment. De sorte qu'après avoir donné à Giton mon porte-manteau, nous sortîmes de la ville, en marche vers un castelet de Lycurgus, chevalier romain. Comme il avait été jadis le frère d'Ascyltos, il nous fit un bon accueil. Son entourage en accrut fort les agréments. D'abord, Tryphœna, miracle de beauté, commère d'un certain Lycas, patron de navire qui possédait quelques domaines aux alentours et proche de la mer. On ne peut exprimer les contentements que nous goûtâmes en ce lieu, qui est un des plus beaux

qui se puissent rêver, encore que Lycurgus nous y fit assez petite chère. Faites état que Vénus incontinent prit soin de nous apparier. La belle Tryphœna mérita mes suffrages et, favorable, elle accueillit mes vœux. Mais à peine avais-je poussé ma pointe, que Lycas, indigné de se voir dérober son joujou, me somma de la remplacer auprès de lui. C'était un vieux collage et, rondement, il m'offrit de composer au moyen de cet échange. Ivre de luxure, il me persécutait de ses désirs, mais j'avais, alors, Tryphœna dans le sang et je fermai l'oreille aux invites de Lycas. Mes refus exaltèrent son béguin jusqu'à la passion. Il me suivait de tous côtés. Il entra, une nuit, dans ma chambrette. Voyant que la persuasion ne servait de rien, il voulut tâter du viol, mais je beuglai de telle sorte que toute la valetaille fut sur pied et que, Lycurgus aidant, je sortis indemne de ce terrible assaut.

« Enfin, Lycas ne trouvant pas la maison où nous étions commode à ses desseins, me pria d'accepter son hospitalité. Je déclinai l'invitation. Il me fit presser de nouveau par Tryphœna. Elle s'entremit d'autant plus volontiers pour m'induire à céder au caprice de Lycas qu'elle se flattait d'en obtenir un surcroît de liberté. Je suivis

donc l'Amour. Cependant Lycurgus, ayant repris avec Ascyltos le commerce de jadis, n'entendait pas quitter son bel ami. De sorte que
nous convînmes qu'il resterait près de Lycurgus,
tandis que j'irais chez Lycas avec Giton.

« Nous décrétâmes, en outre, que chacun de
nous serait tenu de rapporter à la masse et pour
la commune subsistance, les aubaines que l'occasion nous fournirait.

« La joie de Lycas fut inimaginable en apprenant ma résolution. Le voilà qui se met en
quatre pour avancer le départ. Enfin, nous
prîmes congé de nos amis et parvînmes, le soir
même, à notre demeure nouvelle.

« Pertinemment Lycas avait pris ses mesures.
Pendant la route, il se fit mon voisin; Tryphœna
s'asseyait près de Giton. L'homme avait ainsi
disposé les choses, connaissant bien les complexions de sa maîtresse, qu'elle se plaisait au
changement et qu'elle ne manquerait pas de
convoiter le cher mignon. Ce qui ne tarda guère
d'advenir. La belle ardait pour le gamin, s'affi-
chait de bonne grâce. Lycas, avec grand soin,
m'indiquait leur manège. Cette conjoncture le
poussa quelque peu dans mon esprit, de quoi il
fut charmé; car il se flattait que l'inconstance de

ma sœur me la rendrait méprisable, que n'étant
plus sous l'empire de la dame, je l'écouterais,
lui, plus favorablement.

« Les choses furent ainsi pendant les premiers
jours de notre visite chez Lycas. Tryphœna se
consumait pour Giton qui la servait de grand
cœur : l'un et l'autre me chagrinaient fort.
Cependant Lycas, dans son zèle à me plaire,
inventait, chaque jour, de nouveaux passe-temps.
Doris, sa jolie épouse, les embellissait de sa présence et de tels agréments que j'eus bientôt
oublié Tryphœna. Je confiai aux truchements
ordinaires, soupirs et regards noyés, le soin d'expliquer à Doris ma naissante amour. Mes yeux
languissants lui firent d'enthousiastes aveux et
dans les siens brillait une flamme pareille. Cette
éloquence muette nous découvrit tout d'abord,
avant même que d'avoir échangé une parole, ce
que nous ressentions avec tant de ferveur.

« La jalousie de Lycas, à propos de quoi j'étais
édifié, m'obligeait à garder le silence. De son
côté, Doris ne se pouvait tromper aux soins dont
m'accablait son homme. Dès que nous pûmes
causer librement, elle s'en ouvrit à moi. Je con-
fessai la chose en lui faisant valoir ma résistance
acharnée aux entreprises de Lycas. Mais elle me

représenta, la bonne robe, qu'il fallait user de
politique et, guidé par son adresse, je ne trouvai
pas de meilleur expédient pour jouir de l'une
que de m'abandonner à l'autre.

« Cependant, Giton épuisé tâchait de réparer
ses forces par un peu de repos. Tryphœna revint
alors à moi. Ses avances rebutées firent place
à la fureur. Sans cesse cramponnée à ma personne, elle ne tarda pas à découvrir ma double
intrigue avec les deux époux. La première ne
lui causant aucun préjudice, elle ne s'en mit
guère en peine, mais elle résolut d'entraver la
seconde. Pour cet effet, elle n'hésita pas à informer Lycas de mes amours avec Doris. Plus
sensible à la jalousie qu'à la tendresse, le mari
préparait sa vengeance, quand, heureusement
avertie par une femme de Tryphœna, Doris put
se mettre à l'abri de l'orage; mais il nous fallut
suspendre nos rendez-vous et nos ébats.

« Exécrant la perfidie de Tryphœna et l'in-
gratitude noire de Lycas, je pris la résolution de
quitter la place. La fortune me favorisa. Car,
la veille, un navire consacré à Isis et copieux en
butin avait échoué sur les rochers du voisinage.

« Ayant pris conseil de Giton qui se prêta de
grand cœur à l'aventure, hargneux comme il

était de voir Tryphœna ne plus se soucier de lui, après l'avoir séché jusqu'aux moelles, nous prîmes, de grand matin, la route vers la mer et nous entrâmes d'autant plus facilement dans le navire qu'il avait comme gardiens les gens de Lycas dont nous étions connus. Mais, pour nous faire honneur, les idiots se mirent à nous escorter. Cela ne faisait pas notre affaire et nous empêchait de larronner. Ce que voyant, je leur abandonnai Giton; puis, subrepticement, je me coulai dans une chambre attenante à la poupe que décorait une statue de la Déesse. Je la spoliai d'une précieuse chasuble et d'un sistre d'argent, puis, j'enlevai de la cabine du pilote quelques nippes de valeur; enfin, glissant le long d'un funin, je quittai le navire aperçu de l'unique Giton, qui, prenant congé de ses gardes, me rejoignit dans peu d'instants.

« Aussitôt qu'il fut devers moi, je lui montrai le butin que j'avais fait. Nous jugeâmes à propos de rallier Ascyltos chez Lycurgus : mais nous ne pûmes y parvenir que le jour d'après. En abordant notre compagnon, je lui narrai brièvement de quelle façon j'avais chapardé la nef d'Isis et comment nous étions des victimes de l'amour. Il nous conseilla de prévenir Lycurgus et de le

disposer en notre faveur, lui faisant connaître que les persécutions itératives de Lycas nous avaient obligés d'avancer notre retour sans prendre le temps de l'avertir; sur quoi Lycurgus nous promit son assistance indéfectible contre nos persécuteurs.

« Chez Lycas, on n'éventa notre fuite qu'au lever de Doris et de Tryphœna. D'habitude, nous assistions galamment à leur toilette matinale. Aussitôt, Lycas met en campagne ses valets. On nous cherche surtout du côté de la mer. Là, nos rabatteurs apprennent quelle visite nous fîmes au tillac de la Déesse, mais rien encore du cambriolage, car la poupe du bâtiment regardait vers le large et son pilote n'était pas rentré.

« Enfin Lycas ne doutant plus de notre évasion, la rancœur de m'avoir perdu le déchaîna contre Doris qu'il incriminait d'un tel essoine. Je tairai les outrages, les voies de fait auxquels il se porta, car j'en ignore le détail. Apprenez seulement que Tryphœna, instigatrice du désordre, persuada Lycas de nous aller quérir chez Lycurgus près de qui, certainement, nous étions réfugiés. Elle s'offrit même à être de la partie afin de dauber sur nous en proportion de nos méfaits.

« Les voilà donc en route et arrivant d'assez
bonne heure le lendemain au castelet. Nous
étions sortis, car Lycurgus nous avait conduits à
certaines Heraclées que fériait un bourg voisin.
A cette nouvelle, ils nous emboîtèrent le pas
et finirent par nous trouver, au temple, sous le
porche. Leur aspect nous troubla fort. Lycas de
notre escapade se plaignit à Lycurgus en toute
véhémence ; mais il fut reçu par notre hôte d'un
front impénétrable et d'un sourcil dédaigneux.
Ce froid me rendit l'audace ; malfaisants et hon-
teux, ses stupres je les lui jetai d'abord à la face,
lui reprochant, à haute voix, les lubriques assauts
qu'il m'avait donnés tant chez Lycurgus que
dans sa propre demeure. Tryphœna, qui s'in-
géra de me contredire, n'en fut pas, non plus, la
bonne marchande. Je lui reprochai, devant les
badauds qu'avait ameutés notre dispute, ses appétits de goule, montrant à l'appui de mon dire
Giton crevé, moi-même presque démoli par
cette chienne libertine.

« Les éclats de rire que chacun fit alors jetèrent
nos ennemis dans un étrange désarroi. Ils en
eurent grand ennui et détalèrent au plus vite,
mais jurant tout bas de se venger. Comme ils
virent que dans l'esprit de Lycurgus nous avions

pris les devants, ils résolurent de l'attendre chez
lui pour le détromper des couleurs dont nous
l'avions berné.

« La fête s'acheva si tard qu'il nous fut impossible de regagner le domaine. Lycurgus nous
coucha dans une métairie qu'il possédait à mi-
chemin de sa résidence. Le lendemain, obligé
de rentrer chez soi pour affaires, il partit sans
nous éveiller. Lycas et Tryphœna l'attendaient,
au castelet, qui le surent flatter et circonvenir
de manière si adroite qu'ils l'engagèrent à nous
livrer entre leurs mains. Lycurgus, cruel par nature et se truphant de garder sa foi, ne songea
plus qu'à nous rendre à nos ennemis. Il persuada
Lycas d'aller chercher main-forte, cependant
que, lui-même, nous garderait à vue dans sa
propriété.

« Il regagna donc la villa et nous reçut du
même air qu'aurait pu prendre Lycas; joignant
les mains et prenant un air de circonstance, il
nous reprocha la témérité que nous eûmes de
chercher à lui en imposer par une accusation
calomnieuse contre un de ses amis. Sans plus
vouloir nous entendre, il ordonna qu'on nous
mît aux arrêts, Giton et moi, dans notre chambre, faisant sortir Ascyltos, mais refusant de

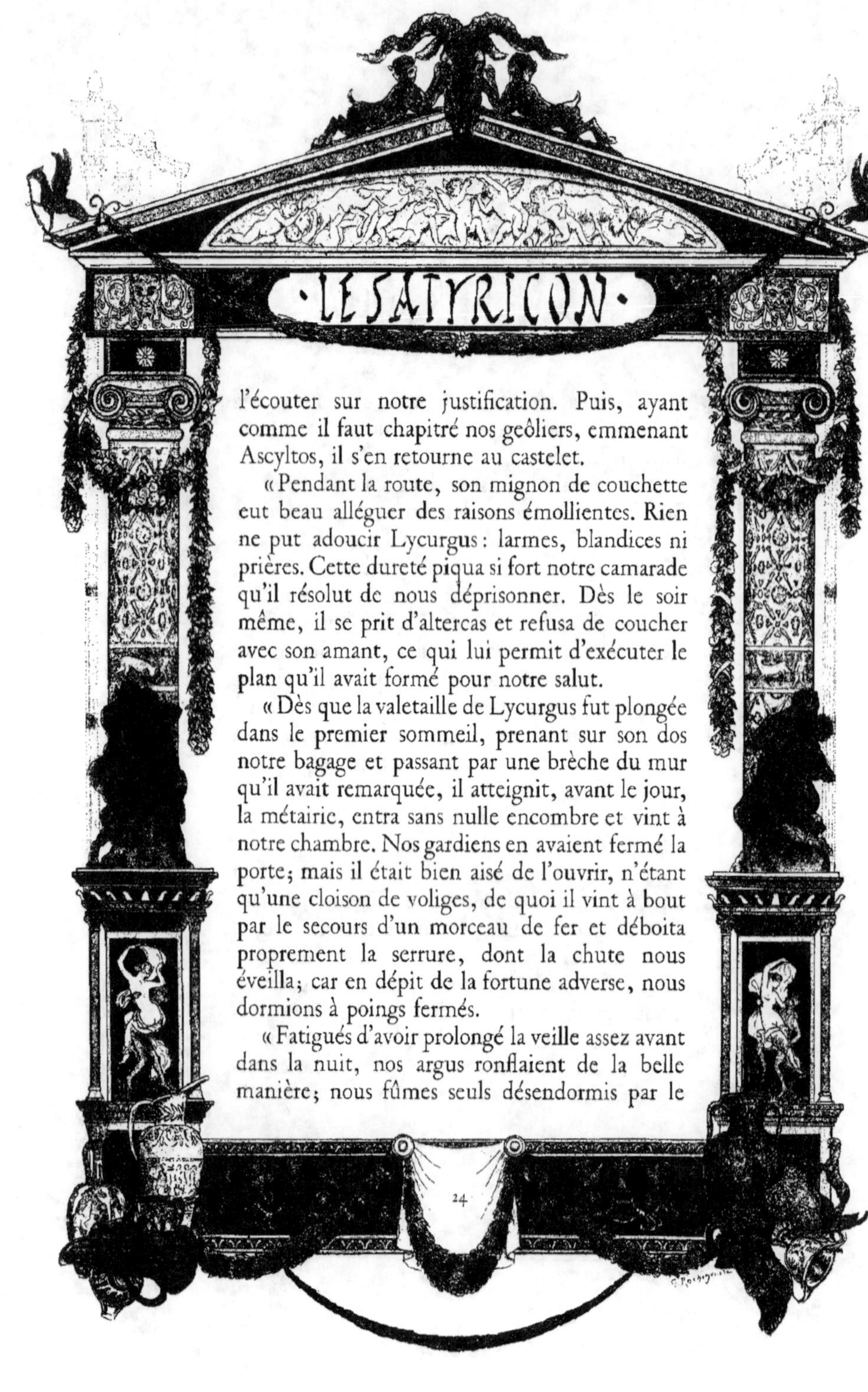

·LE SATYRICON·

l'écouter sur notre justification. Puis, ayant comme il faut chapitré nos geôliers, emmenant Ascyltos, il s'en retourne au castelet.

« Pendant la route, son mignon de couchette eut beau alléguer des raisons émollientes. Rien ne put adoucir Lycurgus : larmes, blandices ni prières. Cette dureté piqua si fort notre camarade qu'il résolut de nous déprisonner. Dès le soir même, il se prit d'altercas et refusa de coucher avec son amant, ce qui lui permit d'exécuter le plan qu'il avait formé pour notre salut.

« Dès que la valetaille de Lycurgus fut plongée dans le premier sommeil, prenant sur son dos notre bagage et passant par une brèche du mur qu'il avait remarquée, il atteignit, avant le jour, la métairie, entra sans nulle encombre et vint à notre chambre. Nos gardiens en avaient fermé la porte ; mais il était bien aisé de l'ouvrir, n'étant qu'une cloison de voliges, de quoi il vint à bout par le secours d'un morceau de fer et déboîta proprement la serrure, dont la chute nous éveilla ; car en dépit de la fortune adverse, nous dormions à poings fermés.

« Fatigués d'avoir prolongé la veille assez avant dans la nuit, nos argus ronflaient de la belle manière ; nous fûmes seuls désendormis par le

tapage. Ascyltos nous dit brièvement tout ce qu'il avait fait pour nous. Besoin ne fut d'autres explications. Pendant que je m'habillais en hâte, l'idée me vint d'assassiner nos geôliers d'abord et de carroubler ensuite la villa. Je soumis ce projet à mes compagnons. Ascyltos approuva le larcin, mais nous bailla congé d'en venir à bout sans effusion de sang. Comme il savait les aîtres, il nous mena dans un garde-meuble où nous prîmes le meilleur. Nous délogeâmes à pointe d'aube et, déclinant les grandes routes, nous marchâmes jusques au temps que nous pûmes nous croire en sûreté.

« Alors Ascyltos reprenant haleine se rigola hautement d'avoir friponné Lycurgus, pingre, dont la parcimonie baillait juste raison à notre ami de clabauder. Nul salaire pour tant de voluptueuses nuits; une table aride en vins et stérile en fricot; la lésine de Lycurgus était, malgré sa richesse énorme, sordide au point qu'il se refusait les choses nécessaires à la vie.

Il ne boit pas au sein des eaux et ne saisit pas les fruits qui nagent,
Ce Tantalus infortuné que torture le désir.
Telle sera la face d'un riche avare qui toujours craint

Ce qu'il peut exécuter, qui remâche la soif dans sa bouche altérée.

« Ascyltos voulait rentrer dans Néapolis, le soir même. Je lui fis sentir son étourderie. La police nous y chercherait apparemment. Il valait mieux nous absenter et dérober ainsi notre piste aux argousins. L'état de nos finances nous permettait, d'ailleurs, une balade à travers champs ! Le conseil lui plut. Nous gagnâmes un hameau qu'embellissaient maintes cassines et vide-bouteilles, où plusieurs de mes amis avaient accoutumé de faire carousse pendant la verte saison. Mais, voilà qu'à mi-route, une grosse pluie nous contraignit à quêter abri dans un prochain village. Nous entrâmes au cabaret, où d'autres voyageurs s'étaient, comme nous, réfugiés pendant l'averse. Dans la confusion qui régnait, nul ne s'inquiéta de nos personnes. Tandis que nous guettions si le désordre ne nous fournirait pas quelque aubaine, Ascyltos aperçut à terre un petit sac de bonne mine qu'il effaroucha sans que nul y prît garde et qu'il trouva bien garni de pièces d'or. Cet heureux début nous émoustilla ; mais, pour éviter toute réclamation, nous prîmes aussitôt la porte de derrière. Un esclave

y sellait les chevaux qui disparut, un moment,
pour aller, sans doute, quérir quelque chose
qu'il avait oublié au logis. Sitôt qu'il fut éloigné,
je m'emparai d'une cape superbe que j'avais
aperçue enroulée au porte-manteau de la plus
riche selle. Nous glissant tout le long des ba-
raques, nous gagnâmes ensuite un bois peu
distant du hameau.

« Ayant percé jusqu'au fort du taillis, et ju-
geant le lieu sûr, nous débattîmes plusieurs
controverses touchant les manières de céler cet
or, dans la crainte qu'on nous arguât de larcin,
ou d'être nous-mêmes larronnés. Enfin, nous
résolûmes de le coudre en la doublure d'une
vieille tunique à moi, que je mis ensuite sur
mes épaules, après avoir chargé Ascyltos du
manteau dérobé. Nous prîmes des sentiers
détournés pour regagner la ville. Mais, au sortir
de la forêt, nous entendîmes ces paroles de
fâcheux augure : — Ils ne se peuvent manquer;
ils sont, à coup sûr, entrés dans le bois. Cher-
chons dans toutes les avenues, afin de les appré-
hender plus aisément.

« Oyant cela, nous envahit une terreur si
grande qu'Ascyltos et Giton, à travers les broussailles, décampèrent du côté de la ville. Je re-

broussai chemin et rentrai sous le couvert, mais avec une telle précipitation que je ne sentis pas de mes épaules tomber la précieuse tunique. Enfin, brisé de fatigue et ne pouvant aller plus loin, je m'affalai au pied d'un arbre, où je constatai la perte que je venais de faire. La douleur me rend des forces; je me lève pour chercher mon trésor. Temps perdu! Oiseuse exploration! Abattu de lassitude et de chagrin, j'entrai au plus obscur, j'y demeurai au delà de quatre heures. Énervé cependant par cette affreuse solitude, je cherche une issue qui me permette d'en sortir. A peine avais-je avancé de quelques pas, que je vis venir à moi une manière de campagnard. J'eus alors besoin de toute ma fermeté qui, par bonheur, ne défaillit point. J'allai carrément à la rencontre de mon homme, le priant de m'indiquer la route de Néapolis : — Car il y a longtemps que j'erre, sans pouvoir me tirer d'au milieu de ce bois. Pâle comme la mort et crotté jusqu'aux yeux, mon état lui fit compassion. Il me demanda si je n'avais rencontré personne, et, ma réponse étant négative, il me remit obligeamment sur mon chemin. Au moment de nous séparer, nous aperçûmes deux hommes de sa connaissance qu'il appela et qui

lui dirent qu'ils avaient battu l'estrade sans rien découvrir, sinon une méchante tunique. Ils la firent voir.

« On croira sans peine que je n'eus pas le front de la réclamer, encore que j'en connusse tout le prix ; de quoi ma douleur ne fit qu'empirer. Le cœur brisé par le rapt de mon trésor et ma faiblesse augmentant à vue d'œil, je suivis lentement les rustres sans être aperçu d'eux.

« Il était tard quand j'arrivai à Néapolis. J'entrai dans un mauvais bouchon où, plus qu'à demi-mort, Ascyltos gisait sur une paillasse. Je m'effondrai de même sur la couche voisine, sans qu'il me fût loisible de proférer un mot. Perturbé de ne plus me voir la tunique dont il m'avait confié la garde : — Qu'as-tu fait de notre robe ? interrogea-t-il d'une voix saccadée. Je n'eus pas la force de répondre, sinon par un regard piteux. Bientôt, me sentant réconforté, je lui fis, vaille que vaille, le récit de ma déconfiture. Il crut d'abord que je lui en donnais à garder. Malgré la rafale de larmes dont j'accompagnai mes serments, il persistait à n'y pas croire, m'accusant de vouloir détourner sa part de prise dans notre butin. Giton, plus consterné que moi-même, se tenait debout, gardant un

silence stupide; son chagrin donnait encore de nouvelles forces à mon désespoir. Mais ce qui me tourmentait par-dessus tout, c'était de nous savoir traqués par les mouches de police. J'en avertis Ascyltos, qui ne s'en émut guère, ayant tiré son épingle du jeu. Il était d'ailleurs persuadé que nul ne s'aviserait de nous chercher dans ce taudis, inconnus comme nous l'étions et n'ayant, au surplus, frayé avec personne.

« Cependant, nous trouvâmes à propos de feindre une indisposition et d'avoir, de la sorte, un prétexte à garder la chambre. Mais nous ne pûmes y demeurer longtemps; car la monnaie se faisait rare, au point qu'il devenait opportun de bazarder quelques nippes afin de subsister. »

Nous arrivâmes au marché sur le déclin du jour. Nous y trouvâmes un bric-à-brac des mieux fournis. C'étaient, pour la plupart, des objets de piètre valeur, mais dont la brume servait à cacher les origines suspectes, la douteuse provenance. Et comme, pour un motif pareil, nous avions

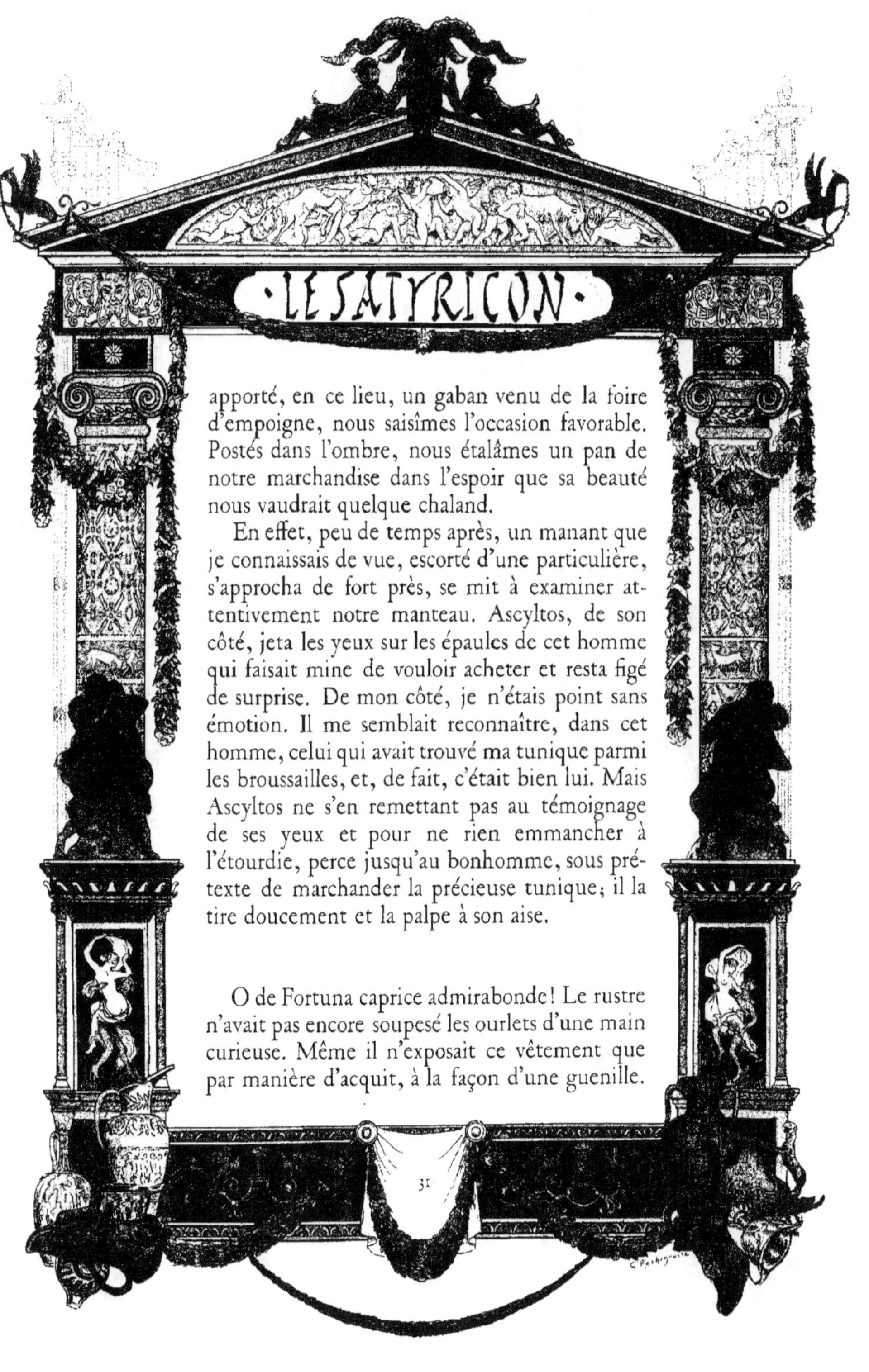

apporté, en ce lieu, un gaban venu de la foire d'empoigne, nous saisîmes l'occasion favorable. Postés dans l'ombre, nous étalâmes un pan de notre marchandise dans l'espoir que sa beauté nous vaudrait quelque chaland.

En effet, peu de temps après, un manant que je connaissais de vue, escorté d'une particulière, s'approcha de fort près, se mit à examiner attentivement notre manteau. Ascyltos, de son côté, jeta les yeux sur les épaules de cet homme qui faisait mine de vouloir acheter et resta figé de surprise. De mon côté, je n'étais point sans émotion. Il me semblait reconnaître, dans cet homme, celui qui avait trouvé ma tunique parmi les broussailles, et, de fait, c'était bien lui. Mais Ascyltos ne s'en remettant pas au témoignage de ses yeux et pour ne rien emmancher à l'étourdie, perce jusqu'au bonhomme, sous prétexte de marchander la précieuse tunique; il la tire doucement et la palpe à son aise.

O de Fortuna caprice admirabonde! Le rustre n'avait pas encore soupesé les ourlets d'une main curieuse. Même il n'exposait ce vêtement que par manière d'acquit, à la façon d'une guenille.

Reconnaissant l'intégrité de notre magot, et que le vendeur portait une face débonnaire, Ascyltos me prit à part : — Sais-tu, frère, dit-il, que le trésor nous revient sur quoi je lamentais? Voilà notre bonne petite frusque, avec, dedans, toutes nos pepettes! Que faire, et par quel stratagème revendiquer notre bien?

Pour moi, je me gaudissais fort, non seulement du profit, mais encore de me sentir lavé, par cette conjoncture, d'une suspicion très infâmante. Je conseillai d'aller droit au but, et de saisir les tribunaux de l'affaire, si le manant rechignait à céder notre bien.

Ce ne fut pas l'opinion d'Ascyltos : — Qui s'intéresse à nous dans ce chien de pays? Qui voudra prêter l'oreille à nos allégations? Je préfère, dit-il, rémérer la tunique ; bien qu'elle soit à nous, ainsi que nous l'avons pu constater, mieux vaut faire emplette du trésor pour quelques sous et ne pas entamer une procédure ambiguë.

« Que font les lois où, seule, règne la Pécune,
Où la Pauvreté ne saurait gagner un procès!
Même ceux-là, qui pratiquent à dîner, l'ascétisme cynique,

Impudemment trafiquent de leur mandat.
Ainsi, la Justice n'est rien, sinon un encan
Où le chevalier même, assis au tribunal, favorise qui le
paie. »

Par malheur, à part un dupundius et un sici-
lique destinés à l'achat de lupins ou de cicéroles,
nous étions absolument fauchés. C'est pourquoi,
de peur que notre butin ne s'évanouît derechef,
nous convînmes de lâcher la main sur le prix
du gaban, sûrs de compenser notre perte légère
par un gain des plus sérieux. Aussitôt, donc, que
nous eûmes l'étoffe déballée, cette donzelle qui,
drapée d'un voile, faisait société au campagnard,
en inspecte jusqu'aux moindres coutures et,
posant ses deux mains sur la frange, se met à
donner de la voix comme pourceau qu'on égorge :
— Les voici! je tiens mes deux voleurs!

Abasourdis par ces hurlements, nous sai-
sissons, pour donner le change, l'immonde
tunique en lambeaux, nous écriant, sur le
même ton, que ces gens-là brocantent nos
dépouilles. Mais la partie n'était pas égale.
La populace conglomérée par nos abois, se
tordait à nous entendre : les uns revendiquant
un habit des plus riches, les autres, une loque
ne valant pas d'être ravaudée. Mais Ascyltos

vint à bout de calmer la risée et, le silence acquis :

— Nous voyons bien que chacun prise très haut ses appartenances : qu'ils nous rendent notre tunique et remportent leur gaban.

Combien qu'au rural ainsi qu'à sa chipie le troc parût duisant, survinrent deux chicanous à tête de larrons qui, voulant escamoter le gaban, insistèrent afin que, de part et d'autre, on remît à leurs soins les effets contestés et que, le lendemain, les juges seraient saisis du différend. Car il s'agissait moins, d'après eux, d'établir la propriété des hardes en litige que de longuement rechercher laquelle des deux parties justifiait le soupçon d'improbité.

L'avis du séquestre agréait aux spectateurs. Mais voici que, du milieu de la foule, sort un quidam, chauve et le front garni de caroncules tubéreuses : c'était une manière de solliciteur au contentieux. Il s'empare du gaban et jure les Consentes qu'il le reproduira devant le tribunal. Manifestement, le but de ces escogriffes était de faire déposer notre gage entre leurs pattes, et, l'ayant esbrouffé, d'empêcher, par la crainte

d'une accusation de vol, notre comparution à
l'audience. Sur ce point, nous étions on ne peut
plus d'accord. Le hasard adjuva les désirs de chacun : indigné de nous voir mener ce train pour
une infâme penaille, le croquant jeta la tunique à
la face d'Ascyltos, et, pour clore la dispute, demanda le dépôt en mains tierces du gaban, seule
cause de cette échauffourée. Ayant donc ainsi
recouvré, comme nous le pensions, notre belle
monnaie, en un temps de galop, nous vînmes à
l'auberge. La porte barricadée, nous fîmes des
gorges chaudes tant sur les hommes d'affaires
que sur nos accusateurs. Ils avaient déployé une
telle finesse pour nous rendre nos écus !

« Nous commencions à découdre la fameuse
tunique, afin d'en extraire les jaunets, lorsque
nous entendîmes un quidam s'informer près
de notre logeur sur ce qu'étaient les individus
qui venaient d'entrer chez lui. Cela m'atterra.
L'homme à peine sorti, je courus dans la salle
basse m'informer de ce qu'il pouvait être. Là,
j'appris qu'un licteur du Préteur, dont l'emploi
est de recenser, pour les registres publics, le nom
de tous les étrangers, en apercevant deux qu'il
n'avait pas inscrits encore, s'était informé de
notre pays et de nos occupations.

« Le marchand de soupe dévida ces commérages d'un air à me faire soupçonner que son taudis n'était pas franc. Pour obvier à tout meschef, nous résolûmes d'en sortir et de n'y rentrer qu'à la nuit; en partant, nous donnâmes à Giton les ordres nécessaires pour qu'il nous fît à souper.

« Nous voilà donc en marche. Évitant les quartiers du bel air, nous déambulions parmi les ruelles borgnes, lorsque, à jour fermant et dans un passage obscur, nous rencontrâmes deux femmes, en grand habit, de tournure avenante, que, d'un pas mesuré, nous suivîmes jusqu'à la porte d'un oratoire. C'est là qu'elles entrèrent; un murmure insolite en venait jusqu'à nous, comme d'un centre mystique. A notre tour la curiosité nous fit pénétrer dans la chapelle, où nous aperçûmes de nombreuses coquines. Elles hurlaient, pareilles aux bacchantes, et secouaient dans leur main droite de petites figures de Priapus envitaillées à faire peur. Ne fut loisible

d'en apprendre davantage : car, à notre aspect, le troupeau beugla de telle sorte que la coupole de l'oratoire en fut ébranlée. Ces dames voulaient s'emparer de nous; mais, sans tarder, nous tirâmes nos grègues et nous en fûmes au logis. »

Nous gobelottions en paix, grâce au zèle de Giton, quand la porte résonna sous des coups de heurtoir impudemment frappés. — Qui va là? demandâmes-nous, pâlissant de crainte. — Ouvrez, répondit-on, et vous l'allez savoir. Pendant ce dialogue, la serrure branlante se détacha d'elle-même et, par la porte ouverte, une femme entra, la tête encapuchonnée. C'était la même qui, peu de temps auparavant, escortait le rural au manteau. — Vous pensiez donc me faire la figue? nous dit-elle. Je suis la dariolette de Quartilla dont furent par vous les *sacra* perturbés, dans l'oratoire de Priapus. Voici qu'elle vient en personne à votre juchoir; elle souhaite obtenir de vous un moment d'entretien. Ne vous effarez pas. Elle n'accuse ni ne punira votre erreur. Même, elle admire plutôt le Dieu qui conduisit en cette ville des jeunes hommes si courtois.

Nous gardions encore le silence, ne sachant

que penser d'une telle ouverture, lorsque nous vîmes entrer Quartilla elle-même, flanquée d'une pucelette. Sur le bord de ma courte-pointe elle se vint échouer où, longuement, elle pleura. Nous demeurions aphones, pantois et sidérés devant cette incontinence lacrymale, cet étalage flegmatique de douleur. Quand enfin s'apaisa la bourrasque, elle écarta son voile et, tordant les mains jusqu'à faire craquer ses doigts, nous démasqua un visage irrité : — D'où vous vient, dit-elle, cette audace? Qui vous enseigna le brigandage et l'imposture? Mais, que Fidius me soit en aide! j'ai compassion de vous. Car nul sans être châtié ne troubla nos mystères, et ce pays abonde si fort en divinités protectrices que les hommes y sont moins que les Dieux faciles à trouver. Ne croyez pas, néanmoins, que je sois venue ici pour cause de vengeance. Plus que l'affront reçu m'émeut votre jeunesse et me persuade que, par ignorance, vous commîtes cet inexpiable forfait.

Je te dirai donc que, la nuit dernière, je fus horripilée d'un frisson tellement glacial que je craignais un accès de fièvre tierce. Je demandai au sommeil quelque rémission. L'ordre me fut en songe intimé de te quérir et de lénifier par ton

accortise l'impétueux de mes quérimonies. Le souci de ma guérison n'est pas, toutefois, ce qui m'inquiète davantage. Une alarme plus sérieuse me déchire les entrailles qui me conduira jusqu'à la mort, à savoir, qu'inspirés par la licence de votre âge, vous ne divulguiez ce que vos yeux ont vu dans la chapelle de Priapus et profaniez devant le monde la religion des Dieux. A vos genoux tendent mes paumes ouvertes; je vous obsècre et vous supplie de ne pas tourner en dérision nos offices nocturnes, de ne point afficher les arcanes immémoriaux dont la plupart de nos mystes eux-mêmes ne soupçonnent pas le rituel.

Ayant achevé sa déprécation, les larmes de Quartilla redoublèrent, avec une abondance de furieux soupirs. Elle presse contre mon lit son visage et sa poitrine. — Madame, lui dis-je, ému de crainte et de miséricorde, tiens-toi l'esprit en repos sur la double fin de ta visite. Oncques n'ébruiterai quoi que ce soit de vos sanctimoniales observances. Quant à la fièvre tierce, puisqu'un songe t'informa que je possède les vertus et complexions pertinentes à sa cure,

nous adjuverons la providence des Dieux, même au péril de notre vie.

Cette promesse lui rendit la gaîté. Passant des larmes aux rires, elle me baise étroitement et peigne mes cheveux qu'elle ramène en boucles sur l'oreille : — Je fais trève, dit-elle, et vous remets notre offense. Que, pourtant, si vous n'eussiez acquiescé au traitement que je désire, dès demain, une troupe de braves eût tiré contre vous raison de cette injure et soutenu ma dignité.

« Turpide est le mépris, l'impératif, luisant de gloire.
Il me plaît élire mon chemin au gré de mes caprices.
Car le sage, raisonnablement, apaise les querelles par le mépris.
Et, pardonnant aux vaincus, triomphe deux fois. »

Battant des mains, elle se creva de rire tout à coup, d'une telle furie que nous en eûmes peur. Dans son coin, la camériste qui était advenue la première, se tordait comme sa maîtresse, et la bambine entrée avec Quartilla ne tarda point à suivre leur exemple.

Tout résonnait de leurs éclats. On se fût cru

dans une baraque de morions. Entre temps, stupéfaits de leur brusque saute d'humeur, incertains, nos regards se posaient tantôt sur les pécores et tantôt sur nous-mêmes. Quartilla reprend enfin la parole. — J'ai fait le nécessaire, dit-elle, pour que de la journée, il n'entre âme qui vive dans cette maison, de telle sorte que, sans crainte des fâcheux, tu pourras m'insinuer aisément le remède contre la fièvre que tu m'as promis.

A ces mots, Ascyltos demeura vaguement hébété. Quant à moi, plus frigide soudain qu'un hiver des Galliæ, je restai sans parole. Néanmoins, je comptais sur mes compagnons pour donner à l'aventure un moins triste dénouement. Trois femmes très infirmes, si quelque méchant dessein les liguait contre nous, qui, à défaut d'autre virilité, gardons pour auxiliaire les attributs de notre sexe! Et, certes, nos reins étaient déjà fortement ceinturés. Même, j'avais ordonné mon plan de bataille en cas d'assaut. J'engagerais l'action avec Quartilla, Ascyltos avec la servante et Giton avec la parthénie.

« Tandis que je roulais, en mon esprit, ces choses, Quartilla me requit de soigner sa fièvre tierce ; mais, bientôt, déçue de l'espoir qu'elle

fondait sur ma vaillance, elle déguerpit furibonde, pour nous envahir peu après, en compagnie d'estaffiers inconnus qui, sur son commandement, nous charroyèrent dans un palais très
superbe. »

Ce fut un coup de foudre. Toute constance
nous abandonna et, dans notre malencontre, la
mort nous apparut comme certaine.

Mais moi : — Je te supplie, madame, si tu
nous réserves de plus tristes aventures, achève-les
d'un seul coup! Nous n'avons pas de tels forfaits
sur la conscience que la torture doive contre-
pointer notre exécution.

La suivante, qui s'appelait Psyché, sur le
parquet diligemment étendit une couverture et
sollicita mes génitoires, glacées par mille morts.
Ascyltos avait dans son *pallium* enfoui sa tête,
n'ignorant pas combien il est périlleux d'inter-
venir dans les secrets d'autrui. « Sur ces entrefaites », la péronnelle sort de son giron deux
sangles vigoureuses dont elle m'attache tour à
tour pieds et mains.

« Ainsi garrotté, je lui représentai que ces
comportements n'étaient pas un bon moyen que

prenait sa maîtresse pour venir à bout d'une pareille démangeaison : — D'accord, répondit-elle, mais j'ai sous la main un électuaire plus efficace et plus prompt. Aussitôt, elle apporte une timbale pleine de satyrion.

« A force de débiter des boniments de femme soûle et tout en se payant ma tête, elle fit si bien que j'eusse avalé toute la drogue; mais Ascyltos, ayant naguère ses blandices rebuté, sur son dos elle jeta la dernière prise de satyrion, sans qu'il s'en aperçut. »

Comme la conversation languissait : — Et moi, dit Ascyltos, suis-je pas digne de boire? La camériste, trahie par mon sourire, applaudit des deux mains : — Cavalier, dit-elle, je t'en ai donné; même, tu as seul vidé le gobelet jusqu'à la lie.

— Vère! interjecta sa maîtresse. Notre Encolpis n'a donc pas humé toute la dose? Cette galéjade nous fit rire plaisamment. Giton lui-même ne put tenir jusqu'à la fin son sérieux, depuis surtout que la pucelette se fut emparée de son visage, couvrant de baisers le petit drôle, qui n'y répugnait pas.

J'aurais, dans ma détresse, appelé au secours. Mais, outre que personne au monde n'aurait pris notre défense, avec une épingle à cheveux, Psyché, quand j'attestais la foi des Quiritès, me lardait les mâchoires, tandis que la fillette armée d'un pinceau, qu'elle avait elle-même imbibé de satyrion, opprimait Ascyltos.

Pour comble d'infortune, survint un cynède paré d'une *gausapa* vert myrthe, retroussé jusqu'au nombril, qui, tantôt en dansant, nous amignardait à grands coups de fesses, tantôt nous inquinait de baisers cadavéreux. Quartilla, une verge de baleine à la main et ses jupes roulées autour de sa ceinture, leur commande enfin de donner répit à notre gêne. Sur quoi, nous sacrâmes, l'un et l'autre par des mots très religieux que périrait avec nous un arcane si secret et si ténébreux. Entrèrent, là-dessus, maints lut-

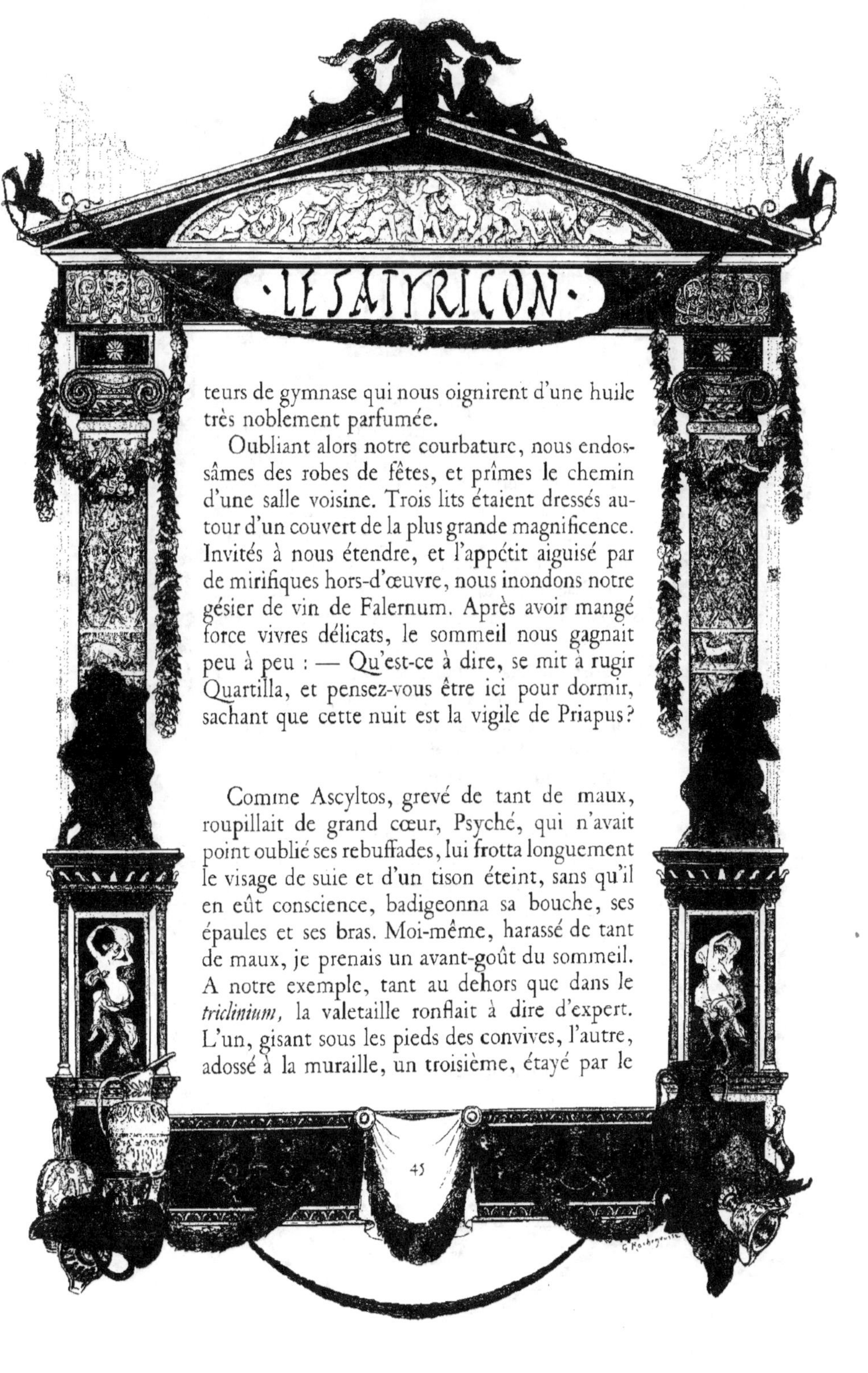

teurs de gymnase qui nous oignirent d'une huile très noblement parfumée.

Oubliant alors notre courbature, nous endossâmes des robes de fêtes, et prîmes le chemin d'une salle voisine. Trois lits étaient dressés autour d'un couvert de la plus grande magnificence. Invités à nous étendre, et l'appétit aiguisé par de mirifiques hors-d'œuvre, nous inondons notre gésier de vin de Falernum. Après avoir mangé force vivres délicats, le sommeil nous gagnait peu à peu : — Qu'est-ce à dire, se mit à rugir Quartilla, et pensez-vous être ici pour dormir, sachant que cette nuit est la vigile de Priapus?

Comme Ascyltos, grevé de tant de maux, roupillait de grand cœur, Psyché, qui n'avait point oublié ses rebuffades, lui frotta longuement le visage de suie et d'un tison éteint, sans qu'il en eût conscience, badigeonna sa bouche, ses épaules et ses bras. Moi-même, harassé de tant de maux, je prenais un avant-goût du sommeil. A notre exemple, tant au dehors que dans le *triclinium,* la valetaille ronflait à dire d'expert. L'un, gisant sous les pieds des convives, l'autre, adossé à la muraille, un troisième, étayé par le

chambranle de la porte, ils cuvaient tous leur vin, pêle-mêle, tête contre tête. Les lampes, cependant, exhaustes de liquide, éparpillaient une lumière ténue et défaillante, lorsque deux Syrii, voulant rafler une bouteille, s'insinuèrent dans le *triclinium*. Tandis que, près d'un dressoir couvert d'argenterie, les deux vauriens se disputent leur aubaine, elle se brise entre leurs doigts. Table, vaisselle plate, buffet, tout dégringole. Même, une coupe tombant de haut va briser le crâne d'une servante qui dormait sur un lit voisin. A ce choc inattendu, la malheureuse crie, dénonçant les voleurs et suscitant les ivrognes. Pris la main dans le sac, les Syrii, venus en quête d'une proie, se laissent adroitement tomber sur un deuxième lit; et de ronfler comme s'ils avaient pioncé depuis longtemps.

Déjà, réveillé en sursaut, le *trichlinarchès* infusait de l'huile aux quinquets moribonds; déjà les esclaves, s'étant bouchonné les yeux, reprenaient leur office, quand l'arrivée d'une *cymbalistria,* faisant claquer ses cuivres, nous remit tous sur pied.

On recommença donc à manger sur nouveaux

frais. Quartilla, derechef, nous éperonne à boire;
le vacarme des cymbales accroît la gaillardise
des soupeurs. Et le cynède reparaît aussi, fastidieux entre les hommes et digne commensal
d'une pareille maison, qui, après avoir battu
la mesure en gestes saccadés, expectore ces
vers :

Ici, venez ici, les spatalocynèdes!
Marchez! Courez! Volez!
Cuisses hospitalières, fesses agiles, mains expertes,
Bougres neufs, vieux sagouins, eunuques de Délos!

Ayant fini son couplet, le pied plat m'insalive
d'un baiser très immonde. Bientôt, il grimpe sur
mon lit et me déshabille malgré moi. Longuement il ahane sur ma braguette. Mais en vain.
Des ruisseaux de pommade à l'acacia fluaient
avec la sueur de sa tête graisseuse. Tant de craie
enfarinait ses joues pleines de rides que vous
les eussiez prises pour un mur débué par les
grandes pluies.

Je ne pus retenir davantage mes pleurs, en-
vahi par la plus noire tristesse. — De grâce, madame, dis-je à Quartilla, est-ce l'embasicète que

tu as chargé de me bourreler? Mais elle, frappant légèrement des mains : — Que voilà donc un habile homme et qui me fait une question d'esprit! Ne sais-tu pas que l'incube s'appelle en grec embasicète?

Alors, ne voulant pas que mon associé fût mieux partagé que moi-même : — Par ta Foi, repris-je, Ascyltos, dans ce *triclinium,* chôme seul notre fête.

— C'est juste, répond-elle. Qu'on donne à Ascyltos l'embasicète! Aussitôt fait que dit. Le cynède changea de monture, et, passant à mon copain, l'écrasa sous son derrière et ses embrassements. Debout, au milieu du combat, Giton, à force de rire, s'endommageait les intestins.

L'ayant considéré avec attention, Quartilla s'enquiert du bel enfant. — A qui appartient-il?

— C'est mon amant, répliquai-je?

— Pourquoi donc ne m'a-t-il point donné l'osclage? Et, vers soi l'attirant, elle baise Giton à pleines lèvres; bientôt elle glisse la main dans la fente de sa robe, dégage les charmes neufs du bel enfant; puis elle ajoute : — Demain, avec ce bibelot, je préluderai à mes plaisirs. Mais, pourvue ce soir, je ne saurais

goûter un banal ordinaire, m'étant le bas-ventre
gorgé d'un très robuste ânon.

A ces mots, Psyché riant, s'approcha de sa
maîtresse et lui coula je ne sais quel propos dans
l'oreille : — Oui, oui ! dit Quartilla, c'est fort
bien avisé. Pourquoi non? L'occasion est admirable. Il faut dévirginer notre Pannychis. Là-
dessus, on introduit une môme assez gentille
qui ne paraissait guère plus de sept ans, la
même qui, dans la journée, avait suivi Quartilla dans notre bouge. Tout le monde applaudit
et réclame, sur-le-champ, la consommation des
épousailles.

Je demeurai stupide; puis, j'affirmai que,
d'une part, Giton, gamin des plus vérécundieux,
n'oserait, devant tous, effectuer l'expérience,
que, de l'autre, Pannychis n'était pas en âge de
supporter, comme une femme, la douloureuse
prélibation :

— Bon! répartit Quartilla, étais-je plus nubile
quand je perdis mon pucelage? Que me soit

adverse Juno, si je me rappelle avoir, oncques, été vierge. Fillette, je badinais avec les polissons de mon âge ; puis, les années avançant, j'accordai mes faveurs à des cadets plus robustes, jusqu'au temps que je sois parvenue aux heures où nous sommes. De là, sans doute, l'origine du proverbe :

Qui l'a porté vedeau, le peut aussi taureau.

Donc, et de peur qu'en secret mon amant n'endurât de plus graves méchefs, je me levai pour concourir à l'office nuptial.

Déjà Psyché enroulait un *flammeum* sur le chef de la petite. Déjà l'embasicète marchait en paranymphe, portant à la main le brandon d'hyménée. Suivait un long troupeau de vaches imbriaques applaudissant de tout leur cœur. Le *thalamus,* drapé conformément aux rites, s'érigeait dans la grande salle.

Alors Quartilla, incendiée par l'aspect de cette paillardise, soudain se leva puis agrippant Giton l'emporta vers la chambre d'amour. Sans nul doute, le petit babouin se laissait faire avec plaisir, tandis que sa partenaire oyait sans épouvante ni tristesse le nom terrible de l'Hymen.

·LE SATYRICON·

De sorte qu'après qu'on les eut couchés ensemble et mis sous clef, nous restâmes assis sur
le pas de la porte, Quartilla surtout, qui par
une fente ingénieusement ouverte, appliquait
un œil curieux, observant le jeu puéril avec une
attention libidineuse. Et moi, vers ce spectacle
elle me traîna aussi d'une main défaillante.
Dans cette posture, nos visages s'effleuraient;
tout le temps que lui laissaient Giton et Pannychis, agitant les lèvres, elle me frappait sur les
joues de baisers furtifs.

« J'étais si las des familiarités de cette pute
que je ne pourpensais que d'évasion. J'en déclarai
le dessein au fuligineux Ascyltos qui l'approuva
beaucoup. Il espérait fuir, en même temps, les
vexations de Psyché. Rien de plus facile : mais
Giton restait enfermé dans la chambre et nous
voulions soustraire le gamin aux fureurs de ces
dévergondées. Tandis que nous cherchions un
expédient, Pannychis se laissa choir en jouant
du serrecroupière, tandis que, démonté par le
poids, Giton suivit sa combrecelle au pied du
lit. Heureusement il en fut quitte pour la peur,
mais la petite, légèrement blessée au front,
s'écria d'une telle violence, que Quartilla, épouvantée, s'engouffra dans la chambre en coup de

vent, ce qui nous permit de lever le pied, sans demander notre reste. Promptement, nous galopâmes jusqu'à l'auberge et, sur-le-champ », nous étant fourrés dans les draps, nous passâmes libres d'inquiétude le restant de la nuit.

« Le lendemain, comme nous sortions du logis, nous rencontrâmes deux de nos ravisseurs. Ascyltos, dès qu'il les eut remembrés, fondit sur l'un d'eux avec ardeur; puis, l'ayant mis hors de combat et dangereusement blessé, il me vint seconder contre l'autre. Celui-là se défendit si vaillamment qu'il nous vulnéra tous deux, mais de sorte légère, et fut assez adroit pour décamper sans la moindre égratignure. »

Ce jour était précisément le troisième où l'on attendait « que Trimalchio », dans un repas de manumission, donnât la liberté à plusieurs de ses esclaves; mais, navrés comme nous l'étions, nous trouvâmes plus expédient de fuir que de rester en repos. C'est pourquoi « nous revînmes diligemment à notre hôtellerie. Nos plaies étaient sans gravité; une fois recousues, nous les pansâmes avec de l'huile et du vin.

Cependant nous avions laissé un de nos ennemis sur le carreau, et la crainte d'être découverts nous angoissait. » Nous délibérions ainsi, très

affligés, sur les mesures à prendre pour éviter la tempête imminente, lorsqu'un officieux d'Agamemnon interrompit nos spéculations funèbres: — Hé quoi! dit-il brusquement, ne savez-vous pas chez qui l'on dîne aujourd'hui? C'est Trimalchio, le richomme qui, dans son *triclinium,* possède une horloge près de quoi un buccinateur l'avertit de la fuite des jours et des moments perdus. Aussitôt, oubliant les maux passés, nous reprenons sans tarder nos habits; Giton, qui avait consenti jusqu'alors à nous servir d'esclave, reçoit l'ordre de nous accompagner au bain.

A peine harnachés, nous déambulons sans autre souci que de vadrouiller. Des joueurs étaient groupés autour d'une barrière; nous approchons. Le premier objet qui frappa nos regards fut un vieillard chauve, engoncé dans une camisole feuille morte, s'exerçant à la paume entre force cadets aux longs cheveux bouclés. Nous n'admirions pas tant cette belle jeunesse que le *paterfamilias* qui pelottait, en chaussons, avec des balles couleur de prase. Dès qu'une de ces balles avait touché terre on la mettait au panier, cependant qu'un naquet

pourvu d'une sacoche bien garnie, en fournissait inépuisablement les joueurs.

Nous aperçûmes des choses nouvelles. Entre autres, deux eunuques debout aux extrémités de la piste. L'un tenait un pot de chambre d'argent, l'autre recensait les éteufs, non ceux-là qui vibraient entre les mains des partenaires, mais qui jonchaient le sol.

Comme nous admirions tout ce faste, Ménélaüs vint à nous : — Voilà, dit-il, voilà Trimalchio chez qui vous popinez ce soir. En doutez-vous? cette partie que vous voyez, n'est autre chose que l'apéritif.

Ménélaüs parlait encore, quand Trimalchio fit craquer ses doigts. A ce geste l'eunuque au pot de chambre vint mettre son bassin à la portée du joueur, lequel, ayant sa vessie exonérée, demanda qu'on lui donnât à laver, puis épongea ses doigts aux boucles d'un mignon.

Il serait long de consigner toutes les bizarreries de Trimalchio. Enfin, nous gagnâmes les

Thermes. Après avoir pris une chaude et sué à
notre aise, nous passâmes au rafraîchissoir.

Déjà Trimalchio, ennolié d'aromates, les faisait déterger, non avec de vulgaires linteaux,
mais bien avec un peignoir de la plus fine estame.
Cependant, trois masseurs *iatraliptès* sablaient le
Falernum en sa présence, **et**, comme en se
pelaudant à propos de boire, ils en humectaient
le sol : — Buvez, dit Trimalchio; c'est du vin
de ma bouche. Bientôt, on l'enveloppa dans une
endromis écarlate. Puis, on l'étendit sur une litière
que devançaient quatre piqueurs adornés de
phaleræ, ainsi qu'une chaise à porteurs où se
prélassaient les délices de Trimalchio, enfant
vieillot, chassieux et plus vilain que son maître
lui-même. Tandis qu'on l'emportait, un *tibicen*
vint à lui, tenant des flageolets, et, penché à son
oreille, comme pour dire quelque secret, ne
cessa de flûter pendant tout le chemin. Nous
suivîmes, repus d'admiration, et nous arrivâmes
en même temps qu'Agamemnon, à la porte du
palais, sur le fronton duquel j'aperçus un écriteau, avec cette inscription :

TOVT ESCLAVE

QVI SORTIRA SANS LE CONGÉ DOMINICAL

RECEVRA CENT FOIS LES ÉTRIVIÈRES.

A l'entrée, se tenait un portier vert sanglé
d'une ceinture cerise ; dans un plateau d'argent, il
écossait des pois. Au-dessus du seuil, pendait une
cage d'or, renfermant une pie aux ailes bigarrées
qui saluait de ses cris les allants et venants.

Tandis que, plongé dans la stupeur, j'admirais
tout cela, bouche bée, je pensai me laisser choir
de peur et me casser les jambes. A senestre, près de
la loge du suisse, était peint un molosse enchaîné,
avec cette inscription en lettres capitales : « Gare
au chien ! » Et mes compagnons de dauber sur moi.
Ayant repris haleine, je continuai l'examen des
fresques peintes sur les murs. On y voyait un marché d'esclaves portant au col une pancarte. Et Trimalchio lui-même, les cheveux dénoués, tenant
un caducée, entrait dans Roma, sur un char conduit par Minerva. Plus loin, il apprenait à ratio-
ciner, puis était nommé Dispensateur, toutes
choses que le peintre avait curieusement élucidées
par de multiples inscriptions. A l'extrémité de la
galerie, Mercurius enlevait, par le menton, Trimalchio encore, et le déposait sur le siège le plus élevé
d'un tribunal. Auprès, était Fortuna, riche de sa
corne, et les trois Parcæ filaient une quenouille d'or.

Je notai de plus, à l'extrémité de cette galerie, une troupe de coureurs qui, sous la direction d'un écuyer, s'entraînaient à la vitesse. En outre, dans un coin, je vis une grande armoire : là, dans un reliquaire, des Larès d'argent, une statuette de Vénus, et, non de médiocre taille, une pixide en or qu'on me dit contenir la première barbe de notre amphytrion.

Alors, je me pris à interroger l'ostiaire : — Quelles sont, demandai-je, ces figures au milieu de l'*atrium?* — L'Ilias et l'Odyssea, répondit-il, et, sur la gauche, une mêlée de gladiateurs.

Nous n'avions pas loisir d'en regarder plus long.

Nous avançâmes vers le *triclinium.* Au seuil, le Procurateur recevait des comptes, mais ce qui nous estomira davantage, ce furent des faisceaux avec des haches, appendus en trophées, au chambranle de l'huis, et dont la partie inférieure se terminait par une sorte d'éperon en bronze qui supportait cette inscription :

A. G. POMPEIVS TRIMALCHIO
VI. VIR AVGVSTAL
CINNAMVS DISPENSATEVR.

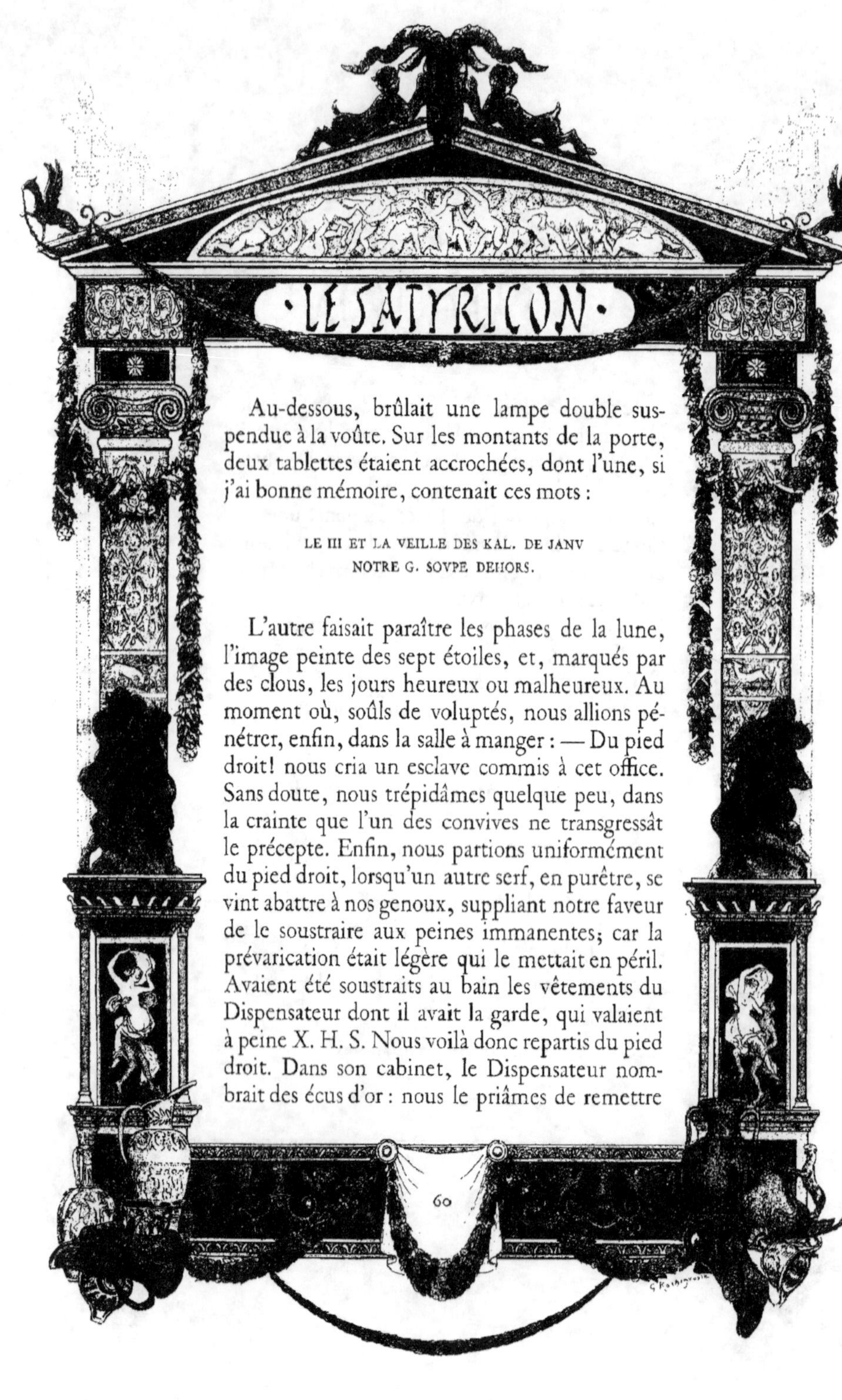

Au-dessous, brûlait une lampe double suspendue à la voûte. Sur les montants de la porte, deux tablettes étaient accrochées, dont l'une, si j'ai bonne mémoire, contenait ces mots :

LE III ET LA VEILLE DES KAL. DE JANV
NOTRE G. SOVPE DEHORS.

L'autre faisait paraître les phases de la lune, l'image peinte des sept étoiles, et, marqués par des clous, les jours heureux ou malheureux. Au moment où, soûls de voluptés, nous allions pénétrer, enfin, dans la salle à manger : — Du pied droit! nous cria un esclave commis à cet office. Sans doute, nous trépidâmes quelque peu, dans la crainte que l'un des convives ne transgressât le précepte. Enfin, nous partions uniformément du pied droit, lorsqu'un autre serf, en purêtre, se vint abattre à nos genoux, suppliant notre faveur de le soustraire aux peines immanentes; car la prévarication était légère qui le mettait en péril. Avaient été soustraits au bain les vêtements du Dispensateur dont il avait la garde, qui valaient à peine X. H. S. Nous voilà donc repartis du pied droit. Dans son cabinet, le Dispensateur nombrait des écus d'or : nous le priâmes de remettre

à l'esclave sa peine. Superbe, il nous toisa, et :
— Ce n'est pas tant la perte dont je suis ému,
que l'incurie de ce bélître. Ma robe de chambre
il a perdue, qui me fut donnée, à mon jour natal,
par un certain client. Tyrienne, sans doute, mais,
une fois déjà, elle avait été lavée. Quoi qu'il en
soit, je vous accorde la grâce du vaurien.

Pénétrés d'une si noble munificence, nous
étions à peine de retour dans le *triclinium* que le
serf au profit duquel nous avions manifesté se porta
derechef à notre rencontre et nous surprit étrangement par la fureur de ses embrassades multi-
pliées et drues, avec force louanges pour notre
humanité : — Au surplus, dit-il, vous saurez à
l'instant qui vous avez obligé. Le vin dominical
est dans la main du garçon de l'échansonnerie ;
c'est moi qui tiens la coupe et vous en tâterez.
Enfin, après tous ces retards, nous nous cou-
chons à table. Des pages d'Alexandria sur nos
mains infusent l'eau de neige, immédiatement
suivis par des pédicures très agiles qui font nos
pieds et rognent nos ongles d'une adresse mer-
veilleuse : ce que faisant, nul ne gardait le silence,
mais, vaquant à leur fâcheux emploi, ils l'agré-

mentaient de chansons. Je fus curieux d'expérimenter si la livrée tout entière chanterait de
même. Pour cela, je demandai à boire : un garçon
plein de zèle me servit, sur-le-champ, non sans
me régaler d'une acide complainte. Pareillement
faisaient tous les gens de la maison, sitôt qu'on
leur demandait quelque office. Hanter vous
eussiez cru un chœur de pantomimes et non le
triclinium d'un *paterfamilias*.

Entre temps, on apporta le *promulsis* de tout
point magnifique, les convives sur leurs lits
ayant déjà pris place, à la réserve de Trimalchio
auquel, par une incongruité nouvelle, on réser-
vait le haut bout. Au milieu de la table, dans
une manière de plateau, se prélassait une bourrique en métal de Corinthum, portant sur le
dos un bissac dont les poches contenaient, l'une
des olives blanches, l'autre des olives noires.
Flanquaient l'ânon deux plats circulaires. Sur
leurs marges étaient gravés le nom de Trimalchio
et le poids du métal. Tels porte-assiettes, réunis
en arceaux, présentaient des loirs saupoudrés de
sésame et arrosés de miel. Sur un gril, d'argent,
fumaient des andouillettes. Sous le gril s'éta-
geaient des prunes syriaques et des pépins de
migraine.

Nous entamions déjà cette noble chère,
quand, au rythme d'une symphonie, Trimalchio
fut apporté. Ses esclaves le couchèrent sur de
menus oreillers, ce qui fit pouffer quelques
étourdis. Le personnage y prêtait d'ailleurs. Sa
tête rase, émergeant d'un *pallium* cramoisi,
autour de sa nuque emmitouflée dans ce vêtement, il avait, par surcroît, tortillé une
serviette à bandes énormes dont les franges
pendaient çà et là. Au petit doigt senestre
il portait un large anneau faiblement doré,
puis, au bout du quatrième, une petite bague
qui me sembla d'or pur avec des incrusta-
tions en forme d'étoiles du plus brillant acier.
Pour ostenter d'autres richesses encore, il découvrit jusqu'à l'épaule son bras droit orné
d'un bracelet d'or et d'un cercle d'ivoire que
rehaussaient des agréments de métal poli. En-

suite, curant ses dents avec une épine d'ar-
gyrose :

— Mes excellents bons, dit-il, je n'avais, en
ce moment, aucun désir de me mettre à table :
mais ne voulant pas que mon absence mît plus
de retard à vos ébats, j'ai quitté un divertisse-
ment qui m'agréait fort. Souffrez néanmoins que
j'achève ma partie.

Un page le suivait portant la table à jeu
en bois de térébinthe avec des *tesseræ* de cristal,
et, ce qui me parut du dernier galant, au lieu
de jetons blancs et noirs, de grosses médailles
d'argent et d'or. Mais, tandis qu'il raflait, en
jouant, tous les pions de son adversaire, et que
nous poussions encore une brèche dans les hors-
d'œuvre, on nous apporte dans le monte-plats
une corbeille sur laquelle une galline en bois
sculpté, les ailes étendues en rond, semblait
couver des œufs. Aussitôt, deux esclaves appro-
chent, et, la symphonie bourdonnant de plus
belle, ils se mettent à scruter la paille. Ils en
sortent des œufs de paon qu'à la ronde, ils im-
partissent. Alors se tournant vers nous, Trimalchio : — Amis, dit-il, c'est par mon ordre

que l'on a caché des œufs de paon sous le ventre
de la poule; mais, Herculès à moi! j'ai lieu d'ap-
préhender qu'ils ne soient déjà couvis; regardons
toutefois s'ils sont encore mangeables. A cet
effet, nous recevons des cuillers ne pesant pas
moins d'une demi-livre, et nous brisons la coque
de ces œufs très artistement boulangée en pâte
ferme. J'étais sur le point de jeter le mien, car je
pensais y voir déjà grouiller un paonneau, lorsqu'un vieux pique-assiette m'arrêta : — Il y a là,
me dit-il, je ne sais quelle friandise. Je finis de
rompre la coquille et trouvai dans une farce
de jaune d'œufs bien poivrée un becfigue des
plus gras.

Cependant Trimalchio, ayant fini de jouer,
ordonne qu'on lui resserve tous les plats dont
nous avons tâté. D'une voix haute, il proclame
que si quelqu'un souhaite encore du vin miellé,
il en peut boire son comptant, lorsqu'au signal
nouveau donné par l'orchestre, un chœur chantant d'esclaves emporte la desserte. Au milieu

du fracas, vint à tomber une patène d'argent.
Croyant bien faire, un garçon d'office tente
de la ramasser. Mais Trimalchio, qui l'aperçoit,
ordonne de souffleter l'esclave par manière d'objurgation et de jeter l'assiette aux épluchures.
Sur quoi, un valet préposé au garde-meuble de
la balayer avec d'autres rebuts.

Après cela, une entrée de deux Æthiops che-
velus, portant des utricules pareilles à celles
qu'on emploie pour faire tomber la poussière de
l'amphithéâtre, qui nous donnèrent à laver, non
avec de l'eau claire, mais avec un très bon vin.

Chacun loua le maître pour ces élégances.
Mais Trimalchio, prenant la parole : — MARS,
dit-il, PRISE L'EQUITÉ. Ensuite de quoi, il ordonna d'assigner à chacun une table : — De la
sorte, l'escafignon de ces fétides esclaves et leur
chaleur nous importuneront moins. On apporte
aussitôt des fiasques de verre méticuleusement
bouchées de plâtre. A leur goulot pendait l'écriteau que voici :

FALERNVM OPIMIEN DE CENT FEVILLES.

Tandis que nous lisions ces étiquettes, battant
des mains, Trimalchio s'écria : — Heu! heu!

66

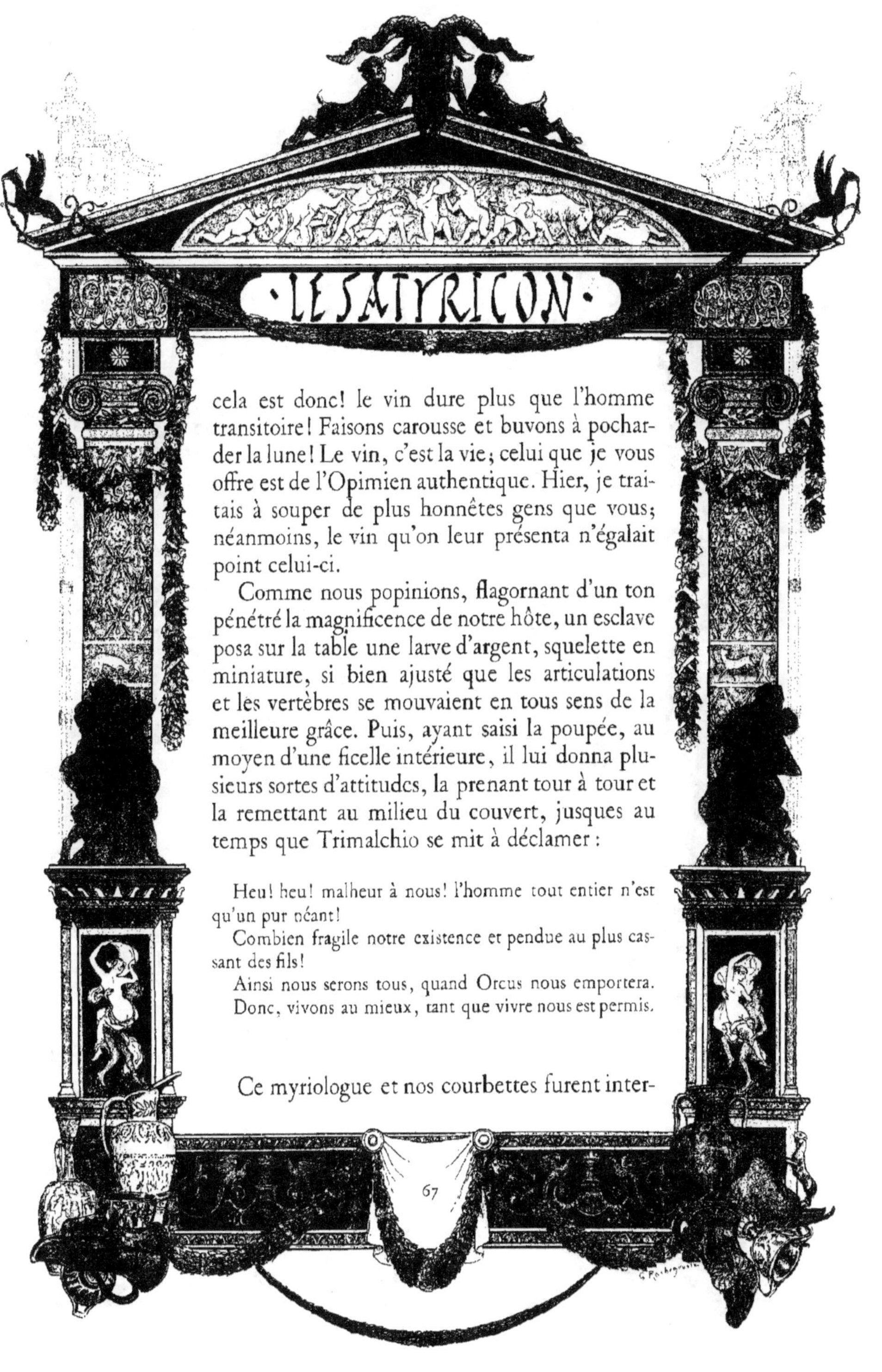

cela est donc! le vin dure plus que l'homme
transitoire! Faisons carousse et buvons à pochar-
der la lune! Le vin, c'est la vie; celui que je vous
offre est de l'Opimien authentique. Hier, je trai-
tais à souper de plus honnêtes gens que vous;
néanmoins, le vin qu'on leur présenta n'égalait
point celui-ci.

Comme nous popinions, flagornant d'un ton
pénétré la magnificence de notre hôte, un esclave
posa sur la table une larve d'argent, squelette en
miniature, si bien ajusté que les articulations
et les vertèbres se mouvaient en tous sens de la
meilleure grâce. Puis, ayant saisi la poupée, au
moyen d'une ficelle intérieure, il lui donna plusieurs sortes d'attitudes, la prenant tour à tour et
la remettant au milieu du couvert, jusques au
temps que Trimalchio se mit à déclamer :

Heu! heu! malheur à nous! l'homme tout entier n'est
qu'un pur néant!
Combien fragile notre existence et pendue au plus cas-
sant des fils!
Ainsi nous serons tous, quand Orcus nous emportera.
Donc, vivons au mieux, tant que vivre nous est permis.

Ce myriologue et nos courbettes furent inter-

rompus. Un deuxième service qui, à la vérité,
ne répondait guère à notre désir, parut en même
temps. Néanmoins, une curiosité nouvelle fixa
bientôt les regards de la compagnie. C'était
un globe en manière de surtout dont l'orbe
était paré des signes du Zodiaque. Au-dessus
de chaque peinture, le majordome avait placé
des mets qui, par leur essence ou leur forme,
se pouvaient rattacher à ces constellations. Sur
le Bélier, des pois chiches (*pois de bélier*); sur le
Taureau, une pièce de bœuf; sur les Gémeaux,
une paire de testicules et de rognons; sur le
Cancer, une couronne; sur le Lion, des figues
africaines; sur la Vierge, une vulve de truie éri-
gone; sur la Balance, un peson qui, d'un côté,
soutenait un poupelin, de l'autre, une croustade;
sur le Scorpion, une scorpène; sur le Sagittaire,
un ὠτοπετής, lièvre cornu; sur le Capricorne,
un homard; sur le Verseau, une oie; sur les Poissons, deux mulets. Au centre, le plus beau
gazon du monde, fraîchement tondu, supportait
un rayon de miel.

Entre temps, un éphèbe égyptien offrait du
pain chaud à la ronde en un petit four d'argent,
et, d'un fausset impitoyable, exaltait la sauce
au vin et au benjoin. Sans beaucoup d'enthou-

siasme, nous nous préparions à donner l'assaut, car les mets étaient du dernier commun, lorsque Trimalchio nous apostropha. « Je vous conseille de manger, dit-il; on n'est à table que pour cela. »

Il dit. Au son des instruments, quatre danseurs bondissent et, dans une pirouette, font disparaître le couvercle du surtout. C'est un nouveau festin qui paraît à nos yeux : poulardes grasses, tétine de truie et conil empenné qui figure Pégasos. Dans les angles de cette machine, des statuettes de Marsyas portaient de petites outres d'où giclait une saumure pimentée sur des poissons qui nageaient dans cet Euripus. Nous joignons nos bravos à ceux du domestique et nous attaquons en riant les nourritures de haut goût.

Trimalchio, non moins délecté que nous de la surprise : — *Carpe* (coupe), dit-il, et soudain parut un officier de bouche qui, suivant la mesure de l'orchestre, se mit à trancher les viandes en cadence. Vous eussiez cru, au rythme de son geste, voir l'un de ces cochers énormes qui, soutenus par l'orgue hydraulique, disputent dans l'arène la course des chariots.

Cependant, Trimalchio sans cesse répétait d'une voix melliflue : — *Carpe! Carpe!* de sorte que, l'entendant réitérer avec cette insistance, je soupçonnai quelque pointe, dont je m'enquis auprès de mon proche voisin, lui demandant ce que voulait dire cela. Il avait assisté fréquemment à de pareilles scènes : — Vous voyez bien, me répondit-il, notre écuyer tranchant. Cet homme a pour nom *Carpus,* de telle sorte que Trimalchio, en disant *Carpe,* du même coup appelle son esclave et lui notifie ses commandements.

J'étais repu, si bien que je me retournai tout à fait vers mon interlocuteur pour mieux entendre ses propos. Après quelques discours et des questions en l'air, idoines à servir d'amorce : — Quelle est, dis-je, cette femme que je vois sans cesse aller et venir de tous côtés? — C'est la femme de Trimalchio, Fortunata la bien nommée, qui ramasse l'or à la puchette et le mesure au boisseau. — Et jadis, que faisait-

elle? — Me pardonne ton Génie! tu n'aurais
pas voulu accepter d'elle un chanteau de pain.
A présent, nul ne sait ni comment ni pourquoi elle est assise au plus haut de l'Empyrée.
C'est le τὰ πάντα de Trimalchio. Bref, elle
pourrait sans effort lui persuader qu'on n'y
voit goutte en plein midi. Lui-même ignore
sa richesse, tant il est étrangement pécunieux;
mais elle, bonne ménagère d'un tel bien, pour-
voit à toute chose. Vous la trouvez sans cesse
où vous ne l'attendez point. Sèche, sobre, d'excellent conseil, néanmoins une langue de vipère
et qui jase comme une pie borgne, une fois la
tête sur l'oreiller. Quand elle aime, elle aime
fort, mais elle hait de même ceux qu'elle tient
en aversion.

Trimalchio possède en biens-fonds un terri-
toire aussi vaste que le vol du milan, sans
compter le numéraire dont il entasse et fait pro-
vigner les intérêts. Chez son portier, on compte
plus d'écus, en un jour, que n'en ont dans tout
leur patrimoine les personnes les mieux rentées.
Vous voyez d'ici le trésor. Quant aux esclaves,
babæ! babæ! non, Herculès à moi! je crois que
la dixième partie d'entre eux ne connaît pas son
maître. Mais la crainte qu'il leur inspire est telle

qu'avec un mot, il ferait cacher ce bétail sous une touffe de rue.

Au demeurant, ne va pas imaginer qu'il fasse emplette de quoi que ce soit. Il récolte dans ses domaines toutes les choses dont il a besoin : laine, cire, poivre et du lait de poule, si tu en avais la fantaisie. Que te dirai-je de plus? Ses mérinos, autrefois, n'étaient pas des meilleurs. Il fit venir des béliers de Tarentum afin d'amender les ouailles et de refaire son troupeau. Voulant obtenir chez soi du miel de l'Hymettos, il s'est procuré des abeilles dans Athenæ, améliorant ainsi les avettes indigènes par le croisement d'un essaim grégeois.

Dernièrement, il écrivait en India pour demander de la graine de morilles. Bien plus. Il n'est mule en ses haras, qui ne sorte d'un onagre. Vois tous ces lits; pas un dont les matelas ne soient faits avec de la laine teinte de pourpre ou de cochenille. Tant est grande la veine du patron! Prends garde au moins de faire paraître quelque dédain envers les affranchis qui furent ses compagnons d'esclavage. Tous abondent en numéraire : ils sont juteux énormément. Re-

marque celui-ci, au bas bout de la dernière
table. Il possède à présent jusqu'à vingt mille
écus. Or sa grandeur est de fraîche date. Il est
sorti du plus obscur néant. Naguère encore, il
portait du bois sur son dos. Mais on prétend (je
l'ai ouï dire et n'en sais rien) qu'ayant larronné
le *pileus* d'un incube, il sut dénicher un trésor.
Si quelque dieu guerdonne un mortel, je ne lui
porte pas envie. Mais notre homme a la joue
encore chaude. Il garde les stigmates de la manumission, du bienheureux soufflet qui le tira
d'esclavage. Au demeurant, il ne s'en trouve
que mieux, car il a fait placarder cet écriteau
devant son bouge d'autrefois :

C. POMPEIVS DIOGÈNE

*DEPVIS LES KALENDES JVLIENNES MET CE GARNI EN LOCATION
AYANT, LVI-MÊME, ACQVIS VN HÔTEL.*

    — Quel est, demandai-je, celui qui occupe
la place destinée aux coliberts de César? — Encore un homme qui, dans peu de temps, a fait
fortune. Je ne le blâme pas. Il avait décuplé son
patrimoine : puis, la déconfiture est venue. Il n'a
plus sur la tête un cheveu qui lui appartienne.
Mais, Herculès à moi! il n'y a pas de sa faute,
car je le tiens pour le plus galant homme qui soit.

Quelques vauriens d'affranchis l'ont grugé de la belle manière et conduit rondement au bout de son rouleau. Tu n'ignores point ceci : dès que la marmite a cessé de bouillir et que les coffres se vident, les amis les plus intimes se déguisent en cerfs. — Et dans quel honorable commerce avait-il pu acquérir tant d'argent? — Rien de plus simple. Il était entrepreneur de pompes funèbres. Son couvert attestait une royale dépense. Entre autres, on y voyait des ragots avec leurs soies, des chefs-d'œuvre de pâtisserie, des oiseaux, des poissons gigantesques, des biches et des lièvres. On effusait, chez lui, plus de vin sous la table que la plupart des Quirités n'en ont dans leur cellier. Mais c'est un lunatique et non pas un homme que ce croque-mort! aussi, voyant tomber son crédit, et de peur que ses créanciers n'eussent des inquiétudes, il fit naguère afficher cet avis :

IVLIVS PROCLVS

DANS VNE VACATION À LA CRIÉE,

MET EN VENTE LE SVPERFLV DE SON GARDE MEVBLE

POVR LIQVIDER SON PASSIF.

Trimalchio interrompit notre causette. On avait desservi les entrées. L'hilarité du boire ani-

mait les convives et l'entretien se généralisait.
Alors notre hôte, appuyé sur le coude : —
Égayons ce vin, dit-il, et mettons à la nage les
poissons que nous avons ingurgités. Pensez-vous,
dites-moi, que je me contente des nourritures
qu'on nous a offertes dans les compartiments
du surtout que vous avez vu? Ne connaissez-
vous point Ulyxès? Quoi de plus? il importe,
en faisant bonne chère, de s'occuper d'érudition.

Que dorment en paix les os de mon bienfai-
teur! sa volonté me fit un homme entre les
hommes. Ainsi, l'on ne peut rien m'offrir qui
me semble nouveau. Je vous expliquerai donc
l'allégorie du globe. Le firmament, habitacle des
douze Dieux, prend tour à tour leurs figures.
Tantôt, c'est le Bélier. Qui naît sous l'influence
d'un tel signe a de nombreuses pécores, des
laines en abondance, la tête dure, le front im-
pudent et la corne pointue. Il influence les scho-
lastiques et les avocats.

Nous applaudissons le bien visé de cette as-
trologie, et Trimalchio reprend de plus belle : —
C'est le Taureau qui brille ensuite, occupant
tout le ciel; naissent les individus récalcitrants,
les bouviers, les goinfres qui ne songent qu'à la
boustifaille. Ceux qui viennent sous les Gémeaux
aiment à s'accoupler comme les étalons d'un
char, comme les bœufs d'un coutre et le commun des testicules. Ce sont eux qui besognent
l'un et l'autre sexe avec impartialité. Moi, je
suis né sous le Cancer : comme l'écrevisse de
mon horoscope, je marche sur plusieurs pieds;
à travers les flots et les continents j'instaure mes
alleux. En effet, le Cancer étend son influence :
il gouverne les deux éléments. C'est pour cela
que je n'ai posé sur lui qu'une couronne afin de
ne porter aucun préjudice à mon thème de na-
tivité. Sous le Lion, naissent les mâche-dru
et les impérieux. Sous la Vierge, les bougres, les
fuyards, le gibier de prison. Sous la Balance, les
bouchers, les droguistes et les différentes espèces
de chicanous. Sous le Scorpion, les assassins et
les empoisonneurs. Sous le Sagittaire, les bigles
qui regardent au chou et dérobent le lard.
Sous le Capricorne, les claquepatins dont la
couenne durcit par la misère et le travail. Sous

76

le Verseau, les aubergistes et les nigauds à tête
de citrouille. Sous les Poissons, enfin, les cuisiniers et les rhéteurs. Ainsi, pareil à une meule,
tourne l'Univers dont, à chaque instant, la ré-
volution nous apporte quelque disgrâce, depuis
naître jusqu'à mourir. Quant au gazon que vous
voyez tenant le milieu du globe et supportant
un rayon, le symbole en est aisé à déduire.
C'est la Terre notre mère. Comme un œuf
arrondie, elle occupe le centre du monde et
renferme en soi toutes les délices, pareilles à un
gâteau de miel.

— Quelle érudition et quelle faconde! s'écriè-
rent à la fois les convives érigeant les mains au
plafond, jurant tous qu'Hipparchus et Aratus
étaient, au regard de Trimalchio, de la petite
bière. Sur ces entrefaites arrive une troupe de
laquais. Ils suspendent à nos lits des housses
peintes où des filets, des piqueurs avec leurs
épieux, enfin, tout l'appareil de la chasse était
représenté. Nous ne savions qu'imaginer de
cette nouvelle surprise quand, tout à coup, une
clameur furieuse éclate au dehors et voici que
des molosses de Laconia se mettent à hurler en

courant autour de la table. Les suivait un *repositorium,* sur quoi gisait le plus énorme sanglier qui se pût voir. On avait coiffé sa hure d'un *pileus* d'affranchi. Deux corbeilles pendaient à ses défenses, d'une vannerie assez délicate, faite avec des branchettes de palmier, l'une pleine de dattes de Syria, l'autre de dattes de la Thébaïs. Autour, des marcassins en croûte de pâté semblaient accrochés aux mamelles de la bête, faisaient ainsi entendre que c'était une laie. On nous les octroya par manière d'apophorètes. Cette fois, le même *Carpus* qui débitait les autres viandes ne fut pas admis à trancher la monstrueuse venaison, mais un grand estafier barbu dont les jambes étaient emmaillotées de bandelettes et qui portait un *alicula* rayé de diverses couleurs. Prenant son couteau de chasse, il débride largement la panse de la truie. Soudain un vol de grives en échappe avec fracas. Vainement les pauvres bestioles cherchent à fuir en voletant. Des oiseleurs postés dans le *triclinium* avec de longs roseaux les attrapent en un clin d'œil, et, suivant l'ordre du maître, donnent un oisillon à chacun des convives. Alors, Trimalchio : — Voyons, dit-il, si ce porc forestier n'a point dévoré tout le gland?

Aussitôt les esclaves de se ruer aux corbeilles que l'animal portait à son boutoir, et de nous distribuer en portions égales dattes d'Africa et dattes de Syria.

Au milieu du hourvari, comme j'avais une place en retrait, ce me fut un amusement de suivre la pente des cogitations. Pourquoi ce verrat embéguiné d'un *pileus?* A la fin, ayant épuisé les batologies les plus saugrenues, je me pris à questionner derechef le voisin accommodant, mon interprète ordinaire, et lui déduisis mon embarras.

— Comment! répondit-il; mais votre officieux lui-même pourrait expliquer cela : car c'est chose connue et bien loin d'une énigme. Le cochon qui vous étonne évita d'être mangé hier. On le mit sur table vers la fin du repas, et les convives, à bout d'appétit, refusèrent d'y mordre. C'était lui conserver la liberté. Aussi le voyez-vous reparaître, ce soir, avec les attributs de l'émancipation. Confus de ma stupidité, je ne poussai

pas plus avant l'interrogatoire, dans la crainte de passer pour un homme qui n'avait jamais soupé dans le grand monde. Entre temps, un jeune esclave des plus beaux, couronné de pampre et de lierre, offrait à la ronde une corbeille de raisins. Tour à tour s'affublant des noms bachiques : Bromius, Lyæus, Evius, il chantait d'une voix stridente les poèmes de son maître. Enchanté de cette harmonie, Trimalchio, l'envisageant : — Dyonisus, cria-t-il, sois LIBER! L'esclave aussitôt découvre le sanglier du *pileus* et le pose sur sa tête. Alors Trimalchio ajouta :

— On ne peut nier à présent que je possède *Liber,* père de la liberté. Chacun de s'extasier sur le jeu de mots et de baiser à son tour le nouvel affranchi.

En ce moment, Trimalchio pressé d'aller à la garde-robe se leva de table. Son départ, nous délivrant d'une tyrannie importune, ranima la conversation, le bavardage des soupeurs. L'un d'eux, ayant demandé une grappe à *Liber,* se répandit en hurlements : — O jour! quelle est ta vanité, le néant de ta gloire! Tu décrois, la nuit monte : c'est pourquoi rien n'est plus sage que de passer tout droit du lit au *triclinium.* Ainsi l'on n'a pas le temps de refroidir, ni besoin

d'étuve pour se réchauffer : un verre de boisson tiède est le meilleur des manteaux. Moi, j'ai accolé force pintes; je suis soûl comme une bourrique et j'ai ramassé un casque de première grandeur.

Seleucus, l'interrompant, continua son propos : — Moi, dit-il, j'ai grand soin de ne pas me laver tous les jours. Se baigner comme vous le faites, c'est un métier de dégraisseur. L'eau a des dents invisibles et, peu à peu, notre chair liquéfie. Mais, lorsque je me suis envoyé un bon coup de raisin, je nargue les hivers. Au demeurant, avec la meilleure volonté, je n'eusse pu me rendre aux Thermes, cet après-midi. J'étais de funérailles. Un brave type, un ami, Chrysantus, a tourné de l'œil. Naguère, il m'appelait encore, et même, en ce moment, je crois parler à lui. Heu! heu! nous passons! tels une outre de vent gonflée, un peu moins que les mouches, car elles possèdent quelques vertus. Nous sommes pareils aux bulles d'air qui crèvent à la surface d'un étang.

Et que dirait-on si Chrysantus ne s'était pas astreint à une diète rigoureuse? Pendant cinq

jours, il n'est pas entré dans sa bouche une goutte d'eau, une mie de pain. Et cependant il nous a quittés! C'est par trop de médecins qu'il est mort ou, pour mieux dire, par le crime du Fatum, car le médecin n'est autre chose que le consolateur des esprits. Quoi qu'il en soit, on peut dire que les obsèques de Chrysantus furent poussées dans le magnifique. On l'a conduit au bûcher sur son lit de festin, emmailloté de riches couvertures. Et des gémissements de premier choix! Son testament affranchit quelques serfs. Quant à sa femme, elle a pleuré sans verve. Comment eût-elle fait pour se montrer plus chiche de regrets si son époux l'eût traitée avec parcimonie? Ah! les femmes! Elles sont pareilles au milan. Ce qu'on leur fait de bien choit dans une citerne. Pour elles, un vieil amour est le plus funeste des cancers.

Ce fut alors un certain Phileros qui, grossièrement, lui coupa la parole : — Ayons mémoire des seuls vivants. Chrysantus a reçu les témoignages qu'il fallait. Honnête vie! honnête mort! quel motif de se plaindre? Nul n'ignore qu'il est parti d'un as et qu'il aurait mordu à même un

étron pour y chercher de la monnaie. C'est
pourquoi il a fait fortune. Il s'est accru tel un
gâteau de miel. J'estime, Herculès à moi! qu'il
laisse cent solidum, le tout en numéraire.
Cependant je m'expliquerai nettement sur son
compte, ayant bouffé une langue de chien. Il
fut mal embouché, fort en gueule, bavard et la
discorde même. Son frère était un brave gas,
amical à son ami, la main ouverte et la table
copieuse. Au début, il marchait sur des jambes
peu solides. La première vendange fortifia ses
côtes. Il vendit son vin au prix qu'il voulut.
Mais ce qui finit de lui redresser le menton, ce
fut une hoirie dans laquelle, adroitement, il
souriça bien autre chose que la somme dont on
l'avait fait légataire. Alors, Chrysantus, animé
contre son frère, n'a-t-il pas eu la sottise de
léguer comme un crétin son patrimoine à je
ne sais quel intrigant sans feu ni lieu? S'enfuit
au loin qui fuit les siens. Mais il eut toujours des
serfs oraculaires qui l'empoisonnaient de veni-
meux conseils. Celui-là ne fait rien de bon qui
croit d'abord ce qu'on lui dit, et principalement
dans le commerce. Néanmoins, il est vrai que
Chrysantus réalisa, sa vie durant, d'énormes
bénéfices, ayant aggluptiné jusqu'à des biens qui

ne lui appartenaient pas. Et certes ce fut un vrai fils de Fortuna. Par lui touché, le plomb devenait or. La vie est facile à qui tout arrive en bon ordre. Et combien pensez-vous qu'avec soi il emporte d'années? Septante et quelques. Mais il était dur comme une corne, robuste pour son âge et noir comme un corbeau. J'avais connu l'homme autrefois, quand il était presseur d'huile. Même vieux, il restait lubrique à faire peur. Non, Herculès à moi! je ne pense pas qu'il eût épargné même la vertu d'un cabot, dans sa maison : bien plus, il donnait dans les gamines. C'était le miché de n'importe quelle Minerva. Et certes je ne l'improuve. Le contentement d'avoir besogné ferme, voilà tout ce qui l'accompagne au tombeau.

Ainsi parla Phileros. Après lui, Ganymedès :
— Vous narrez là des choses fort impertinentes qui ne regardent la terre ni le ciel; pendant ce temps, nul ne se met en peine des vivres qu'il mâchera bientôt. Non, Herculès à moi! je n'ai pu trouver, aujourd'hui, une bouchée de pain. Et comment? La sécheresse persévère. Il me semble que j'ai le ventre creux depuis un an.

Nos édiles (puisse la guigne leur advenir!) sont de manche avec les mitrons : aide-moi, je t'aiderai. Cependant, les marmiteux crèvent dans la débine : car ces mandibules dévorantes tètent les Saturnalia d'un bout à l'autre de l'année. Oh! si nous possédions encore ces lions que je trouvai ici, en arrivant d'Asia! Cela s'appelait vivre. Sicilia intérieure avait pâti de la même disette, une même sécheresse ardait les moissons, pareille à la fureur de Jupiter. Mais je me rappelle Saffinius. Il habitait près du vieil aqueduc, moi enfant. Ce n'était pas un homme, c'était un grain de poivre. En quelque lieu qu'il fût, grondait un incendie. Mais droit, mais sûr, amical à son ami, avec qui tu pouvais, sans crainte, jouer à la mourre en pleines ténèbres. C'est dans la Curie qu'il le fallait voir. Il écrasait ses adversaires, les uns après les autres, comme avec un pilon. Il n'usait pas de rhétorique, mais allait droit au but. En vérité, lorsqu'il plaidait au barreau, sa voix enflait comme le son d'une trompette, sans que jamais on le vît suer ni cracher. Je pense qu'il avait en soi quelque chose d'asiatique. Et bénin, avec cela, attentif à rendre les saluts, nommant chacun par son nom, tout comme le plus simple d'entre nous. C'est pour-

quoi, dans ce temps, la nourriture était à vil
prix. Le pain que tu payais d'un as, tu n'aurais
pu l'achever, même en t'adjoignant un commensal : pour le même prix, ceux qu'on donne,
à présent, ne sont pas plus gros que la prunelle
d'un bouvillon. Heu! heu! de jour en jour tout
empire! Cette colonie à rebours se développe ;
on dirait le coccyx d'un vedeau. Mais pourquoi
non? Nous avons un édile de trois figues tapées,
qui préfère empocher un as que défendre les
droits de ses administrés. C'est pourquoi il fait
la bombe en son particulier. Il reçoit, en une
matinée, autant et plus d'argent que les autres
n'en possèdent pour tout bien. Je sais telle affaire
qui lui a valu mille denarius d'or. Pourtant, si
nous avions des couilles, il ne s'offrirait pas tant
d'agréments. Mais telle est à présent l'humeur
populaire : au logis, des lions ; en public, des
renards. En ce qui me concerne, j'ai dévoré mes
frusques et, pour peu que cette misère continue,
il me faudra subhaster ma canfouine.

Que devenir, en effet, puisque ni les Dieux
ni les hommes ne prennent en pitié ce malheureux pays? La paix soit dans ma maison, aussi
vrai que je tiens notre débine pour un châtiment
des Cælitès! Nul, en effet, ne s'occupe du Ciel.

Nul n'observe les jeûnes. On fait cas de Jovis autant que d'un cheveu et, tournant les yeux vers la terre, les hommes n'ont d'autre soin que de peser leurs écus.

Dans le temps, les femmes pieuses, drapées de leur *stola,* gravissaient, pieds nus, les collines, et, cheveux épars, âmes exemptes de péchés, dévotement, elles faisaient monter vers Jovis des oraisons pour la pluie. Aussitôt, il pleuvait à verse ; il pleuvait, oui monsieur ! et dans leurs maisons les types rentraient saucés comme des rats. Mais les Dieux ont à présent les pieds en laine et, parce que nous manquons de religion, l'agriculture est dans le désespoir.

De grâce, reprit Echion le fripier, tâche de parler moins bêtement. Tantôt ceci, tantôt cela, comme disait le rustre qui avait perdu un co-chon pie. Ce qui n'existe pas ce soir existera demain : la vie est ainsi mise en branle. Non, Herculès à moi ! nul pays meilleur que le nôtre, s'il enfantait des hommes ; il traverse une crise en ce moment et n'est pas le seul. Il ne se faut point montrer délicats ; partout nous voyons le milieu du ciel. Toi, si tu avais vécu ailleurs, tu

prétendrais que les porcs s'y promènent tout
braisés. Et voici que nous allons assister dans
trois jours à un excellent cadeau, une troupe,
non de *lanista*, mais composée de nombreux
affranchis. Et notre Titus porte un cœur d'autant plus chaud qu'il a mieux pinté : de son
courage ou de sa buverie on connaîtra les effets.
Il m'est de tout point familier, car je fais partie
de son domestique. Le combat sera sans quartier. Titus donnera aux gladiateurs des lames
irréprochables avec défense de rompre, de telle
sorte que le milieu de la piste ressemble à un
charnier. Le jeune homme a de quoi, ayant
hérité au moins trente millions de sestertius, lorsque son père a tourné de l'œil. Qu'il en dépense
mal à propos quatre cent mille, son avoir ne
sera guère ébréché, tandis qu'il aura obtenu la
plus belle des réclames. Déjà, il possède quelques
bidets gaulois, une femme belge pour conduire
l'*essedum;* en outre, il a promu à le servir le dispensateur de Glyco, lequel fut chipé en train de
donner de l'agrément à sa maîtresse. Vous, vous
rigoleriez des controverses populaires entre le
cornard et le godelureau. Glyco, lui, qui ne vaut
pas la corde pour le pendre, a fait jeter aux bêtes
son dispensateur. Cela s'appelle se déshonorer

soi-même. En quoi le serf prévarique-t-il, contraint de besogner par sa maîtresse? Bien plus que lui, cette latrine d'amour eût mérité d'être encornée par un taureau : mais qui ne peut battre l'âne cogne sur le bât. Comment d'ailleurs Glyco pensait-il que la fille d'Hermogenès ferait oncques une bonne fin? Il aurait pu essayer, par la même occasion, de rogner les ongles d'un milan au plus haut de son vol. Une couleuvre n'enfante pas des bouts de funin. Glyco, Glyco a donné son visage : c'est pourquoi, aussi longtemps qu'il vivra, il portera un stigmate que rien, si ce n'est Orcus, ne pourra infirmer. Du reste, les fautes sont personnelles. Mais, par avance, je subodore le gueuleton que Mamméa veut nous donner. Il y aura deux denarius pour les miens et pour moi. Si Mamméa nous comble ainsi, qu'il arrache à Norbanus toute la faveur du public! Et, n'en doutez pas, nous le verrons bientôt cingler à pleines voiles. Car, de bonne foi, quel bien nous a fait ce Norbanus? Il nous a donné des gladiateurs de pacotille, absolument décrépits; rien qu'en soufflant dessus, vous les eussiez fait choir; nous vîmes déjà de meilleurs bestiaires succomber aux lueurs des lampions : et, de vrai, on eût pris ces gens-là pour de vieux

coqs coquelinant. L'un était gourd, éclopé, l'autre cagneux, le tiers, venu moribond à la place du mort, avait les nerfs déjà coupés. Un Thrax de quelque tournure, chauffé par le public, montra une assez belle contenance. A la fin, ils se lardèrent prudemment pour achever la passe d'armes. C'étaient des gladiateurs à la douzaine, mous comme une chiffe et capons comme la lune, les plus beaux fuyards qu'on peut imaginer. Cependant Norbanus, au sortir de l'arène : — Je vous ai, dit-il, offert un cadeau. — Et moi je t'ai applaudi. Compute maintenant : car je te donne plus que je n'ai reçu. La main lave la main.

Tu me sembles, Agamemnon, dire en toi-même : « Que débite ce fâcheux ? » Mais je bavarde à cause que toi, si apte à discourir, tu ne discours pas le moins du monde. Tu n'es pas du même bâtiment ; c'est pourquoi tu dégannes la rusticité de nos propos. Nous savons que tu es glorieux de ton éducation. Mais quoi ? Ne te persuaderai-je pas, tôt ou tard, de pousser jusqu'à ma ferme et de rendre visite à nos bicoques ? Nous trouverons de quoi manger : poulardes et

œufs frais. Cela ira tout seul, encore que l'intempérie ait fait, depuis bien des mois, tout venir de travers. Mais nous aurons toujours de quoi nous garnir le jabot. Même je t'élève un disciple, mon Cicaro. Déjà, il récite les quatre parties. S'il vit, il sera, sans cesse, à tes côtés, comme un petit esclave. Car, dès qu'il a un moment, il ne lève pas les yeux de dessus ses tablettes. Ingénieux, de belle mine, je lui reproche seulement un goût maladif pour les oiseaux. Je lui ai déjà occis trois chardonnerets, lui donnant à croire que la fouine les avait mangés; mais il en a bientôt déniché d'autres. Les vers lui plaisent énormément, qu'il réussit au mieux. D'autre part, il a donné du pied dans le derrière des Grecs. Il commence à mordre au latin, combien que son magister soit un cuistre sans aucune méthode, assurément lettré, mais qui ne se veut pas donner la moindre peine. Mon fils a, de plus, un second précepteur; celui-là peu docte, mais d'esprit ouvert, et qui donne aux autres des connaissances qu'il n'a pas. Il vient d'habitude à la maison, les jours fériés. Il se contente du moindre salaire. En outre, j'ai, à présent, fait emplette à mon gamin de quelques livres de rubrique, parce que j'entends

que, pour la gestion de mes affaires, il sache un
peu de droit. C'est un gagne-pain. Quant aux
lettres, il n'en est que déjà trop coïnquiné. S'il
renâcle, je le destine à l'un de ces métiers de
tout repos : barbier, crieur public ou, du moins,
avocat, dont nul ne pourra le déposséder, Orcus
excepté. C'est pourquoi je lui brame tous les
jours : « Premier-né, crois-moi, quelque chose
que tu apprennes, tu l'apprends pour toi-même.
Vois Phileros, l'agent d'affaires. S'il n'avait étudié, la faim, aujourd'hui, ne quitterait point ses
lèvres. Naguère, naguère il portait à son cou
des fardeaux pour quelque argent ; à cette heure,
il croît à l'envi même de Norbanus. La science
est un trésor et le métier ne cesse de nourrir
son homme. »

Ces fariboles vibraient, lorsque Trimalchio
entra, et, détergeant la pommade qui coulait
de son front, se lava les mains ; peu de temps
après : — Excusez-moi, dit-il, amis, voici plusieurs jours que mon ventre ne fonctionne pas

congrûment. Les médecins n'y entendent goutte.
Néanmoins, un oxéolé d'écorce de migraine et
de bourgeons de sapin m'a été profitable. J'espère que mes entrailles vont désormais s'imposer
un peu de retenue; sinon, mon estomac beugle
à croire que vous entendez mugir un taureau.
C'est pourquoi, si quelqu'un de vous se trouve
en proie à la nécessité, qu'il n'y mette pas de
fausse honte. Aucun de nous, certes, n'est composé de solides. Et j'estime que rien n'est comparable au tourment de se retenir. Cela seulement
Jupiter ne le saurait inhiber. Tu ris, Fortunata,
qui, chaque nuit, me prives de fermer l'œil !
Moi, jamais, dans le *triclinium,* je n'ai défendu
à quiconque de faire ce qui le met à l'aise; les
médecins défendent que l'on se contraigne.
Même dans le cas où vous sollicite quelque
chose de plus, tout ce qu'il faut est préparé
dehors : l'eau, la garde-robe et les autres petites
commodités. Croyez-moi : quand les vents remontent au cerveau, tout le corps en est empoisonné. J'en sais plusieurs qui moururent ainsi
pour n'avoir pas voulu confesser leur gêne
intérieure. Nous rendons grâce à la libéralité
ainsi qu'à l'indulgence de Trimalchio, étouffant
notre rire dans des popinations réitérées. Car

nous ne savions pas encore que c'était à peine
la moitié de cette crevaille prodigieuse et qu'il
nous fallait gravir par la suite des monceaux
escarpés de ragoûts et de viandes. En effet, les
tables nettoyées aux accords de la musique, trois
cochons blancs muselés et cravatés de grelots
furent amenés dans le *triclinium*. Leur introduc-
teur nous apprit que l'un avait deux ans, l'autre
trois, et que le troisième était déjà vieux. Pour
moi, je supposais que c'étaient là des *petauristes*
avec des porcs savants tels qu'on en montre dans
les cirques, dont les acrobaties plus ou moins
portenteuses ne tarderaient pas à nous régaler.
Mais Trimalchio, discutant notre expectative :
— Quel est, dit-il, celui des trois qu'il vous
plaît qu'on accommode sur-le-champ? Des fri-
coteurs de banlieue embrochent un poulet, un
faisan ou de pareilles nénies. Mes cuisiniers à
moi font bouillir communément des veaux
entiers dans un chaudron d'airain. Aussitôt il
ordonne qu'on appelle un cuisinier, et, sans
redemander notre avis, enjoint de tuer le plus
âgé des pourceaux. Puis, élevant la voix : — De
quelle décurie es-tu? — De la quarantième. —
Acheté ou né dans ma maison? — Ni l'un ni
l'autre, mais donné par le testament de Pansa.

— Vois donc à préparer lestement ce cochon, faute de quoi j'ordonnerai qu'on te verse dans la décurie des valets de ferme. Sur-le-champ, admonesté de la sorte, et connaissant les pouvoirs du maître, le queux entraîna vers sa cuisine la viande à quatre pieds.

Trimalchio, nous dévisageant alors d'un regard amiteux : — Ce vin, dit-il, ne vous plaît point? je le remplacerai. Quant à vous, j'ordonne que vous lui fassiez grand accueil. Par la grâce des Dieux, je ne l'achète point; car tout ce qui vous fait ici baver de gourmandise naît dans un suburbain à moi que je ne connais pas encore. C'est un pays aux confins de Terracina et de Tarentum. A présent, je veux annexer à mes petits lopins la Sicilia, pour que, s'il me prend une fantaisie de promenade en Africa, je puisse naviguer à travers mes domaines.

Mais déduis-nous, Agamemnon, quelle controverse tu as déclamée aujourd'hui? Moi qui vous parle, si je ne plaide pas des causes, j'ai néanmoins fait mes humanités d'après les divisions classiques; et pour que vous ne m'imputiez pas à dégoût ces sortes d'études, apprenez que j'ai trois bibliothèques, l'une grecque, les autres

latines. Expose donc, si tu m'aimes, le *peristasis* de ta déclamation.

Agamemnon, ayant commencé:—Un pauvre et un riche nourrissaient entre eux de grandes inimitiés. — Qu'est-ce qu'un pauvre? dit Trimalchio. — Charmant! repartit Agamemnon, et d'exposer je ne sais quelle théorie. Sur-le-champ Trimalchio :— Cela, dit-il, si c'est un fait, n'est pas matière à controverse; si ce n'est pas un fait, cela n'est rien. Nous accompagnâmes ce discours et d'autres semblables avec des effusions de louanges. — De grâce, continua Trimalchio, Agamemnon à moi très cher, te rappelles-tu les douze ahans d'Herculès ou l'historiette d'Ulyxès et comment le Cyclops lui déboîta le pouce d'un coup de baguette? J'avais accoutumé de lire, étant gamin, tout cela dans Homerus. Car j'ai vu assurément de mes yeux la Sybille, à Cumæ, pendre dans une ampoule et, quand les gosses lui disaient : — Σιϐύλλα, τί θέλεις, elle répondait : — ἀποθανεῖν θέλω.

Trimalchio n'avait pas encore dégoisé toutes ses balivernes que le *repositorium,* avec le pourceau gigantesque, couvrit la table entière. Nous admirons tant de célérité, proclamant que même un poulet coquelinant ne saurait être plus vite

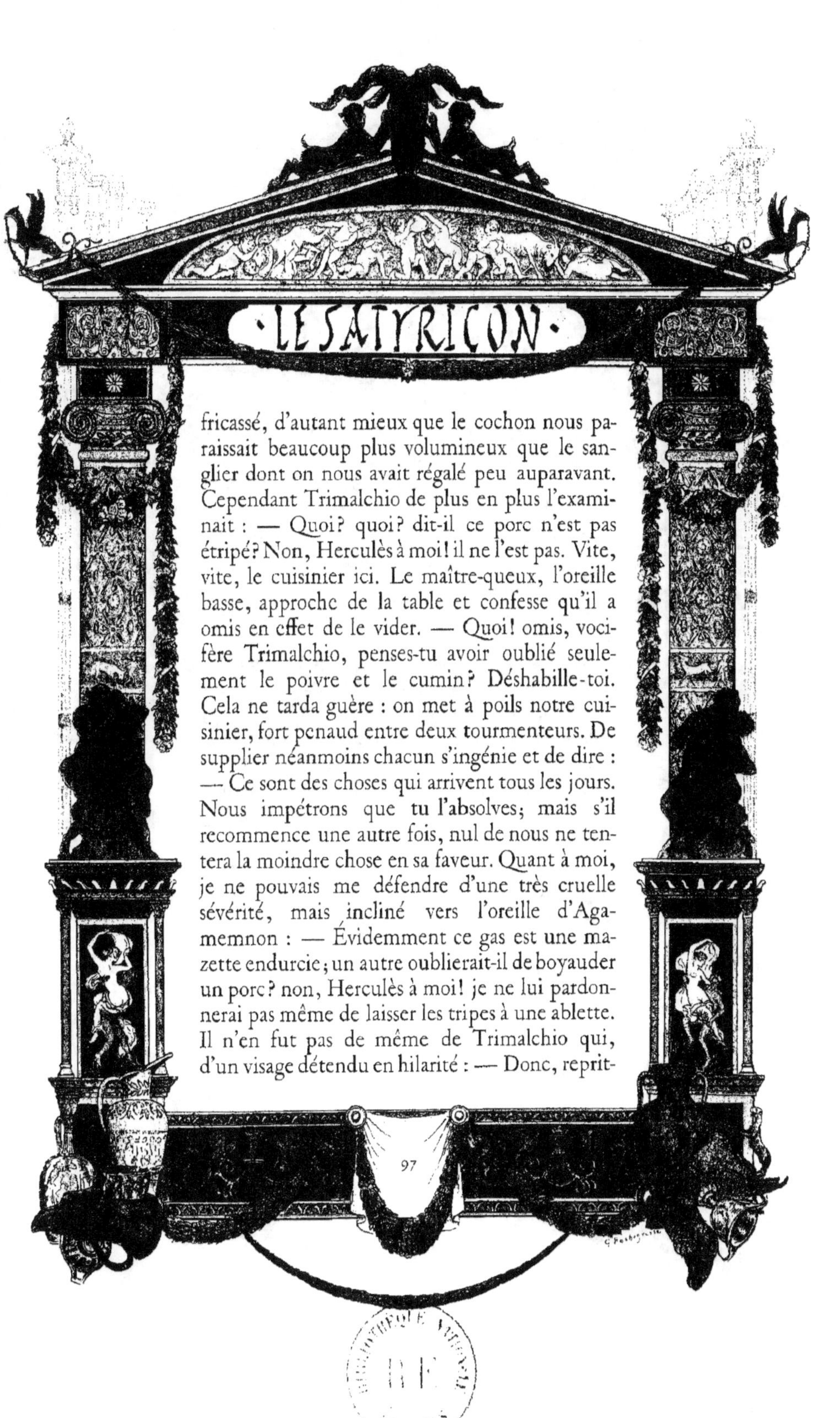

fricassé, d'autant mieux que le cochon nous paraissait beaucoup plus volumineux que le sanglier dont on nous avait régalé peu auparavant. Cependant Trimalchio de plus en plus l'examinait : — Quoi? quoi? dit-il ce porc n'est pas étripé? Non, Herculès à moi! il ne l'est pas. Vite, vite, le cuisinier ici. Le maître-queux, l'oreille basse, approche de la table et confesse qu'il a omis en effet de le vider. — Quoi! omis, vocifère Trimalchio, penses-tu avoir oublié seulement le poivre et le cumin? Déshabille-toi. Cela ne tarda guère : on met à poils notre cuisinier, fort penaud entre deux tourmenteurs. De supplier néanmoins chacun s'ingénie et de dire : — Ce sont des choses qui arrivent tous les jours. Nous impétrons que tu l'absolves; mais s'il recommence une autre fois, nul de nous ne tentera la moindre chose en sa faveur. Quant à moi, je ne pouvais me défendre d'une très cruelle sévérité, mais incliné vers l'oreille d'Agamemnon : — Évidemment ce gas est une mazette endurcie; un autre oublierait-il de boyauder un porc? non, Herculès à moi! je ne lui pardonnerai pas même de laisser les tripes à une ablette. Il n'en fut pas de même de Trimalchio qui, d'un visage détendu en hilarité : — Donc, reprit-

il, puisque tu es d'une si mauvaise mémoire,
devant nous, étripe ton cochon. Le cuisinier,
ayant récupéré sa tunique, saisit un couteau et,
deçà delà, timidement débride la panse du
goret. Soudain, par les ouvertures que leur poids
agrandit, échappent tumultueusement crépi-
nettes et boudins.

A cette jonglerie, le domestique d'applaudir
et honneur à Gaïus! dans un long cri. Le cuisinier fut honoré d'un verre de vin, d'une couronne d'argent et d'un gobelet avec sa soucoupe
en bronze corinthien. Comme Agamemnon
examinait de près ce métal, Trimalchio lui dit :
— Je suis le seul à posséder le vrai *corinthus*. J'at-
tendais, comme à l'ordinaire, une cacade ren-
forcée et qu'il se mît à nous dire qu'on apportait
exprès de Corinthus une orfèvrerie à son usage.
Mais il s'en tira plus adroitement que je ne
pensais : — Et peut-être, dit-il, me demanderez-
vous comment il se fait que j'aie à moi tout
seul du *corinthus* authentique? Parce que le po-
tier d'airain à qui je prends mes vases se nomme
Corinthus : or qui peut se vanter d'avoir du
corinthus mieux que celui qui compte parmi ses

gens Corinthus en personne? Et ne me prenez pas toutefois pour un mauclerc. Je sais fort bien l'origine du bronze corinthien.

Quand Ilium fut pris, Annibal, rusé matois et grand coquin, larronna les statues de cuivre, d'or et d'argent, les rassembla sur un même bûcher, puis y mit le feu; de leur fonte naquit un airain composite. De cet amalgame les argentiers prirent des morceaux. Ils en fabriquèrent des plats, des drageoirs, des figurines. Ainsi, le bronze corinthien est né de l'alliage des métaux précités; venu des trois autres, il n'est or néanmoins, ni cuivre, ni argent. Excusez ce que je vais dire : je préfère, quant à moi, les ustensiles de verre; certains ne partagent pas cette opinion. Que si le verre était infrangible, je l'aimerais mieux que l'or. Celui qu'on voit de nos jours est une matière vile.

Jadis, parut un ouvrier qui fabriqua cependant une patène de verre incassable. Admis devant César, il lui présenta son ouvrage. Ensuite l'ayant reprise des mains de l'Imperator, brusquement, il jeta la coupe sur le parvis de mosaïque. César ne laissa pas d'être déferré comme

s'il avait pris peur. Mais l'ouvrier ramassa la patène qui était un peu mâchée à la façon des vases de cuivre. Tirant alors un martelet de son giron, l'homme paisiblement remit en ordre la paroi bossuée, de telle manière qu'il ne resta vestige de l'accident. Cela fait, il crut tenir le ciel de Jovis, quand l'Imperator lui demanda :
— Un autre connaît-il ce procédé, tes moyens de vitrification ? Prends garde à ce que tu vas dire. L'ayant assuré que nul n'était dans le secret, César donna ordre qu'on lui tranchât la tête, parce que la divulgation d'un tel prodige rendrait l'or aussi méprisable que la boue.

Je suis, en fait d'argenterie, le plus curieux du monde. J'ai des gobelets grands comme des urnes funéraires, plus ou moins.

On y voit Cassandra égorgeant ses fils; les enfants morts gisent de telle sorte que tu les croirais en vie. J'ai une burette que légua Mys à mon patron, où Dédalus enferme Niobé dans le cheval troyen. Sur d'autres coupes, on voit les pugilats d'Herméros et de Petractès. Tous ces vases sont de poids; car vous entendez que ce qui m'appartient, je ne le vends désor-

mais à aucun prix. Pendant qu'il déblatère, un page laisse tomber une écuelle; Trimalchio se tournant vers lui : — Vite, punis-toi, lui dit-il; punis-toi d'être un petit babouin. Aussitôt le page ouvre la bouche pour implorer, mais lui : — Pourquoi m'implores-tu comme si j'étais mauvais; simplement je te conseille de prendre sur toi de n'être plus un babouin. Enfin, cédant à nos instances, il accorde au page rémission plénière. Cet esclave ne fut pas plutôt parti que Trimalchio, gambadant autour de la table : — Dehors les aiguières! Ici la vinasse! beugle-t-il. Nous cafardons l'urbanité du plaisantin et, plus que tout autre, Agamemnon qui savait quels mérites pouvaient, un autre jour, le faire prier à souper. Abondamment flagorné, Trimalchio se remit à boire avec plus d'hilarité. Bientôt, à peu près ivre : — Eh! quoi, nul de vous, dit-il, n'invite à danser ma Fortunata? Croyez-moi, cependant, personne avec autant de chic ne mène la cordax. Ensuite, érigeant les bras au-dessus du chef, il imitait l'histrion Syrus, accompagné en faux-bourdon par tout le domestique. — Μά Δία! mort de ma vie! Μά Δία! Et certes, il eût continué de s'exhiber, si Fortunata n'eût parlé à son oreille, lui disant, selon toute

apparence, qu'à sa gravité ne répondaient guère tant de misérables inepties. Rien, d'ailleurs, de plus inégal, car tantôt il vénérait sa femme, tantôt il exonérait sa vadrouille des ultimes pudeurs.

Et, juste à point nommé, comme il se mettait en posture d'obéir à sa démangeaison tripudiante, un nomenclateur qui semblait commémorer les annales de l'*Urbs* interrompit son élan : — Le VII des calendes d'août, dans le domaine de Cumæ qui appartient à Trimalchio sont nés garçons XXX, filles XL; furent transportés des aires au grenier cinq cent mille *modium* de froment et conjugués cinq cents bœufs. Ce même jour, mis en croix le serf Mithrinatès pour avoir blasphémé le Génie de notre Gaïus. Ce même jour, reporté dans la caisse cent fois cent mille sestertius impossibles à colloquer. Ce même jour, incendie aux jardins de Pompeius, venu des édicules de Nasta, régisseur. — Quoi? dit Trimalchio; quand donc me furent achetés les

jardins de Pompeius? — L'an dernier, répondit
le nomenclateur. C'est pourquoi ils ne sont pas
venus en compte jusqu'ici. Trimalchio fuma
et : — Quels que soient à l'avenir les fonds
acquis pour moi, si je n'en suis pas informé au
plus tard dans un semestre, je défends de les
porter à mon compte, sachez-le. Après, on lut
les ordonnances des édiles ainsi que les testa-
ments des forestiers qui exhérédaient Trimalchio,
avec beaucoup de politesses. Vint ensuite le rôle
des fermiers, l'histoire d'une affranchie répu-
diée par le garde champêtre qui l'avait surprise
en train de se faire besogner par un garçon de
bains; puis, le majordome relégué à Baiæ, le
dispensateur convaincu de malversations, enfin,
un jugement survenu entre les esclaves de la
chambre.

Au beau milieu de cette lecture, des pétau-
ristes firent leur entrée. L'un d'eux, idiot très
stupide, se campa debout au pied d'une échelle,
ordonnant à un petit funambule de monter les
degrés, d'arriver au sommet, en exécutant un
pas de danse et, chantant des rengaines, de passer dans des cerceaux enflammés, puis, de tenir
avec ses dents une amphore pleine d'eau. Seul,
Trimalchio admirait ces billevesées, attestant

que c'est un art bien ingrat. — Au surplus,
disait-il, dans les choses humaines, il n'y a que
deux spectacles pour me divertir : les acrobates et
les cailles de combat. Quant aux bêtes savantes,
aux morions, c'est de la pure gabatine. J'eus,
une fois, le caprice d'acheter des comédiens;
mais je ne leur permis de jouer que des attel-
lanes et je donnai ordre au *choraules* d'accompagner sur sa double flûte des airs latins exclusivement.

Comme Gaïus était au plus fort de ses balivernes, le petit saltimbanque dégringola sur lui.
Aussitôt, la valetaille de beugler et les convives
de suivre son exemple, non pour le regret d'un
homme si infect, dont chacun eût vu briser le
crâne avec satisfaction, mais à cause de la déplo-
rable issue d'un tel repas et de la crainte qu'ils
avaient d'être obligés de pleurer aux obsèques
du vieux goinfre. Trimalchio en personne, gémis-
sait grièvement et se penchait sur son bras
comme lésé; puis les médecins d'accourir avec,
au premier rang, Fortunata, les crins épars, une
tasse à la main, se proclamant infortunée et misérable.

Quant au morveux qui s'était laissé choir, il
se traînait à nos pieds demandant sa manumission. Je l'avais dans le nez, craignant que ses
prières ne fussent chercher une catastrophe plus
que ridicule. Car il ne m'était pas sorti encore
de la mémoire, ce cuisinier qui avait oublié
de vider le cochon. C'est pourquoi je me mis à
inspecter les quatre coins du *triclinium,* de peur
qu'un automate ne jaillît soudain à travers les
parois, surtout après qu'un esclave eut reçu
les étrivières parce que, pour envelopper le
bras contus de son maître, il avait employé de
la laine blanche en place de laine pourprée.
Et mon soupçon ne traîna guère; en effet,
au lieu de châtiment, vinrent de grandes
patentes par lesquelles Trimalchio conférait la
liberté au petit funambule, afin que nul ne pût
dire qu'un tel personnage avait pâti sous le choc
d'un esclave.

Nous approuvons le geste. Dans un long discours, nous palabrons sur l'incertitude et la vanité des choses humaines : — Cela est vrai,
dit Trimalchio, mais il est opportun que l'accident ne passe pas sans épigramme. Aussitôt il

demande ses codicilles et, sans trop s'alambiquer
la cervelle, nous déclame d'abord la strophe que
voici :

— Ce que tu n'expectes arrive tout à coup;
Et par-dessus nos têtes, Fortuna prend soin des
choses;
Donc, verse-nous les vins de Falernum, serdeau!

Ce madrigal amena la conversation sur les
poètes. Depuis quelque temps déjà, on décernait
la palme des beaux vers à Marsus le Thrax,
jusqu'au temps que Trimalchio : — De grâce,
dit-il, mon maître, quelle différence trouves-tu
entre Cicéro et Publius? Le premier, selon moi,
est plus disert, le second plus instructif. Et,
vraiment, que peut-on dire de meilleur?

Par le luxe vaincus, de Mars les remparts se dégradent.
En ton palais clos, le paon picore,
Empenné d'un camail d'or babylonien.
Pour toi, la poule numidique, pour toi le coq
châtré!
Et la cigogne même, la cigogne bienvenue, pérégrine,
hôtesse de nos murs,
Piétaticultrice, aux jambes grêles, au bec sonneur de
crotales,
Oiseau absent l'hiver, bénin présage de la tiède saison,
La cigogne trouve un nid scélérat dans ton pot-au-feu!

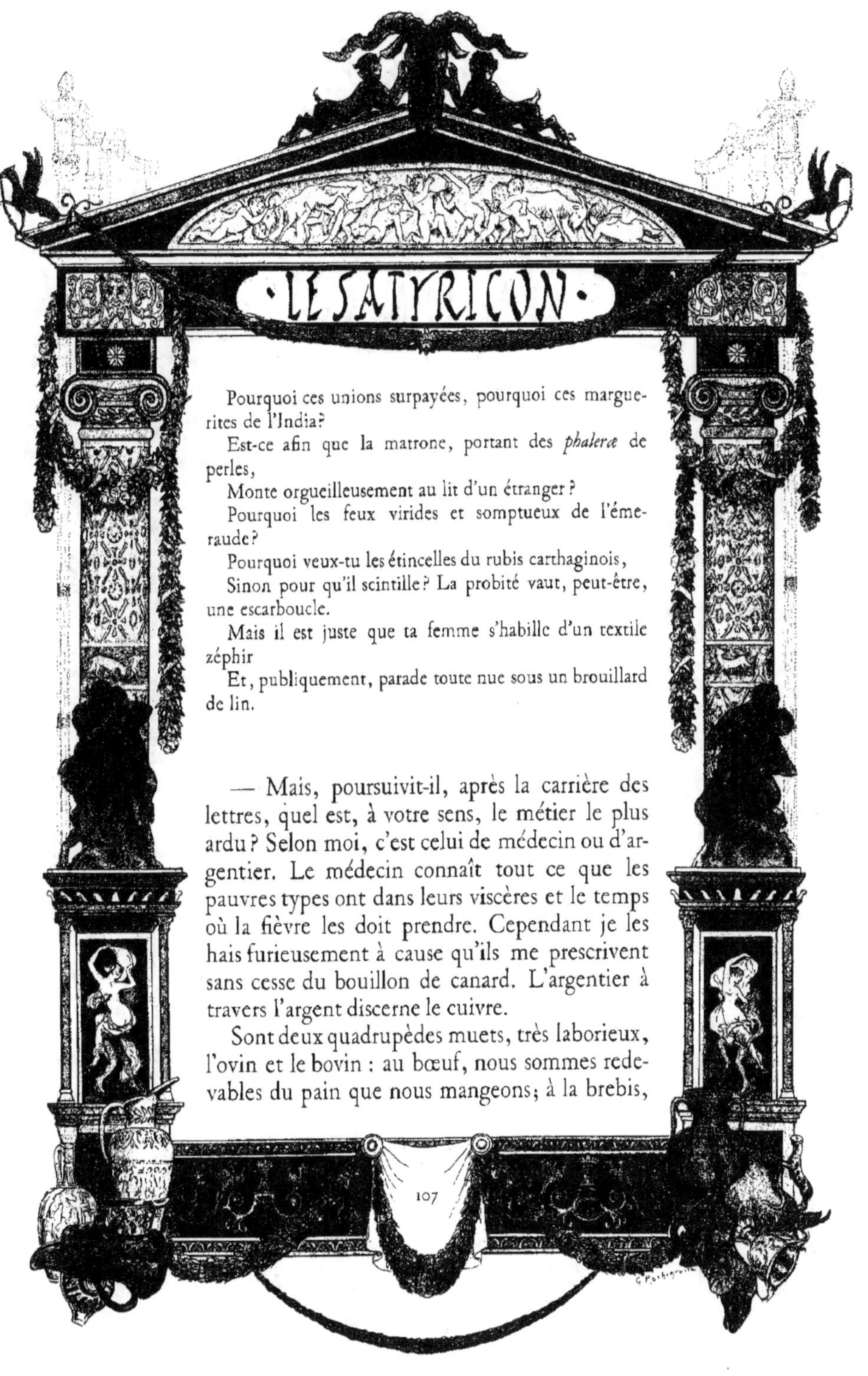

Pourquoi ces unions surpayées, pourquoi ces margue-
rites de l'India?

Est-ce afin que la matrone, portant des *phaleræ* de
perles,

Monte orgueilleusement au lit d'un étranger ?

Pourquoi les feux virides et somptueux de l'éme-
raude ?

Pourquoi veux-tu les étincelles du rubis carthaginois,

Sinon pour qu'il scintille ? La probité vaut, peut-être,
une escarboucle.

Mais il est juste que ta femme s'habille d'un textile
zéphir

Et, publiquement, parade toute nue sous un brouillard
de lin.

— Mais, poursuivit-il, après la carrière des
lettres, quel est, à votre sens, le métier le plus
ardu ? Selon moi, c'est celui de médecin ou d'argentier. Le médecin connaît tout ce que les
pauvres types ont dans leurs viscères et le temps
où la fièvre les doit prendre. Cependant je les
hais furieusement à cause qu'ils me prescrivent
sans cesse du bouillon de canard. L'argentier à
travers l'argent discerne le cuivre.

Sont deux quadrupèdes muets, très laborieux,
l'ovin et le bovin : au bœuf, nous sommes rede-
vables du pain que nous mangeons; à la brebis,

de cette laine dont les tissus nous rendent glorieux. O forfait sans pareil! l'homme dévore le gigot et porte la tunique. Les abeilles aussi je les crois des bestioles divines, qui dégorgent le miel, encore qu'on prétende qu'il leur vient directement de Jovis. Néanmoins font-elles de redoutables piqûres, montrant que, même aux lieux où règne la douceur, on trouve les plus cuisantes épines.

Ainsi Trimalchio s'évertuait à supplanter les philosophes, lorsqu'on nous vint présenter à la ronde une écuelle renfermant des billets de loterie. L'esclave préposé à cet office dénombrait les apophorètes : «Argent scélérat!» fut porté un jambon sur quoi était posée une coupe de vinaigre; «oreiller!», un fanon de porc; «*seriphios* et contumélies!», un panier de fraises des bois, un gourdin et une pomme; «porreaux et pêches!» valut au gagnant un fouet plus un eustache; «passereaux et moustiquaire!», des raisins secs et du miel attique; «habit de dîner, habit de ville!», une pâtisserie et des tablettes; «canal et pédale!» firent venir un lièvre et une sandale; enfin «murène et lettre», un rat (*mus*) et une raine attachés ensemble, ainsi qu'une botte de poirée. Longtemps nous rîmes de ces libéralités

grotesques et de mille autres semblables dont j'ai perdu le souvenir.

Entre temps, comme Ascyltos, avec une licence intempérante et levant les mains, se truphait de toutes ces balivernes, au point de rire jusqu'aux larmes, un colibert de Trimalchio s'échauffa dans son harnais. C'était celui-là même qui avait pris place à table au-dessus de moi :

— Qu'as-tu donc à rire, espèce de béjaune? cria-t-il. Est-ce que, par hasard, ne te délecte point le faste de mon seigneur? tu es sans doute plus rupin et tu bâfres, à l'ordinaire, de meilleurs morceaux. Que me soit propice la Tutelle de ce lieu, de même que si j'étais couché auprès de lui, j'eusse interdit son bêlement. Joli coco pour se foutre du peuple! Il m'a tout l'air d'un voleur de nuit qui ne vaut pas même son urine. Pour en finir, si je pissais autour de lui, il ne saurait où prendre pied. Non, Herculès à moi! non je n'ai pas coutume de fulminer pour si peu :

mais en chair molle naissent les vers. Il rit! qu'a-
t-il à rire? Est-ce que le fœtus achète son papa?
A cause que tu as une robe de laine et que tu es
chevalier romain! Eh bien, moi, je suis fils de
prince! — Pourquoi donc as-tu servi? — Parce
qu'il m'a plu me donner en esclavage, aimant
mieux être citoyen romain que tributaire; et,
présentement, je me flatte de vivre de telle façon
que je ne serve à quiconque de hochet. Homme,
je suis parmi les hommes; je déambule à tête
défleubée; un as de cuivre, je ne le dois à personne; oncques n'ai reçu de commandement;
nul, dans le Forum, ne m'a dit: «rends ce que
tu dois»; j'ai acheté des terres; j'ai mis de côté
quelques lingots; je nourris quotidiennement
vingt bedaines, sans compter mon chien; j'ai
redimé ma contubernale, pour que nul doréna-
vant ne s'essuie les mains après ses tetons; j'ai
payé mille denarius de capitation; gratis, je fus
fait sévir, et j'espère bien claquer de telle sorte
que je n'aie pas à rougir après ma mort. Toi,
cependant, tu es si besogneux que tu n'oses regarder sur tes talons. Tu vois un pou sur autrui;
mais sur toi-même, ne vois-tu pas une tique? A
toi seul, des hommes tels que nous ont semblé
ridicules. Voici ton maître, ton aîné: cependant

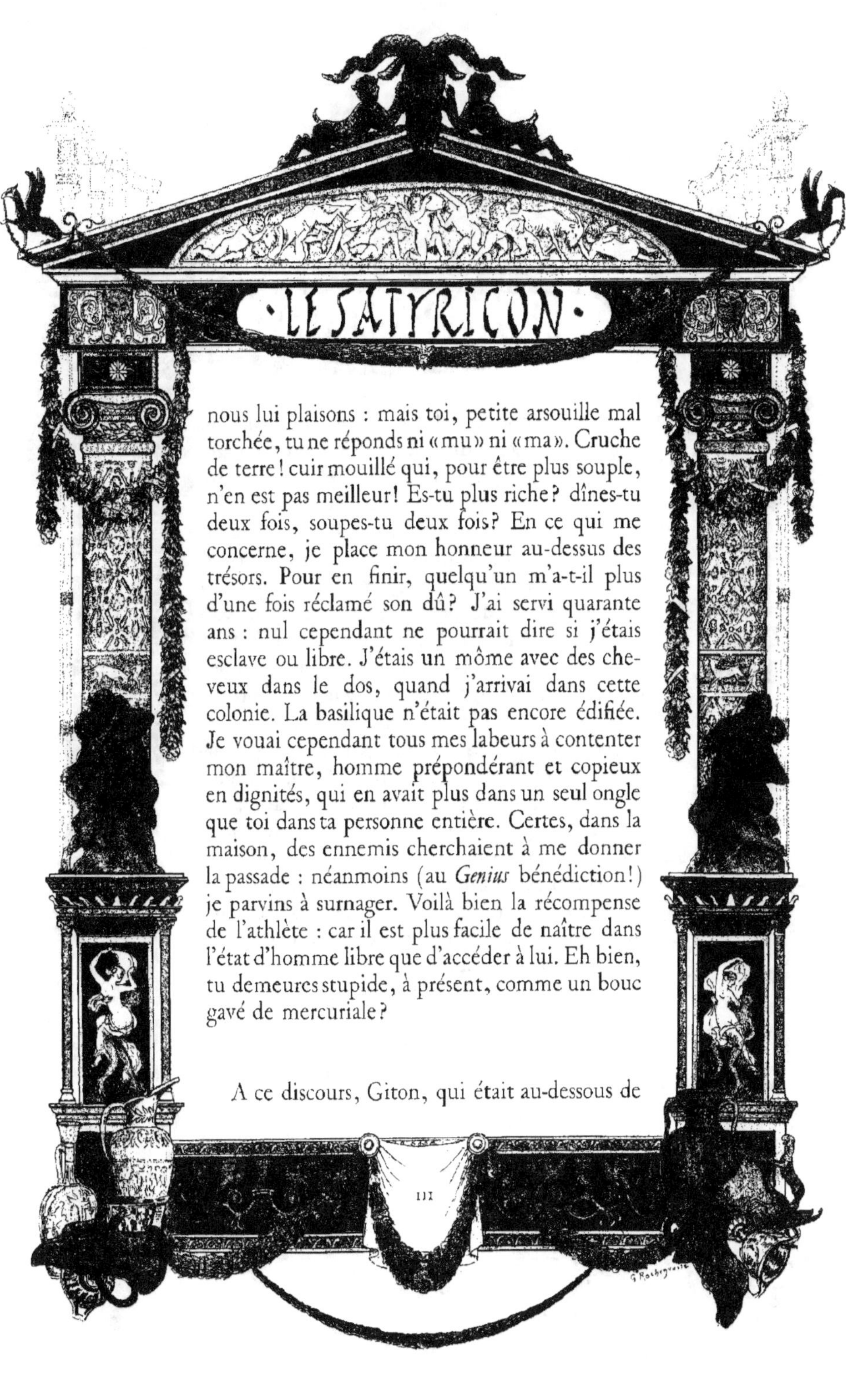

nous lui plaisons : mais toi, petite arsouille mal
torchée, tu ne réponds ni « mu » ni « ma ». Cruche
de terre! cuir mouillé qui, pour être plus souple,
n'en est pas meilleur! Es-tu plus riche? dînes-tu
deux fois, soupes-tu deux fois? En ce qui me
concerne, je place mon honneur au-dessus des
trésors. Pour en finir, quelqu'un m'a-t-il plus
d'une fois réclamé son dû? J'ai servi quarante
ans : nul cependant ne pourrait dire si j'étais
esclave ou libre. J'étais un môme avec des cheveux dans le dos, quand j'arrivai dans cette
colonie. La basilique n'était pas encore édifiée.
Je vouai cependant tous mes labeurs à contenter
mon maître, homme prépondérant et copieux
en dignités, qui en avait plus dans un seul ongle
que toi dans ta personne entière. Certes, dans la
maison, des ennemis cherchaient à me donner
la passade : néanmoins (au *Genius* bénédiction!)
je parvins à surnager. Voilà bien la récompense
de l'athlète : car il est plus facile de naître dans
l'état d'homme libre que d'accéder à lui. Eh bien,
tu demeures stupide, à présent, comme un bouc
gavé de mercuriale?

A ce discours, Giton, qui était au-dessous de

lui, lâcha dans une effusion indécente son rire longuement comprimé, ce que voyant l'antagoniste d'Ascyltos détourna ses invectives contre le mignon : — Et toi, dit-il, et toi tu ris de même pie huppée? O Saturnales! sommes-nous donc, je te prie, au mois de décembre? Quand as-tu soldé l'impôt du vingtième? Que viens-tu faire ici, gibier de potence, régal pour les corbeaux? J'aurai soin d'attirer contre toi l'ire de Jovis et contre celui-là qui ne sait pas te clouer le bec! Par ainsi, que je devienne rebuté du pain, si je ne fais hommage de mon ressentiment au colibert notre hôte; sans quoi je t'eusse réglé sur-le-champ et d'après tes mérites. Nous sommes bien ici : ton patron, ce pilier de bordel, ne sait pas te fermer le crachoir. Il est bien vrai de dire : tel maître, tel valet. A peine je me contiens. Ma complexion est d'avoir la tête chaude, et, lorsque j'ai commencé, je ne donnerais pas un dupondius de ma propre mère! C'est bon! je te verrai en public, mulot, que dis-je? potiron empoisonné! Que je ne croisse par en haut ni par en bas si je ne rembuche ton maître dans une touffe de rue! Et je ne t'épargnerai pas davantage, quand bien même, Herculès à moi! tu appellerais au secours Jovis Olympius! Je prendrai

soin que ta tignasse devienne plus longue de
huit pouces; ton maître de pacotille, aussi, viendra fort bien sous ma dent. Ou je ne me connais
plus, ou vous ne vous esclafferez guère, quand
même vous auriez une barbe d'or. Sagana te
soit hostile (j'y pourvoirai) comme au pouilleux
qui te dressa! Je n'ai pas étudié la géométrie,
la critique et telles autres coïonnades, mais je
connais les lettres lapidaires et je calcule fort
bien à tant pour cent le change, suivant le poids,
la monnaie et les métaux. Pour en finir, si tu
veux, faisons toi et moi une petite gageure.
Voici donc le lemme que je te propose. Tu sauras
que ton père a gaspillé son argent, bien que tu
connaisses la rhétorique. Dis-moi quel est celui
de nous qui vient lentement et qui va loin?
Paye : tu le sauras. Quel est celui de nous qui
court et ne sort pas du même lieu? Qui de nous
s'accroît et devient plus petit? Tu cours, tu
restes bouche bée, tu te trémousses comme une
souris dans un pot de chambre. Tais-toi donc
ou cesse de molester qui vaut mieux que toi, un
homme qui ne te savait pas au monde, à moins
que tu n'espères m'imposer avec tes anneaux
de buis, volés à ta coquine. Mercurius Occupo
nous soit en aide! Allons au Forum et deman-

dons le *mutuum* : tu sauras alors ce que vaut ma bague de fer et le crédit qu'on lui voit. Vah! que tu es mignonne, petit renard mouillé. Que j'amène autant de lucre et meure avec autant de gloire, que le peuple jure par mes obsèques, tout comme je suis résolu à te poursuivre, en tous lieux, à t'enlever ta toge par lambeaux. Encore une avantageuse créature, celui qui t'apprend ces manières-là! Mufrius le magister (nous fûmes aussi à l'école) nous endoctrinait : « Vos devoirs sont-ils finis? Rentrez chez vous par le plus court. Ne baguenaudez pas. Ne haraudez point les personnes d'âge et dispensez-vous de compter les échoppes. Faute de quoi nul ne s'élève au-dessus d'un dupondius. » Pour moi, je rends grâce aux Dieux à cause de l'artifice qui m'a élevé au rang où je splendis.

Commençait Ascyltos de répondre au monitoire; mais Trimalchio, délecté par la verve de son colibert : — Laissez, dit-il, vos hargneuses querelles et, de grâce, vivons en beauté. Pour

toi, Herméros, épargne ce cadet. Le sang pétille dans ses veines; montre-toi plus rassis. Toujours, dans ces sortes de combats le vainqueur est celui qui cède. Et toi, lorsque tu servais de chapon, *coco! coco!* tu n'étais pas d'humeur plus endurante. Soyons donc, cela vaut mieux, énormément doux et fort hilares, en attendant les *Homeristæ*. Sur-le-champ, la troupe fit son entrée, heurtant les boucliers du manche de leurs piques. Trimalchio, pour les entendre, s'avachit sur un pouf. Tandis que les *Homeristæ* dialoguaient en vers grecs, à leur accoutumée, insolemment et d'une voix aiguë, il se mit à lire un livre latin. Bientôt, le silence fait : — Savez-vous, dit-il, quelle pièce ils vont jouer? La voici. Diomedès et Ganimedès furent deux frères, desquels la sœur était Héléna. Agamemnon la ravit et lui substitua une biche, à l'autel de Diana. De sorte qu'Homerus évoque, dans ce poème, la prise d'armes des Trojani et des Parentini. Sachez la victoire d'Agamemnon et qu'il donna Iphigenia sa fille pour épouse au guerrier Achillès. Leur mariage fit déraisonner Aiax; l'argument vous l'expliquera tout à l'heure. Trimalchio achevait à peine sa harangue; les *Homeristæ* firent entendre une clameur sauvage, cependant que, parmi le

domestique hors d'haleine, un veau bouilli était porté dans un plat aussi grand que la porte décumane, le chef orné d'un casque militaire. Suivait Aiax, l'épée au clair et mimant les gestes d'un lunatique. Il dépeça la bête, s'escrimant de droite et de gauche ; puis, recueillant les morceaux à la pointe du glaive, il en fit la distribution aux convives ébaubis.

Nous n'eûmes pas grand loisir d'admirer une si ingénieuse pantomime ! car soudain les poutres du *lacunar* se mirent à craquer avec un tel vacarme que le *triclinium* en éprouva la secousse. Pour moi, consterné, je me levai dans la crainte qu'un pétauriste ne dégringolât du plafond ; les autres convives, non moins ahuris, dressaient leurs visages en l'air, expectant quoi de neuf allait tomber du ciel. Voici néanmoins que le plancher s'entr'ouvre. En même temps un vaste plateau en forme de cercle se détache de la coupole et nous offre dans son orbe des couronnes d'or et des cassolettes d'albâtre pleines de parfums. Invités à nous partager ces apophorètes, nous portons nos regards sur la table. Déjà, on avait dressé un *repositorium* où brillaient quelques pièces de

four, au milieu desquelles un Priapus élaboré par le confiseur. Dans son giron, il portait comme d'habitude, une corbeille pleine de raisins et de toutes sortes de fruits.

Avidement, nous étendions la main vers ces friandises pompeuses, quand un nouveau badinage nous vint remettre en gaîté. Ces pommes, en effet, ces gâteaux, épanchaient, au moindre contact, un esprit de safran qui, nous giclant au visage, ne laissait pas de nous incommoder un peu.

Dans l'opinion qu'un service parfumé avec un si religieux appareil contenait, sans doute, quelque chose de sacré, nous nous levons tout droit et souhaitons félicité à Augustus, père de la patrie. Après cette vénération, plusieurs convives faisant main basse sur les fruits, nous imitons leur exemple et rembourrons nos serviettes, moi surtout, qui ne croyais pouvoir d'une trop pesante largesse alourdir la robe de Giton. Sur ces entrefaites, serrés dans des tuniques blanches, parurent trois éphèbes. Deux d'entre eux posèrent sur la table les Larès porteurs de la *bulla,* cependant que, promenant autour de nous une patère de vin, le troisième clamait : «Nous soient les Dieux propices!»

Il ajoutait que l'un s'appelait Cerdo, l'autre
Félicio, le troisième Lucro. Pour nous, chacun
baisant à l'envi une médaille très exacte de
Trimalchio, nous eussions rougi de n'en pas
faire autant.

Après quoi, tous les dîneurs se souhaitèrent
à qui mieux mieux, allégresse du corps et santé
de l'esprit. Cependant Trimalchio, penché vers
Nicéros, se prit à lui dire : — Toi que j'ai connu,
jadis, un si brillant compère, toi qui passais pour
un luron fini, tu ne dis rien ce soir, même à
basse voix. Donc, montre-toi plus aimable et, si
tu veux me plaire, conte-nous quelqu'une de tes
fredaines.

Délecté par cette invite, Nicéros, tout en
se pavanant, se mit à renchérir sur les gra-
cieusetés de l'amphytrion : — Que je ne gagne
jamais, répliqua-t-il, une poignée de fèves, si je
ne m'épanouis chaque jour, de contentement à
te voir en si bonne posture ! Donc, le vin nous
soit hilare, quand bien même les docteurs que

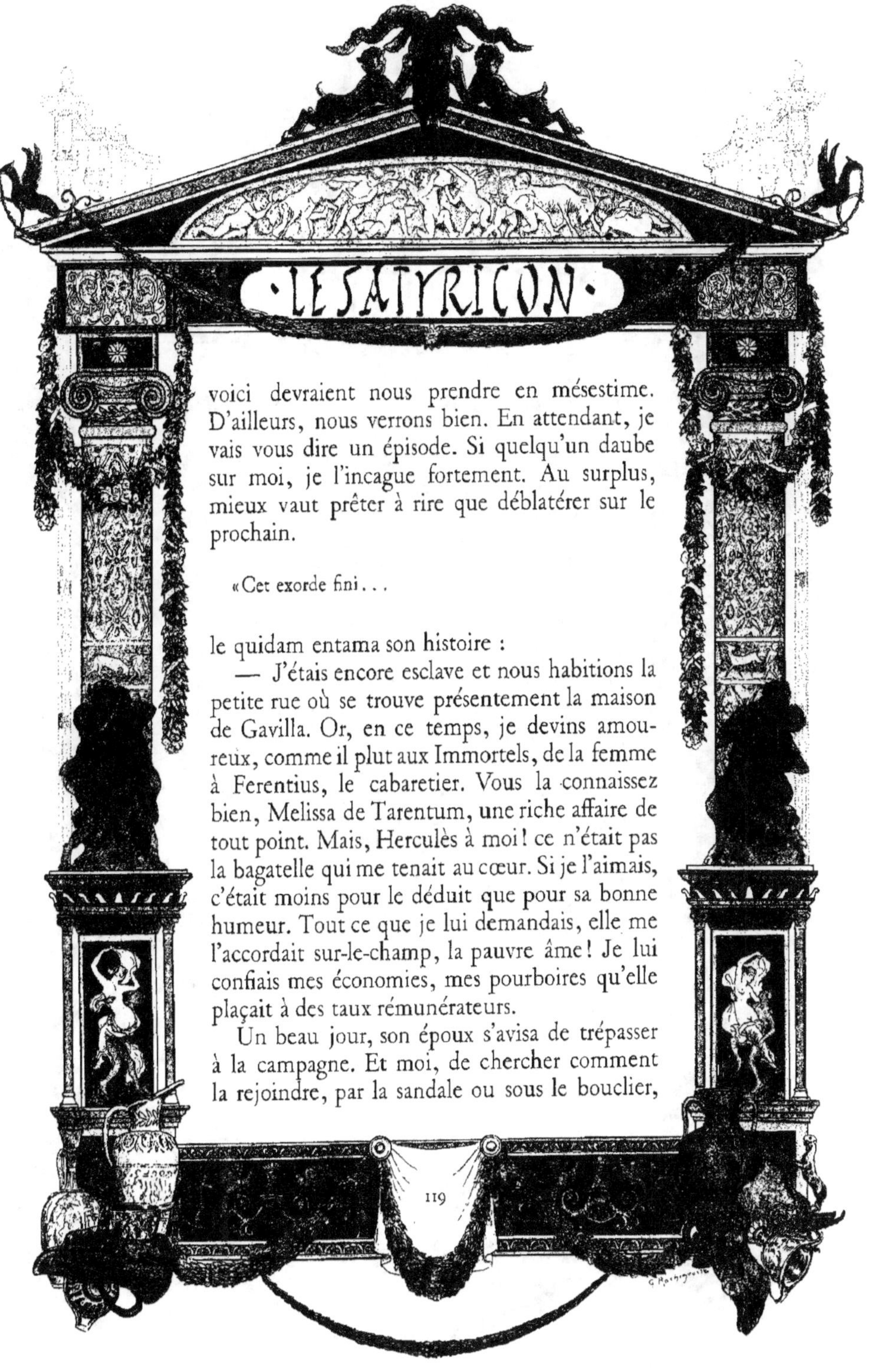

voici devraient nous prendre en mésestime.
D'ailleurs, nous verrons bien. En attendant, je
vais vous dire un épisode. Si quelqu'un daube
sur moi, je l'incague fortement. Au surplus,
mieux vaut prêter à rire que déblatérer sur le
prochain.

«Cet exorde fini...

le quidam entama son histoire :

— J'étais encore esclave et nous habitions la
petite rue où se trouve présentement la maison
de Gavilla. Or, en ce temps, je devins amou-
reux, comme il plut aux Immortels, de la femme
à Ferentius, le cabaretier. Vous la connaissez
bien, Melissa de Tarentum, une riche affaire de
tout point. Mais, Herculès à moi! ce n'était pas
la bagatelle qui me tenait au cœur. Si je l'aimais,
c'était moins pour le déduit que pour sa bonne
humeur. Tout ce que je lui demandais, elle me
l'accordait sur-le-champ, la pauvre âme! Je lui
confiais mes économies, mes pourboires qu'elle
plaçait à des taux rémunérateurs.

Un beau jour, son époux s'avisa de trépasser
à la campagne. Et moi, de chercher comment
la rejoindre, par la sandale ou sous le bouclier,

car c'est dans l'adversité que l'on distingue ses amis.

Par bonheur, mon patron devait justement aller à Capua trafiquer de quelques nippes assez belles. Profitant de l'occurrence, j'invitai notre copain de chambre à me faire la conduite chez ma blonde, à cinq milles du logis. C'était un brave à trois poils, soldat de pied en cap, robuste s'il en fut et courageux comme Orcus. En route, au premier chant du coq, nous marchions par un clair de lune aussi limpide que le jour et, bientôt en rase campagne, nous nous trouvâmes parmi les tombeaux.

Tout à coup, au milieu du chemin, voilà mon homme qui s'arrête, puis se met à incanter les étoiles. Moi, je m'assieds en fredonnant et regarde aussi les astres pour ne pas troubler le sortilège. Mais bientôt, portant les yeux sur mon bizarre compagnon, je l'aperçois en train d'ôter ses vêtements qu'il dispose avec ordre sur le bord de l'allée. A ce spectacle, je commence à friser le naze. Peu à peu, l'épouvante me gagne. Je reste immobile, plus raide et plus froid qu'un trépassé.

Lui, cependant, urine tout autour de ses hardes et, soudain, se transforme en loup. Ne

croyez pas que j'en impose. Mentir là-dessus, pour tout l'argent du monde je ne le ferais pas. Mais où donc en étais-je ? Voici : à peine devenu loup, notre homme de hurler et de fuir vers les bois. Je ne savais d'abord que résoudre ; mais, après quelques minutes, recouvrant mes esprits, je m'approche de ses habits afin de les emporter. Ils étaient changés en pierre ; c'était à mourir de peur, convenez-en. Toutefois, j'eus la présence d'esprit de dégainer, car je n'ignore point combien les larves, lémures ou fantômes redoutent le tranchant et l'estoc des épées.

M'escrimant ainsi de droite et de gauche contre les striges aériennes, j'arrivai, clopin-clopant, à la villa de ma maîtresse. Je tombai quasi sans mouvement sur le seuil ; la sueur inondait mon visage, et mes dents cliquetaient ainsi que dans la fièvre.

Alarmée et surprise de me voir en un tel arroi, ma chère Mélissa me fit néanmoins quelques reproches d'arriver à cette heure indue : — Si tu étais advenu un moment plus tôt, me dit-elle, tu nous aurais été d'un grand secours. Imagine-toi qu'un loup de forte espèce a pénétré dans l'étable et saigné toutes nos ouailles à la gorge comme un boucher de profession. Ni les cris, ni

les fourches n'ont pu l'arrêter dans sa besogne.
Mais, bien qu'il se soit enfui, grâce à je ne sais
quel aveuglement incompréhensible de nos gas,
je ne pense pas qu'il ait beaucoup de quoi se
gaudir à nos dépens; un valet plus ingambe que
ses compagnons l'a régalé d'un coup d'épieu à
travers le col.

A ce récit je vous laisse à penser quelle fut ma
stupeur et si j'ouvris de grands yeux. Dès que le
jour parut, je galopai vers la ville, avec l'empres-
sement d'un aubergiste larronné par les voleurs.
Arrivé à cette place où j'avais laissé les effets
de mon compagnon transmués en cailloux, je
ne trouvai plus rien, sinon une large traînée de
sang. Quelques gouttes, çà et là, tachaient la
poussière, comme il en tombe d'une blessure
frais ouverte.

Peu après, étant de retour dans mon garni,
je trouvai le soldat brave comme Orcus, étendu
sur des matelas et saignant comme un bœuf,
tandis qu'un chirurgien était occupé à lui panser
la gorge. Alors, j'entendis que j'avais fait route
avec un loup-garou, changeant de figure à sa
guise. A dater de ce moment, je refusai de
manger avec cet homme, et l'on m'eût assommé
plutôt que de me faire asseoir auprès de lui.

Libre aux esprits forts de ne pas me croire! Mais je veux être pendu si je surfais d'un iota; et que les bons *Génius* me soient fidèles, aussi vrai que je n'ai pas, dans mon récit, prévariqué du moindre mot.

Nous restâmes fulgurés d'étonnement : — Que la Foi, dit Trimalchio, accueille ton discours, si quelque Foi subsiste, aussi bien que mes crins se hérissent d'horreur. J'ai appris que Nicéros ne conte pas de bourdes. Bien plus, c'est un garçon de poids et nullement bavard; moi-même, je vous ferai connaître une épouvantable chose. C'est comme un âne sur les toits. J'étais encore un éphèbe chevelu (car, dès l'enfance, j'ai mené la vie à l'instar de Chio), quand vint à trépasser Iphis, mon petit amant. Herculès à moi! une marguerite, une vraie poupée, un trésor de perfections. Comme sa pauvre mémère jetait des pleurs singultueux et que tous nous étions dans la tristimonie, voilà que les striges commencent leur boucan; on eût dit l'aboi des lévriers au pourchas d'un conil. Nous avions alors un Cappadox, grand gaillard, amplement audacieux et qui vous eût rebuffé l'ire

de Jupiter. Mon brave dégaine son espadon, il enjambe le seuil en courant, la main gauche enveloppée avec soin; il frappe une babeau, comme qui dirait à la place que je touche (puisse-t-elle être sauvée!) et la perfore d'outre en outre. Nous entendons un gémissement et (d'honneur, je ne mentirais pas) nous ne voyons aucune sorcière. Cependant, notre Cappadox, le brave à trois poils, revient, se jette sur un lit de camp. Il avait le corps strié d'ecchymoses livides, comme si on l'eût fouetté de verges, à cause que l'avait touché une mauvaise main. Quant à nous, la porte close, nous reprenons itérativement notre office. Mais tandis que la mère étreint le corps de son pauvre môme, elle touche et voit à la place un jaquemart d'osier, sans cœur, sans intestins, absolument vide. Les striges avaient dérobé l'enfant et substitué au cadavre un paquet d'immondices. Plaît-il? Faut croire que ces vieilles garces détiennent de terribles secrets! Dans leurs besognes nocturnes, elles mettent la Nature sens dessus dessous. Au reste, notre pourfendeur, le Cappadox, depuis cette aventure, jamais ne retrouva ses couleurs; bien plus, dans quelques jours à peine, il mourut frénétique.

Nous admirons et nous croyons de même,
puis, ayant baisé la table nous obsécrons les Nocturnes de se tenir dans leur demeure, lorsque
nous rentrerons après souper. Et certes, à présent, je voyais de nombreuses chandelles, et muer
d'aspect le *triclinium* tout entier, quand Trimalchio : — A toi je dis, s'écria-t-il, Plocrimus! tu
ne contes rien! tu ne nous délectes en rien! et
naguère, tu saoulais être aimable en société, chan-
tonner comme un virtuose et déclamer avec feu
des odelettes dialoguées. Heu! Heu! vous avez
fui, douces figues au sucre! — Il est vrai, répondit l'autre, mes quadriges ont cessé de courir, au
même temps que je devins podagre; autrefois,
lorsque j'étais damoisel, je poussais des chansons
à me rendre pulmonique. De quoi tripudier?
Quoi de jouer la comédie? Quoi de faire une
barbe? Quel était mon égal, sinon Appellétès.

Posant la main sur sa bouche, il exsibila je
ne sais quelle abomination, qu'ensuite il déclara
comme une gentillesse renouvelée des Grecs.

Trimalchio, à son tour, ayant imité les joueurs de
hautbois, se tourna vers son chou-chou, nommé
Crésus, un petit crevé, chassieux, aux dents très
sordides, qui s'amusait à ligotter de rubans éme-
raude une petite chienne noire, d'un embon-
point indécent. Ayant posé sur le *torus* la moitié
d'un pain, il gavait son épagneule qui, n'en pouvant plus, dégorgeait les morceaux. Par ce travail
admonesté, ordonna Trimalchio de faire entrer
Scylax, gardien de sa maison et de son domestique. Sans retard fut introduit un molosse de
taille surprenante. Il était à la chaîne. Un coup
de talon décoché par l'ostiaire l'avertit de ram-
per, et, devant la table, il se posa. Alors Trimalchio, jetant un pain de gruau : — Personne,
dit-il, dans ma maison, ne m'aime davantage.
Indigné d'ouïr avec tant d'effusion exalter Scylax, le petit crevé dépose à terre sa chenaille
et l'agace de toutes ses forces contre le mâtin.
Scylax, tout naturellement, et fidèle aux mœurs
canines, emplit le *triclinium* d'un horrifique aboi
et lacéra presque la Margarita de Crésus. Et le
tumulte ne fut pas borné à cette rixe, mais un
candélabre tomba sur la mense, ébréchant les
vases de cristal et favorisant plusieurs convives
d'une aspersion d'huile bouillante. Afin de ne

paraître aucunement ému de la casse, Trimalchio
baisa son meschin et lui prescrivit de monter sur
son dos. L'autre ne se le fait pas dire deux fois. Il
saute à califourchon sur la nuque du maître, et,
de sa main ouverte, lui distribue une volée de
claques sur les épaules, puis, riant aux larmes,
vocifère : — Gueules! Gueules! combien sont-
ils? Ce jeu fini, Trimalchio enjoint de remplir
une gamelle vaste et d'en partager la liqueur
aux esclaves qui gisaient à nos pieds, mais avec
cette restriction : — Si quelqu'un ne veut cho-
piner, perfuse le vin sur sa tête. De jour, soyons
sévères, mais hilares cette nuit.

Après cette galanterie on mit sur la table les
mattées dont la recordation, pour peu qu'il vous
plaise me croire, est susceptible encore de me
lever le cœur. En guise de tourdes, on servit à
chacun une poularde grasse, flanquée d'un œuf
d'oie chaperonné. Trimalchio, avec beaucoup
d'instance, nous pria de manger, attestant qu'on
avait désossé les gallines. A ce point du festin,
un licteur frappa aux portes du *triclinium*. Drapé
dans une robe blanche, entouré d'un nombreux
concours de valetaille, entra un convive, prié

seulement au boire du dessert. Moi, sidéré par
tant de faste, je supposais que le préteur lui-
même venait d'apparaître. Pourquoi j'essayai le
déjuc et de poser mes pieds sur la dalle. Agamemnon se gaussa de ma trépidation et : —
Calme-toi, dit-il, homme très stupide. Ce n'est
rien qu'Habbinas, le sévir, tailleur de pierre, dont
les marbres et les tombeaux sont grandement
appréciés de la bonne compagnie. Récréé par ce
discours, je m'étendis sur ma couche et regardai avec une admiration peu commune l'entrée
sensationnelle d'Habbinas. Lui, déjà pompette,
avait posé la main sur l'épaule de sa femme.
Chargé de plusieurs couronnes, un parfum dé-
gouttant de son front sur ses yeux, il gagna carrément la place du préteur, et, sans autre préam-
bule, demanda le vin trempé d'eau chaude.
Trimalchio, délecté de cette belle humeur, requit pour soi-même un *scyphus* de plus grande
capacité et s'enquit d'Habbinas comment on
l'avait régalé chez les hôtes dont il sortait : —
Tout, dit-il, nous avons eu, à l'exception de ta
personne, car mes yeux étaient ici : et, Herculès
à moi! cela marcha fort bien. Sissa donnait un
riche *novemdial* en mémoire de son esclave Misel-
lus qui n'avait reçu la manumission qu'à l'article

de la mort; je pense qu'il trouvera une bonne aubaine avec les percepteurs du vingtième. On estime le défunt à cinquante mille grands sestercius. Néanmoins la chose nous fut soève, encore que forcés de répandre la moitié de chaque brinde sur les osselets du pauvre homme.

— Cependant, reprit Trimalchio, qu'eûtesvous à souper? — Je vais te le dire, si je peux; car de tant bonne mémoire je suis que, fréquemment, j'ai oublié mon propre nom. Nous avons eu d'abord, un cochon décoré de boudins; autour, des saucisses de Lucania, des gésiers parfaitement accommodés, et, si je ne me trompe, des bettes, avec du gros pain bis fait à la maison, que je préfère au blanc, parce qu'il fortifie et tient le ventre libre. Grâce à lui, je ne pleure point lorsque je vais au privé. Dans le plateau suivant, un ramequin froid, arrosé de miel d'Hispania, chaud et délicieux; je n'ai point tâté au ramequin, mais je me suis fourré du miel jusque-là. Alentour, des pois chiches, des lupins, noix à discrétion, mais une seule pomme par convive; toutefois, j'en ai souricé deux. Les voici tortillées dans ma serviette; car, si je n'apportais quelque bagatelle de

ce genre à mon petit esclave, j'aurais une engueulade.

Mon épouse m'admoneste à propos. On servit
devant nous une gigue d'ourson, de quoi ayant
imprudemment goûté, Scintilla fut sur le point
de vomir tripes et boyaux. Quant à moi, j'en ai
baffré plus d'une livre, car cet ours avait presque
un fumet de sanglier. Et si, disais-je, l'ours dévore l'homme débile, à plus forte raison l'homme
débile est bien venu à dévorer l'ours. En dernier
lieu, vint un fromage mou, du raisiné, quelques
escargots, des animelles en hachis, et des foies en
cocottes, et des œufs chaperonnés, et des raves,
et de la moutarde, un bateau de coquillage, une
couple de limaires; enfin, dans un ravier, des
olives à la saumure que des malotrus nous dispu-
tèrent à coups de poing; quant au jambon, nous
lui donnâmes l'exeat.

Mais dis-moi, Gaïus, pourquoi Fortunata
n'est-elle point des nôtres? — Comment? Ne la
connais-tu point? répondit Trimalchio : si elle
n'a pas serré l'argenterie et distribué à l'office les
reliefs du souper, tu ne lui ferais pas boire même
un verre d'eau. — Soit, dit Habbinas, mais si

elle ne se couche pas à table, moi, je me rends invisible. Et déjà, il faisait mine de se lever, quand, sur un geste de Trimalchio, le domestique tout entier appelle quatre fois avec des cris aigus : « Fortunata ! Fortunata ! » Enfin, elle arriva. Une blouse jaune paille laissait voir sa tunique cerise, et des *periscelis* de danseuse en filigrane à ses orteils, et des mules blanches brodées d'or. Alors, essuyant ses mains au *sudarium* qu'elle portait autour du cou, elle se jette sur le même lit où reposait la femme d'Habbinas, Scintilla qu'elle baise et qui l'applaudit : — Est-ce toi, ma mignonne ? Quel plaisir de te voir ! Cela vint au point que Fortunata, détachant les armilles de ses bras très épais, les offrit aux admirations de la commère. Enfin, elle dénoua ses *periscelis* et son réseau d'or, affirmant qu'il était à XXIV carats. Trimalchio qui les observe se fait apporter le tout. — Voyez, dit-il, ce chien d'attirail qu'une femme traîne après soi ! Pour elles, nous nous dépouillons comme des benêts. Six livres et demie, c'est le poids des armilles que voici ; j'en possède moi-même une qui pèse dix livres faite avec les millièmes de Mercurius. Et, pour montrer qu'il n'en impose point, il ordonne d'apporter un peson, et de vérifier le

poids à la ronde. Scintilla ne reste pas en arrière : elle détache de son col un drageoir d'or fin, à quoi elle donnait le nom de Félicio. Elle en tire deux pendants d'oreille à forme de crotales, qu'elle propose, à son tour, aux louanges de Fortunata : — Par le bénéfice de mon maître, nul, dit-elle, ne peut se targuer d'en avoir de plus beaux.

— Quoi? dit Habbinas, tu m'as scarifié pour obtenir une fève de verre. Certes, si j'avais une fille, je l'essorillerais. Sans femmes, nous regarderions ces foutaises ni plus ni moins qu'un tas de boue; à présent, c'est pisser chaud et boire frais. Entre temps, un peu vexées, les deux femmes se rigolaient ferme, et, soûles comme des grives, se léchaient le museau. Pendant que l'une porte aux nues la diligence de la matrone, l'autre vante les délices et la condescendance de l'époux. Tandis qu'elles se tiennent embrassées, Habbinas furtivement surgit, et, prenant les deux pieds de Fortunata, la culbute sur le lit. — Ah! ah! s'exclama-t-elle, voyant sa tunique errer plus haut que le genou. Soudain rajustée, elle voile dans le giron de Scintilla et sous les plis du *sudarium,* sa face empourprée d'une rougeur très indécente.

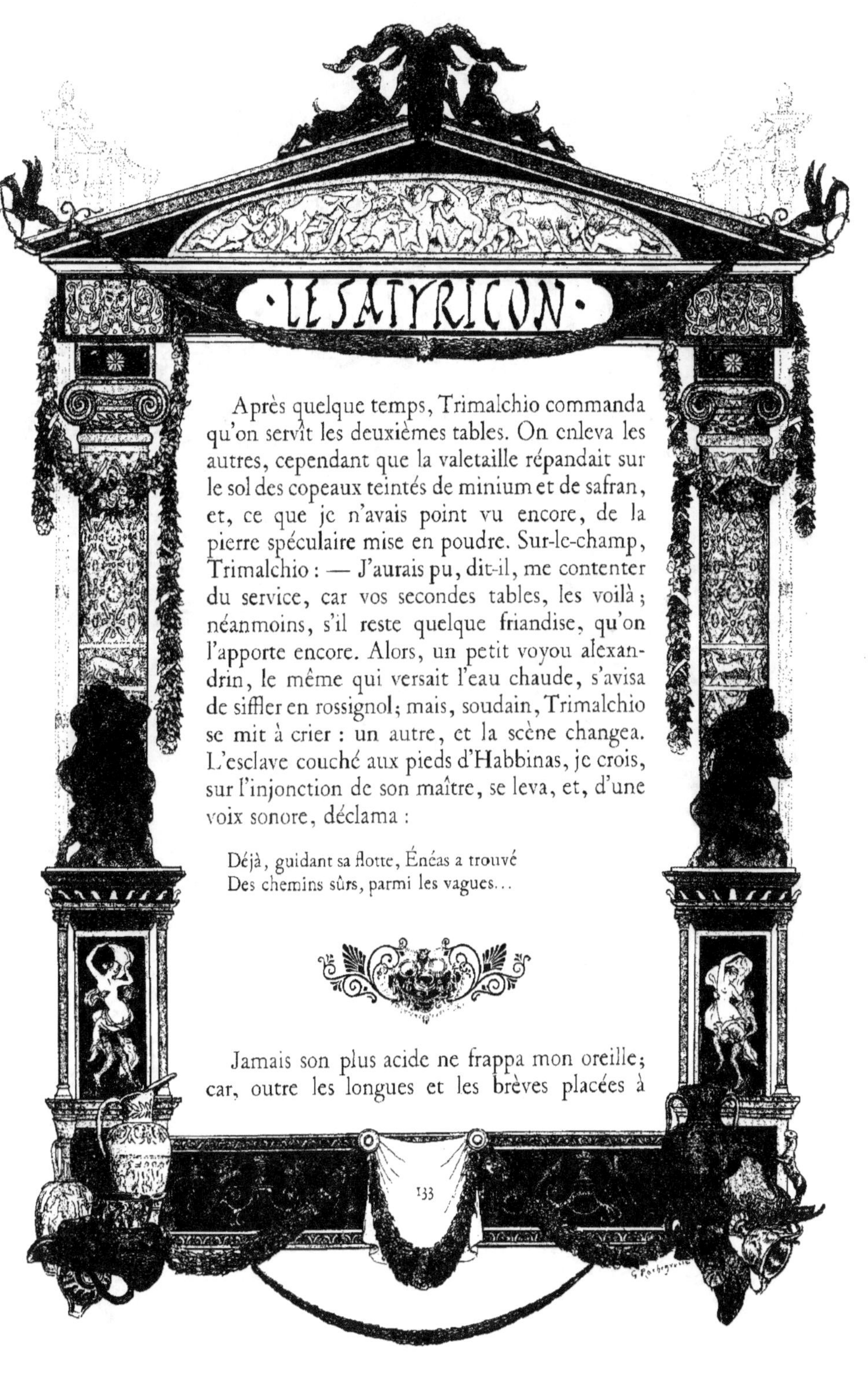

Après quelque temps, Trimalchio commanda qu'on servît les deuxièmes tables. On enleva les autres, cependant que la valetaille répandait sur le sol des copeaux teintés de minium et de safran, et, ce que je n'avais point vu encore, de la pierre spéculaire mise en poudre. Sur-le-champ, Trimalchio : — J'aurais pu, dit-il, me contenter du service, car vos secondes tables, les voilà ; néanmoins, s'il reste quelque friandise, qu'on l'apporte encore. Alors, un petit voyou alexandrin, le même qui versait l'eau chaude, s'avisa de siffler en rossignol ; mais, soudain, Trimalchio se mit à crier : un autre, et la scène changea. L'esclave couché aux pieds d'Habbinas, je crois, sur l'injonction de son maître, se leva, et, d'une voix sonore, déclama :

Déjà, guidant sa flotte, Énéas a trouvé
Des chemins sûrs, parmi les vagues...

Jamais son plus acide ne frappa mon oreille ; car, outre les longues et les brèves placées à

contretemps, le sauvage agrémentait sa tirade par des lambeaux d'Atellanes : si bien que Virgilius m'offusqua pour la première fois. Quand, hors d'haleine, il prit le parti de se taire : — Croiriez-vous, dit Habbinas, qu'il n'a jamais rien appris? Seulement, je l'envoyais parfois aux cirques de passage : c'est là qu'il s'est formé. Aussi n'a-t-il pas son pareil quand il imite les charlatans ou les muletiers. Dans les cas désespérés, il éclate de génie : savetier, maître-queux, mitron, il règne sur tout l'empire des Musæ.

Deux vices néanmoins, faute desquels ce serait un garçon inégalable : il est circoncis et ronfle, car de le voir bigle je n'ai cure; c'est le regard de Vénus. Pour cela, il me plaît. A cause de son œil mort, il ne m'a coûté que trois cents denarius.

Scintilla interrompit sa loquèle et : — Certes, dit-elle, tu ne dévoiles pas tous les artifices du voisin. Il est ta coquine et je prendrai soin qu'il porte les stigmates de l'emploi.

Trimalchio se mit à rire et : — Voilà bien, dit-il, le Cappadox! il ne se prive d'aucune bonne

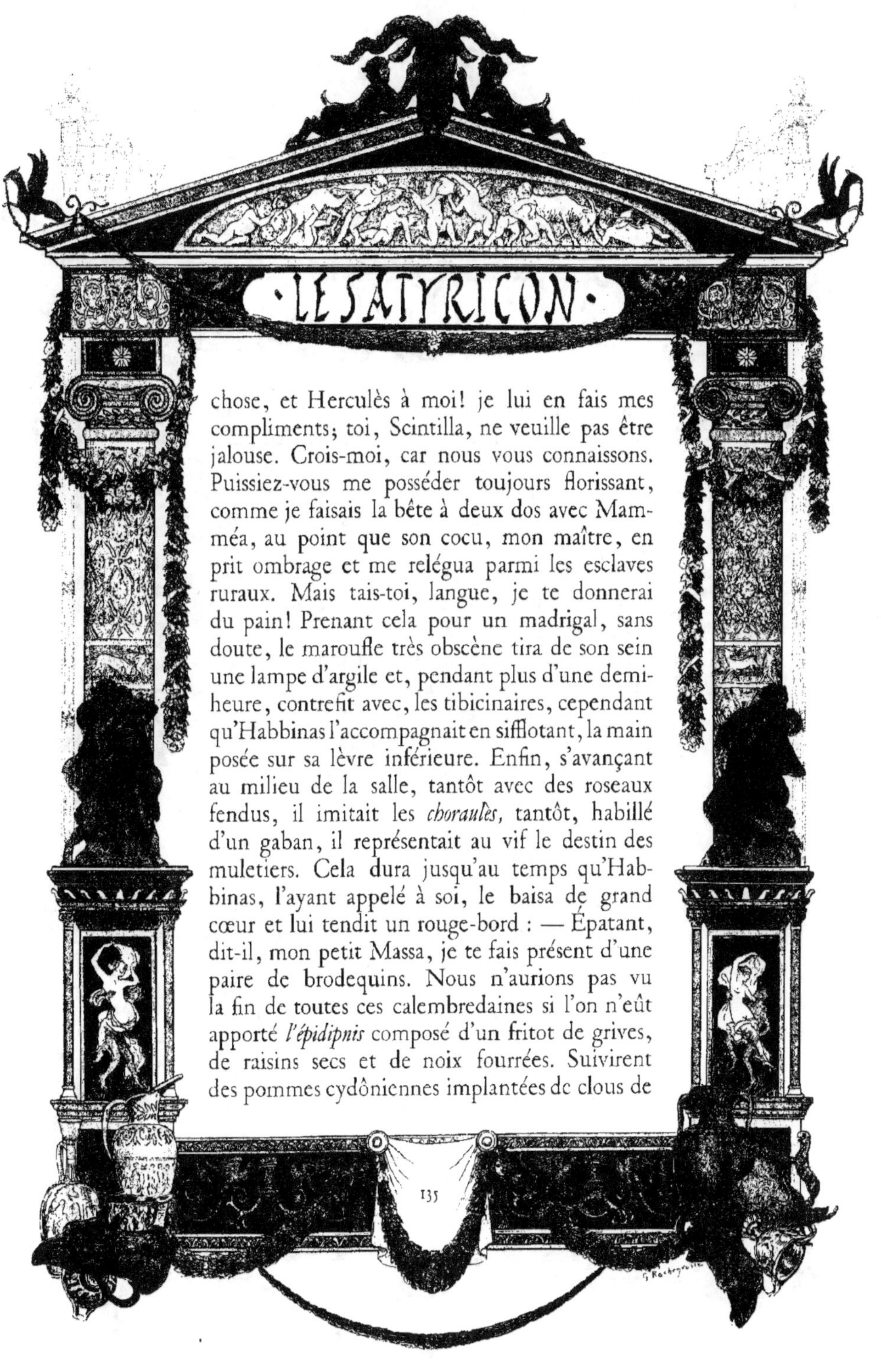

chose, et Herculès à moi! je lui en fais mes
compliments; toi, Scintilla, ne veuille pas être
jalouse. Crois-moi, car nous vous connaissons.
Puissiez-vous me posséder toujours florissant,
comme je faisais la bête à deux dos avec Mamméa, au point que son cocu, mon maître, en
prit ombrage et me relégua parmi les esclaves
ruraux. Mais tais-toi, langue, je te donnerai
du pain! Prenant cela pour un madrigal, sans
doute, le maroufle très obscène tira de son sein
une lampe d'argile et, pendant plus d'une demi-
heure, contrefit avec, les tibicinaires, cependant
qu'Habbinas l'accompagnait en sifflotant, la main
posée sur sa lèvre inférieure. Enfin, s'avançant
au milieu de la salle, tantôt avec des roseaux
fendus, il imitait les *choraulès,* tantôt, habillé
d'un gaban, il représentait au vif le destin des
muletiers. Cela dura jusqu'au temps qu'Habbinas, l'ayant appelé à soi, le baisa de grand
cœur et lui tendit un rouge-bord : — Épatant,
dit-il, mon petit Massa, je te fais présent d'une
paire de brodequins. Nous n'aurions pas vu
la fin de toutes ces calembredaines si l'on n'eût
apporté *l'épidipnis* composé d'un fritot de grives,
de raisins secs et de noix fourrées. Suivirent
des pommes cydôniennes implantées de clous de

girofle pour simuler des hérissons. Le tout supportable, sans un autre mets tellement nauséabond, que nous fussions morts plutôt que d'y toucher. Car, une fois mis sur table, nous conjecturâmes que c'était une oie grasse, avec autour, des poissons et toutes les variétés d'oiseaux. Trimalchio nous dit : — Tout ce que vous voyez dans ce bassin n'est fait que d'un seul corps. Moi, c'est-à-dire un homme très affuté, je compris immédiatement la chose et, regardant Agamemnon : — Je serais grandement surpris si les viandes en question ne sont pas modelées dans du bran ou de la terre cuite : aux Saturnales de Roma j'ai vu des festins représentés de la même manière.

Je n'avais pas fini de parler, quand Trimalchio s'expliqua : — Croisse mon patrimoine et non pas ma bedaine, aussi vrai que mon chef cuisina ces béatilles avec la chair unique d'un pourceau. Ne saurait être un homme plus expert. Ordonnez : d'une vulve il fabrique un poisson ; du lard, une palombe ; de la cuisse, une tourtre ; d'un boyau de cochon, une poularde ; et c'est pourquoi, dans ma jugeotte, un nom très corus-

·LE SATYRICON·

cant lui fut imparti : on l'appelle Dædalus. Et, puisqu'il est d'un bon esprit, j'ai, en sa faveur, importé dans Roma des couteaux en fer du Noricum. Sur-le-champ il demande ces couteaux, les admire, les contemple et nous donne congé d'en éprouver le tranchant sur nos lèvres. Tout à coup, entrèrent deux esclaves qui faisaient semblant d'avoir entamé une rixe au bord du vivier; tant que les cruches encore leur pendaient au col. Trimalchio allait statuer sur le litige, mais ni l'un ni l'autre ne voulut obtempérer à la sentence; chacun d'eux, s'escrimant du gourdin, frappa l'amphore adverse. Déferrés par l'incongru de ces ivrognes, nos regards ébahis suivaient leur altercas; bientôt, cependant, nous vîmes choir des tests fracassés, huîtres et pétoncles. Un page les dressa et vint à la ronde nous les offrir sur un plateau. Cette fastueuse délicatesse piqua d'émulation le maître-coq de génie : il nous apporta des escargots sur un gril d'argent; puis, d'une voix chevrotante, d'une hideuse voix, il se mit à chanter. J'éprouve quelque malaise à rapporter les détails que voici : chose, en effet, inconnue jusqu'à présent, une troupe de mignons à chevelure flottante, promenant des parfums dans un bassin de vermeil, se

mit en posture d'oindre les pieds des récombants,
non sans avoir, au préalable, enguirlandé leurs
jambes, leurs talons et leurs cuisses avec des
entrelacs de verdure et de fleurs. De là, ce même
aromate liquide fut projeté dans les cratères à
vin et les lampes à huile. Cependant Fortunata
esquissait un pas de danse. Scintilla, complète-
ment ivre, applaudissait beaucoup plus qu'elle
ne parlait, quand Trimalchio : — Philargyros
et toi, Carrio, « bien que vous soyez » renommés
champion de la quadrille verte, je vous permets
de vous coucher à table; toi, Minophilas, dis à
ta contubernale d'en user pareillement. Il dit :
et soudain, le domestique s'empara du *triclinium*
avec tant de verve que nous fûmes presque
débusqués de nos lits. Pour mon compte, j'aperçus à mon chevet le cuisinier qui d'un porc avait
fait une oie. Il puait la saumure et les condi-
ments. Non content d'être à table, il se prit à
imiter l'acteur Éphesus; puis voulut embarquer
son maître dans une gageure. S'il faisait partie
de la quadrille verte, aux prochaines courses, la
première palme...

Ce défi plongea Trimalchio dans le ravisse-

ment : — Amis, les esclaves sont aussi des
hommes, nous dit-il. Ils ont sucé le même lait
que nous, encore qu'un méchant destin ait pesé
sur eux ; mais, moi vivant, et dans peu de jours,
ils boiront l'eau des hommes libres. En un mot,
je donne à tous, par mon testament, la manumission. Je lègue en outre à Philargyros un fonds
de terre et sa contubernale. A Carrio, un îlot de
maisons, le produit du vingtième, plus un lit
avec sa literie. Quant à ma Fortunata, je l'in-
stitue mon héritière ; je la recommande à tous
mes amis : et, si je proclame ainsi mes volontés
suprêmes, c'est pour que mon domestique
m'aime, dès à présent, comme si j'étais mort.
Chacun se met en devoir de rendre au munifi-
cent donateur des actions de grâce ; mais lui,
faisant trève aux coïonnades, enjoint qu'on apporte une minute de son testament et, depuis *a*
jusqu'à *z*, aux lamentations du domestique, le
lit à haute voix. Puis, se tournant vers Habbinas :
— Qu'en dis-tu, ami très cher? T'occupes-tu
d'élever mon tombeau d'après mes instructions?
Instamment, je te prie de figurer aux pieds de
ma statue la petite chienne, et des couronnes
et des onguents, et les combats où je fus, pour
que, grâce à ton ciseau, j'aie la bonne fortune de

vivre après ma mort. En outre, je veux que ce monument ait cent pieds de façade et le double sur les champs d'asile. De plus, je veux autour de ma cendre toutes les espèces d'arbres fruitiers, et des vignes abondamment. Il serait, en effet, de la dernière extravagance de posséder pendant sa vie des maisons superbement tenues et de ne prendre aucun soin de la demeure où il faut loger bien plus longtemps. C'est pourquoi je veux, sur toutes choses, qu'on y grave cette inscription :

CE . MONVMENT . N'AFFÈRE . PAS . À . MON . HOIRIE .

Au surplus, j'aurai cure de prévenir, par testament, les outrages à mes restes : je préposerai, en qualité de gardien à mon sépulcre, un des esclaves à qui j'ai donné la manumission, afin que le peuple ne vienne pas chier contre le monument. Je te prie d'y sculpter mes nefs voguant à pleines voiles, de m'y représenter siégeant au tribunal, vêtu de la *prætexta,* avec, aux doigts, cinq anneaux d'or et versant au populaire un sac d'écus; tu sais que j'ai donné un *epulum* et deux denarius d'or à chacun des convives. Représente, si bon te semble, des *triclinium,* et le peuple en foule, s'en donnant à

cœur joie. A ma droite, placer l'image de ma
Fortunata, portant une colombe et menant une
petite chienne en laisse; puis, mon Cicaro et des
amphores copieuses, lutées de gypse pour empêcher le vin de fuir; tu sculpteras encore, sur
mon urne brisée, un enfant tout en pleurs; au
centre, une horloge; ainsi quiconque regardera
l'heure devra, bon gré mal gré, lire mon nom.
Quant à l'épitaphe, examine avec diligence le
congruent de celle que voici :

C . POMPEIVS . TRIMALCHIO . MECÈNATIQUE .

ICI . REPOSE .

A . LVI . ABSENT . LE . SEVIRAT . FVT . DECERNE .

ENCORE . QV'IL . PVT . DANS . TOUTES . LES . DECVRIES . DE . ROMA

PRENDRE . PLACE . NEANMOINS . NE . LE . VOVLVT . PAS

PIEVX . FORT . FIDELE .

DE . PEV . IL . CRVT .

DE . SESTERTIVS . LAISSA . TRENTE . MILLIONS

ET . IAMAIS . N'ÉCOVTA . VN . PHILOSOPHE .

FORCE . ET . BONHEVR . A . TOI

Ce disant, Trimalchio se mit à pleurer comme
un vedeau. Pleurait aussi Fortunata; pleurait

de même Habbinas; enfin, tout le domestique
prié, semblait-il, à des funérailles, fit retentir
le *triclinium* de lamentations. Bien plus, je com-
mençais, moi-même, à pleurnicher, quand Trimalchio : — Eh bien! dit-il, sachant que nous
devons mourir, pourquoi ne pas vivre en attendant? Pour que je vous voie entièrement satis-
faits, allons-nous-en au bain, de quoi, je vous
le promets à mes risques, vous n'aurez pas le
moindre déplaisir. Il est chaud comme un four.
— Vrai, vrai, reprit Habbinas, d'un seul jour en
faire deux, il n'est rien que je préfère. Et de se
lever pieds nus et d'emboîter le pas à Trimalchio,
tout en se gaudissant. Je regardai Ascyltos : —
Que penses-tu? dis-je; pour moi, la vue seule
du bain est capable de m'asphyxier. — Fais
comme eux, répond Ascyltos, et pendant qu'ils
gagneront l'étuve, nous échapperons dans la
foule. Cela me plut. Giton nous conduisant
à travers le portique, nous gagnâmes l'huis
quand un mâtin, enchaîné d'ailleurs, nous reçut
avec un si effroyable vacarme qu'Ascyltos se
laissa choir dans une piscine. Quant à moi, qui,
même avant d'être dans les vignes, appréhendais
un molosse en peinture, me portant au secours
du nageur, le même gouffre ne tarda pas à

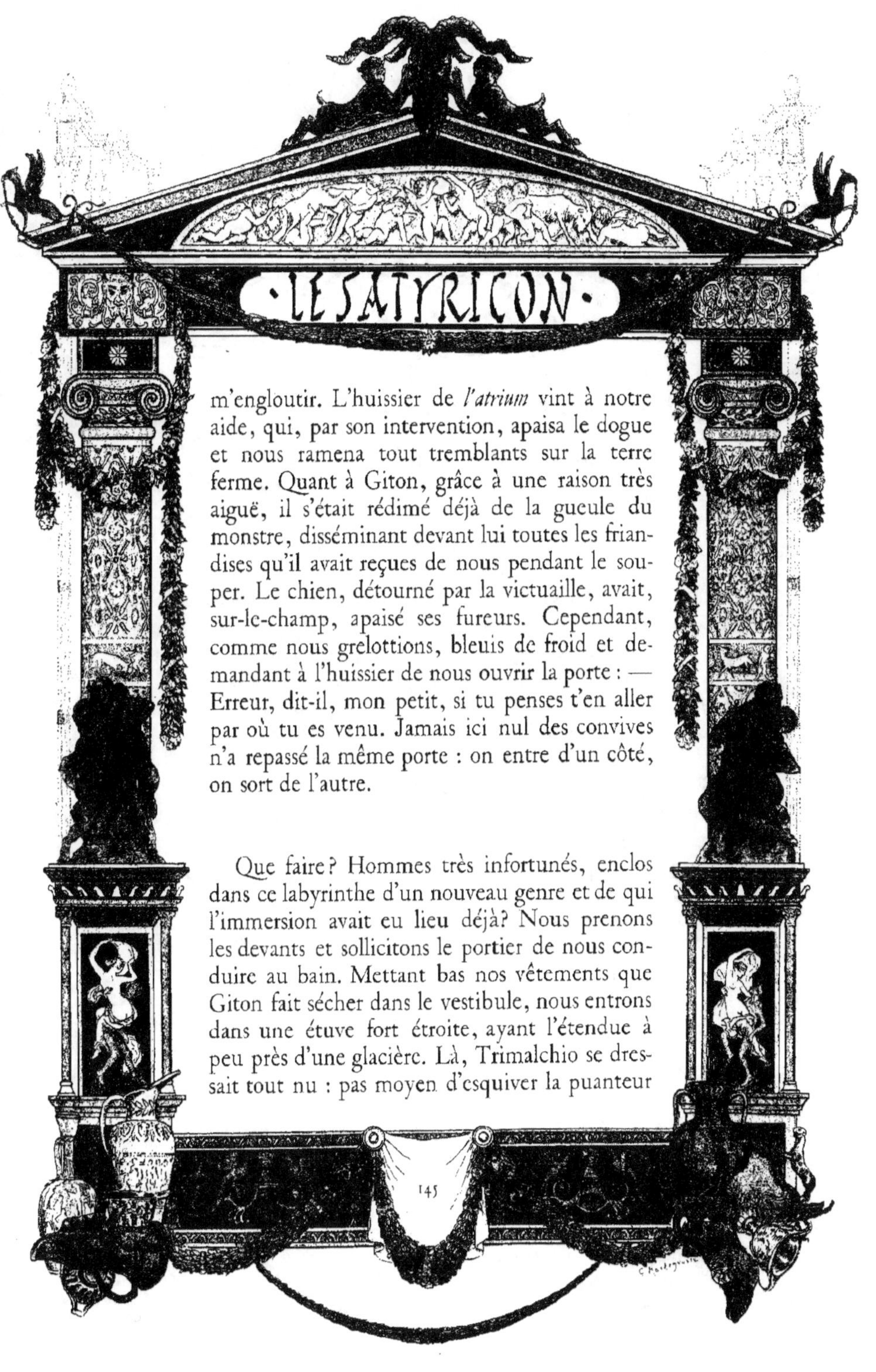

m'engloutir. L'huissier de *l'atrium* vint à notre
aide, qui, par son intervention, apaisa le dogue
et nous ramena tout tremblants sur la terre
ferme. Quant à Giton, grâce à une raison très
aiguë, il s'était rédimé déjà de la gueule du
monstre, disséminant devant lui toutes les friandises qu'il avait reçues de nous pendant le souper. Le chien, détourné par la victuaille, avait,
sur-le-champ, apaisé ses fureurs. Cependant,
comme nous grelottions, bleus de froid et demandant à l'huissier de nous ouvrir la porte : —
Erreur, dit-il, mon petit, si tu penses t'en aller
par où tu es venu. Jamais ici nul des convives
n'a repassé la même porte : on entre d'un côté,
on sort de l'autre.

Que faire? Hommes très infortunés, enclos
dans ce labyrinthe d'un nouveau genre et de qui
l'immersion avait eu lieu déjà? Nous prenons
les devants et sollicitons le portier de nous conduire au bain. Mettant bas nos vêtements que
Giton fait sécher dans le vestibule, nous entrons
dans une étuve fort étroite, ayant l'étendue à
peu près d'une glacière. Là, Trimalchio se dressait tout nu : pas moyen d'esquiver la puanteur

abominable de ses rots. Il disait : — Je ne sais
rien de plaisant comme de prendre la chaude
sans cohue et que ce lieu, jadis, avait été un
fournil. Enfin, las de rester sur ses jambes, il
s'assit; puis, convié par la sonorité de la voûte,
il fendit jusqu'au palais sa gargamelle d'im-
briaque et se mit en devoir de lacérer les airs
de Ménecratès, au dire de ceux qui pouvaient
entendre son jargon. Le reste des convives cou-
rait en se tenant par la main ou bien faisait
sonner les murs de sauvages clameurs et de rires
éperdus; quelques-uns, les poignets ligottés,
s'évertuaient à cueillir des anneaux sur le parvis;
d'autres, un genou en terre, se renversaient la
tête en arrière et touchaient du nez l'extrémité
de leurs orteils. Abandonnant ces biberons à
leurs amusements, nous descendîmes dans la
cuve qui se préparait pour Trimalchio. Bientôt,
l'ébriété mise en déroute, nous fûmes conduits
vers un nouveau *triclinium* où Fortunata venait
de dresser un gueuleton mirobolant. Je notai,
sous les flambeaux, des figurines de pêcheur en
bronze. Les tables étaient d'argent massif, les
coupes à l'entour en argile dorée; devant nous,
du vin frais jaillissait d'une outre pleine. Alors
Trimalchio : — Amis, dit-il, mon esclave pré-

féré coupe aujourd'hui sa barbe, pour la première fois : c'est un garçon de bonnes mœurs, révérence parler, et que j'aime tout plein. Donc, passons la nuit à humecter la lune et buvons jusqu'à l'aurore.

Comme il disait ces mots, un coq coquelinant se mit à claironner. Interloqué de ce présage, Trimalchio donne l'ordre qu'on fasse une libation de vin sous la table et qu'on asperge aussi les lampes avec du meilleur, puis il fait passer de gauche à droite son anneau : — Ce n'est pas sans cause, dit-il, que ce buccin nous donne le signal; ou bien, un incendie est en train de couver non loin de cette demeure, ou bien, quelqu'un du voisinage s'occupe à rendre le dernier soupir. Loin de nous! C'est pourquoi celui qui nous offrira le coq présagieux aura un bon pourboire. En un clin d'œil, l'oiseau est apporté des environs. Trimalchio le condamne à être fricassé dans un poêlon de bronze. Dépecé par le même très docte cuisinier qui, peu auparavant, nous fit

des poissons et des ramiers, le coq est jeté dans une marmite Cependant que Dædalus verse un coulis bouillant, Fortunata concasse du poivre dans un égrugeoir de buis. Quand les mattées furent expédiées, Trimalchio se tourna vers la livrée : — Eh quoi, leur dit-il, vous n'avez pas encore fini de souper! allez-vous-en et que d'autres vous remplacent à l'ouvrage. En conséquence, une troupe nouvelle se présente aussitôt; les partants criaient : « Bonne santé, Gaïus! » les arrivants : « Salut, Gaïus! » Or, ici, fut perturbée notre allégresse.

Parmi les nouveaux venus se trouvait un jeune garçon pas du tout laid. Trimalchio l'investit et le mange de baisers. Fortunata, pour mieux établir ses droits conjugaux, se met à vilipender Trimalchio, le traite d'épluchure, de vieux salaud qui ne peut pas contenir ses passions devant le monde. Pour finir, elle ajoute : « Chien! » Trimalchio, bouleversé, furieux de l'avanie, envoie un calice par le nez de Fortunata. Elle se met à beugler, comme si elle perdait au moins un œil et porte ses mains tremblantes à son visage. Consternée autant qu'eux-mêmes, Scintilla fait un rempart de son estomac à l'épouse trépidante; mais un esclave officieux

approche de la mandibule ecchymosée un *urceolus* plein d'eau froide, sur quoi Fortunata se penche avec des lamentations et se prend à sangloter.

Or, Trimalchio, loin de s'émouvoir : — Eh quoi! dit-il, cette pute ne me passe rien! Elle oublie apparemment que je l'ai sortie de la huche à pétrir; je me suis comporté comme un homme entre les hommes! Elle s'enfle comme une grenouille; elle crache dans ses tetons : c'est un baliveau, ce n'est pas une femme. Mais celui-là qui naît dans un bordel ne rêve point à des palais. Aussi, puisse mon *Génius* être favorable! j'aurai soin de mater cette Cassandra qui veut chausser mes brodequins. Moi, jadis homme d'un dupondius, je pouvais épouser dix millions de sestertius. Tu sais, toi, que je n'en impose pas. Hier encore, Agatho le barbier, me tirant à l'écart : «Je te conseille, dit-il, de ne pas souffrir que ta *gens* disparaisse avec toi.» Et voici que, moi, pour agir en homme bien né, pour qu'on ne me taxe point d'être volage, dans ma cuisse j'implante moi-même la doloire. Fort bien! j'aurais soin, carrogne, que tu viennes me déterrer avec tes ongles. Et, pour que tu comprennes d'ores et déjà l'énormité de ton crime, entends-tu, Habbi-

nas : je te défends de placer la statue de cette
femme sur ma tombe. Car je ne veux pas de
criailleries, lorsque je serai trépassé. Bien plus,
pour qu'elle apprenne que je sais punir, j'entends qu'elle ne m'embrasse après ma mort.

Après cette fulmination Habbinas intercéda,
priant Trimalchio de mettre fin à son courroux :
— Nul de nous, dit-il, n'est exempt de sottise.
Car, des hommes et non des Dieux. De même,
Scintilla tout en pleurs, attestant son Génie et
l'appelant Gaïus, demande qu'il se laisse atten-
drir. Trimalchio ne tint pas plus longtemps ses
larmes et : — Par grâce, dit-il, Habbinas, et
puisses-tu jouir ainsi de ton pécule, si j'ai fait
quelque chose de travers! crache-moi au visage.
En effet, j'ai baisé cet adolescent le plus ver-
tueux du monde, non pour sa beauté, mais
pour ce qu'il est orné de toutes les perfections.
Il connaît les dix parties du discours et sait lire
à livre ouvert. Il a, sur ses bénéfices quotidiens,
économisé le prix de son rachat. Il a, sur son
épargne, fait l'acquisition d'un petit buffet et de
truelles à potage. N'est-il pas digne d'être porté
dans mes yeux? Mais Fortunata oppose son

décri. C'est là ton dernier mot, boiteuse! je t'invite à digérer ton bien, milan, à ne pas me faire sortir mes crocs, pendarde ma mie! faute de quoi tu pourrais bien expérimenter mes coups de tête. Ce que j'ai une fois résolu, tu me connais, c'est comme un clou enfoncé dans une poutre. Mais ne pensons qu'à vivre. Quant à vous, mes amis, je vous conjure de la passer bonne : car, moi aussi, je fus naguère ce que vous êtes à présent; mais par ma vertu je montai sur ce faîte. Avoir de l'estomac, c'est ce qui crée un homme; le surplus est comme un tas de feuilles mortes. Je sais acheter, je sais vendre : un autre vous dira le reste. Moi, je crève de prospérité; cependant, toi, souillon, tu pleurniches encore. Mais, comme je vous le disais, au début, c'est ma frugalité qui m'a poussé vers la fortune. J'arrivai d'Asia, pas plus haut que ce candélabre. Quotidiennement j'avais accoutumé de me toiser à lui et, pour avoir sur-le-champ de la barbe au museau, je me frottais les lèvres avec l'huile des lampes. Or, j'ai concouru aux plaisirs de mon maître, en qualité de petite femme, quatorze années durant et, certes, il n'est pas de vergogne lorsqu'on défère à son patron. Entre temps aussi, je donnais de l'agrément

à madame. Vous entendez ce que je dis. Au surplus je me tais, car je ne suis pas glorieux.

Enfin, comme il plut aux Consentes, je devins maître en la maison; et voilà! je pus tourner ma jugeotte vers mon utilité personnelle. Quoi de plus? cohéritier avec César, je recueillis un patrimoine sénatorial. A personne, cependant, jamais rien n'est assez : je convoitais de faire le négoce. Pour ne pas vous lanterner, je mis à flot cinq bâtiments de commerce avec une cargaison de vin, — c'était de l'or, à cette époque — et les envoyai à Roma. Vous croirez peut-être que je l'avais ordonné : tous mes vaisseaux firent naufrage. C'est un fait et non pas une bourde : en un seul jour, Neptunus me dévora trente millions de sestertius. Pensez-vous que je me laissai aller? non, Herculès à moi! Le dommage au contraire me fut un stimulant. Comme si de rien n'était, je fis construire d'autres nefs, plus grandes, et plus solides, et plus heureuses. Personne qui ne me traitât d'homme fort. Tu sais qu'un grand navire a une grande résistance. Je frétai les miens itérativement de vin, de lard, de fèves, d'herboristerie et d'esclaves. Ici, For-

tunata fit une chose pieuse : son or, sa garde-
robe, elle vendit tout et me mit dans la main
cent auréus. Cela devint le ferment de mon
pécule. Marchent bien les affaires quand les
Dieux s'en mêlent. J'arrondis, en une seule
course, dix millions de sestertius. Aussitôt, je
m'empresse de rémérer les fonds qui avaient
appartenu à mon maître. Je bâtis un palais. Je
spécule sur les bêtes de somme. Tout provigne,
sous ma main, comme un rayon de miel. Sitôt
que je fus plus riche à moi seul que tout le pays
de mes pères, abandonnant registres et comp-
toirs je me retirai du commerce et me contentai
de faire l'usure avec les affranchis. Même, j'étais
sur le point de renoncer à toute espèce de trafic :
mais je fus pressé de continuer par un astrologue,
une façon de petit Grec du nom de Serapa, vrai
conseiller des Dieux! Il me rappela même des
conjonctures oubliées : par le fil et par l'aiguille,
il me remémora toutes choses. Cet homme lisait
dans mes intestins; il m'eût presque dit mon
souper de la veille. On eût juré qu'il avait sans
cesse habité près de moi.

Je te prie, Habbinas (tu fus présent, je crois),

rappelle-toi ceci : « Tu as érigé ton domaine avec des ressources infimes, tu es médiocrement heureux en amis; nul ne montre jamais pour tes bontés un ressentiment qui les égale; tu nourris une vipère sous ton aisselle. » Et pourquoi ne vous le dirais-je pas? à présent, il me reste de vie encore trente années, quatre mois et deux jours. En outre, bientôt je recevrai un héritage. Ainsi m'a-t-il fait connaître mon destin. Que si le bonheur m'échoit d'annexer à mes immeubles l'Apulia, j'aurai fait dans le monde un assez beau chemin. Entre temps, par la vigilance de Mercurius, j'ai pu édifier cette demeure. Autrefois, vous le savez, c'était une bicoque : c'est un temple aujourd'hui. Elle renferme quatre cénacles, vingt appartements, deux portiques de marbre; au-dessus, un dortoir, le *cubiculum* où je dors, le trou de cette chipie, une cahute remarquable de portier, un logement pour les hôtes qui peut en recevoir une centaine. Bref, Scaurus, quand il vient ici, préfère descendre chez moi que partout ailleurs : cependant il a, chez son père, une maison au bord de la mer. Et j'ai encore beaucoup d'autres pièces que je vous ferai voir tantôt. Croyez-moi : tu as un as, tu vaux un as : tiens de l'or, on te tient en estime. Ainsi

votre ami, qui fut jadis une raine, est, à présent, un roi. Cependant, Stichus, apporte les vêtements funéraires dans quoi je veux être enseveli; porte de même les onguents et le bon vin de cette amphore que j'ai ordonné qu'on emploie à laver mes ossements.

Stichus ne s'attarda pas : mais il apporta dans le *triclinium* une prætexte ainsi qu'un drap mortuaire blanc. Trimalchio nous enjoignit d'expérimenter si le tissu en était de bonne laine. — Prends garde, Stichus, lui dit-il, prends garde aux souris, prends garde aux mites! Qu'elles n'y touchent point! sinon je te ferai brûler vif sur mon bûcher. Il me plaît qu'on enlève mes restes avec gloire, de telle façon que le peuple entier ne profère sur moi que des bénédictions. Aussitôt, il déboucha une ampoule de nard et nous enolia tous : — J'espère, dit-il, en ce futur, qu'un tel aromate me délectera mort, qui m'a délecté vivant. Ensuite, il ordonna de transvaser le vin dans un cratère, puis : — Supposez, dit-il, que vous êtes conviés à mes parentales. Cette extravagance touchait à la nausée extrême, quand Trimalchio, alourdi par une très infâme ébriété,

commanda, nouvelle réjouissance, qu'on intro-
duisît des cornistes dans le *triclinium*, puis, s'é-
tayant d'une pile de coussins, et, vautré comme
sur un lit de parade : — Figurez-vous, dit-il, que
je suis mort; et jouez-nous quelque chose de
beau. Les musicastres aussitôt d'attaquer une
marche funèbre. Un d'entre eux notamment,
esclave du croquemort (c'était le plus honnête
homme de la bande), se mit à donner du cor
avec tant de vigueur qu'il eut bientôt fait de
mettre en émoi tout le quartier. C'est pourquoi
les garçons de police qui faisaient une ronde aux
environs, cuidant que la demeure de Trimalchio
ardait, s'employèrent, sur-le-champ, à fracturer
la porte et, beaux de leur privilège, munis de
seaux d'eau et de haches, nous envahirent tumultueusement. Pour nous, à qui le hasard offrait
une occasion très opportune, saluant Agamemnon de quelques paroles, en toute hâte et vérita-
blement comme d'un incendie, nous prenons la
fuite.

·LE·SATYRICON·

Nulle torche pour nous éclairer, pour découvrir la route à nos pas incertains. Le silence de la nuit, au milieu de son cours, ne nous promettait plus la lumière des passants. Joignez à cela que nous étions soûls comme des portefaix, ignorants des chemins qui, même vers midi, sont assez embrouillés. C'est pourquoi, ayant marché une heure ou peu s'en faut, dans les gravats, sur des cailloux pointus qui nous mettaient les pieds en sang, nous fûmes tirés de peine par la rubrique de Giton. Prudent en effet, et redoutant, la veille, de s'égarer en plein jour, il avait noté colonnes et pilastres d'une marque de craie dont les linéaments triomphèrent de la nuit la plus drue et, par une visible candeur, mirent dans leur chemin les désorientés. Cependant, nous n'avions pas fini de suer, combien que parvenus à l'étable. Notre vieille logeuse, après avoir passé

presque toute la nuit à boire avec la crapule de
son auberge, n'aurait pas senti le feu au derrière
et, peut-être, nous eût-il fallu pernocter devant
le seuil. Mais un courrier de Trimalchio inter-
vint, homme riche de dix camions. Il ne s'attarda
point à faire du vacarme. Il brisa la porte du
bouge et nous introduisit par la brèche.

« Arrivé dans le *cubiculum,* je gagnai notre
couche avec mon petit voisin; incendié par la
chère succulente, mon sexe brandi comme un
épieu, je m'engloutis dans les plus chaleureuses
voluptés » :

Ce que fut cette nuit, ô Dieux! ô Déesses!
Combien doux ce lit! une étreinte de feu!
Et nous transfusons, çà et là, dans nos lèvres ardentes
Nos âmes vagabondes. Fuyez soucis
Mortels! je me meurs de plaisir!

A tort, je me congratulais. Au moment où,
les muscles résolus par la boisson, j'avais perdu
l'usage de mes imbriaques mains, Ascyltos, passé
maître dans toute espèce de canaillerie, souleva
le môme, à la faveur des ombres et le porta sous
ses couvertures. Enveloppé tout à son aise d'un
frère qui n'était point le sien — Giton n'éprou-
vant ou dissimulant peut-être cette injure — il

s'endormit dans des baisers adultères, oublieux de tout droit humain. C'est pourquoi, au réveil, je palpai mon lit dépouillé de sa joie. Par ce que les amants ont de plus sacré, je fus sur le point de transpercer l'un et l'autre de mon glaive et de prolonger leur sommeil en trépas. A la fin, prenant un parti plus sensé, je secouai Giton à coups d'étrivières, puis regardant Ascyltos d'un air menaçant : — Puisque, dis-je, tu as violé par un crime la foi et la commune amitié, emporte sur-le-champ ton bagage et vas quérir un autre lieu que tu souilleras de ta présence. Lui, ne fit pas d'objections ; mais sitôt que, le plus loyalement du monde, nous eûmes réparti nos effets : — Courage, dit-il. A présent, nous faut trancher encore le petit garçon.

Je crus d'abord qu'il badinait en s'en allant. Mais lui, d'une main parricide, mit au clair son épée et : — Tu ne jouiras pas seul de ta proie, exclama-t-il, cette proie que tu couves si amoureusement. J'en veux ma part ou, satisfait par ce glaive, je saurai bien la détacher. Imitant son exemple, mon bras enroulé avec soin dans le *pallium,* je tombe en garde et me prépare au

combat. Pendant cette crise de démence où nous
conviait notre misère, l'enfant très infortuné
embrassait tour à tour et trempait de ses larmes
les genoux des deux adversaires, nous demandant
avec imploration de ne pas renouveler, dans ce
bouge, la lutte des frères Thébani et de ne pol-
luer d'un sang mutuel cette religion d'une très
noble familiarité. — Que si, néanmoins, procla-
mait-il, vos cœurs ont besoin d'un forfait, voici
ma gorge nue! C'est là qu'il faut porter vos mains
et pousser vos poignards. C'est à moi de mourir,
puisque j'ai rompu le sacrement de l'amitié.
A cette prière, nous inhibons le fer et, tout
d'abord, Ascyltos : — Je vais, dit-il, mettre un
terme à la discorde. Que l'enfant lui-même suive
qui bon lui semblera et qu'au moins, dans le choix
d'un amant, nous sauvions sa liberté. Moi je
pensais que la très vieille accoutumance me donnait comme un gage de consanguinité, je n'eus
donc pas la moindre crainte : je saisis la proposition
avec une hâte fiévreuse et pressai mon amour
de trancher le différend. Lui, sans délibération,
ne voulant pas avoir l'air d'hésiter, se leva sur-
le-champ, au dernier mot de ma réponse,
élut pour frère Ascyltos. L'arrêt me foudroya.
Je tombai sur mon grabat, comme désarmé, et

j'eusse porté sur moi-même ces mains damnées,
si le désir de la vengeance n'eût combattu mon
désespoir. Superbe, avec le butin délicieux,
m'abandonne Ascyltos, et moi, naguère encore
son très cher camarade, moi son égal par la
similitude fraternelle de nos destins, il me laisse
en un lieu pérégrin dans la plus sinistre abjection.

Le nom d'amitié permane tant qu'il sert.
Le jeton sur le damier conduit une œuvre peu sûre.
Que Fortuna demeure, vous gardez un front souriant,
amis!
Qu'elle défaille, vous détournez le visage dans une fuite
honteuse.
Le troupeau des mimes gesticule sur la scène : tel re-
présente le père,
Tel autre, le fils; un troisième occupe l'emploi de finan-
cier.
Mais, quand on ferme la page des rôles comiques,
La face véritable se montre, le masque disparaît.

Je ne mis dans mes pleurs qu'une brève com-
plaisance, mais craignant que Ménélaüs, notre
cuistre, ne vînt, pour comble de malheur, à me
trouver seul dans ce garni, je ramassai mes
pauvres hardes et m'en fus, le cœur bien gros,

dans une auberge inconnue, à deux pas du rivage.
Enfermé là, pendant trois jours, l'esprit féru de
mon isolement, de mon humiliation, je frappais
à grands coups ma poitrine endolorie par les
sanglots. A travers les gémissements venus du
fond de l'âme, je m'écriais sans cesse : — Donc,
la terre n'a pu m'engloutir dans sa ruine et la
mer, furieuse même contre les innocents! Je me
suis dérobé à la justice; j'ai pu esquiver l'amphithéâtre. J'ai tué mon hôte, et cela pour qu'après
tant d'audace, exilé au fond d'un hôtel borgne,
dans une cité grecque, j'endure cet abandon! Et
par qui la solitude m'est-elle imposée? Par un
adolescent contaminé de toutes les souillures,
qui, de son propre aveu, mérite le bannissement,
affranchi par le stupre et par le stupre citoyen,
dont le cul se jouait aux dés et que prenaient
comme putain ceux-là mêmes qui le croyaient
un homme. Quoi de l'autre? O Dieux! en guise
de toge virile, celui-là prit une étole, qui, dès le
berceau, fut convaincu de n'être pas un mâle,
qui fit œuvre de salope, dans les ergastules, qui,
ayant couché avec moi, tourne au gré de son
humeur libidineuse, rétractant le nom de la
vieille amitié; qui, proh pudeur! comme une
racoleuse abjecte, vend tout au monde pour les

attouchements d'une seule nuit. Ils reposent, à cette heure, les amants! Liés du soir jusqu'au matin, et, peut-être, harassés de leurs mutuels ébats, ils tournent en dérision ma solitude. Mais non impunément. Ou je ne suis pas un homme et un homme libre, ou dans le sang criminel je saurai venger mon affront.

Cela dit, je ceins mon épée et, de crainte que les muscles ne trahissent mon courage, par une ample réfection, je suscite ma vigueur. Je m'élance dans la rue et, d'un pas furibond, je visite les promenoirs. Mais, tandis que, la face vultueuse et l'œil inhumain, je ne respire que meurtre et carnage, serrant d'un poing convulsif la garde vouée aux représailles de mon glaive, je provoque l'attention d'un militaire, peut-être vagabond ou détrousseur de nuit. Et : — Qui es-tu, camarade? me dit-il, quelle est ta légion? Quelle est ta centurie? Comme je mentais avec aplomb sur l'un et l'autre point : — A la bonne heure, donc, se reprit-il; voilà un corps d'armée où les soldats portent des *phæcasium* blancs! Pour le coup, je trahis l'imposture par mon visage et ma trépidation; il m'ordonna de mettre bas les

armes et de me garer du mal. Dépouillé de la
sorte, ma vengeance tondue au pied, je rebroussai
chemin et m'en fus à l'auberge; mon humeur
provocante se relâcha peu à peu : je commençai
bientôt à remercier l'impudence du voleur.

«Néanmoins, il était dur de juguler ma soif
de représailles. Je passai anxieusement la moitié
de la nuit. Mais, à pointe d'aube, pour noyer
mon chagrin et perdre le souvenir de ma honte,
je sortis. De nouveau, je parcourus tous les portiques. Bientôt», je parvins à la pinacothèque,
admirable par divers genres de tableaux. Car
je vis et la main de Zeuxis, sous l'injure de la
vétusté non encore défaillante, et des esquisses
de Protogenès luttant de réalisme avec la nature
elle-même, que je ne pus toucher sans une
pieuse horreur. En outre, les camaïeux d'Apellès
que les Grecs disent *monochromon* reçurent mes
adorations. Avec tant de subtilités, les contours
des figures y sont menés dans la plus extrême
ressemblance, que tu croirais voir aussi la pein-

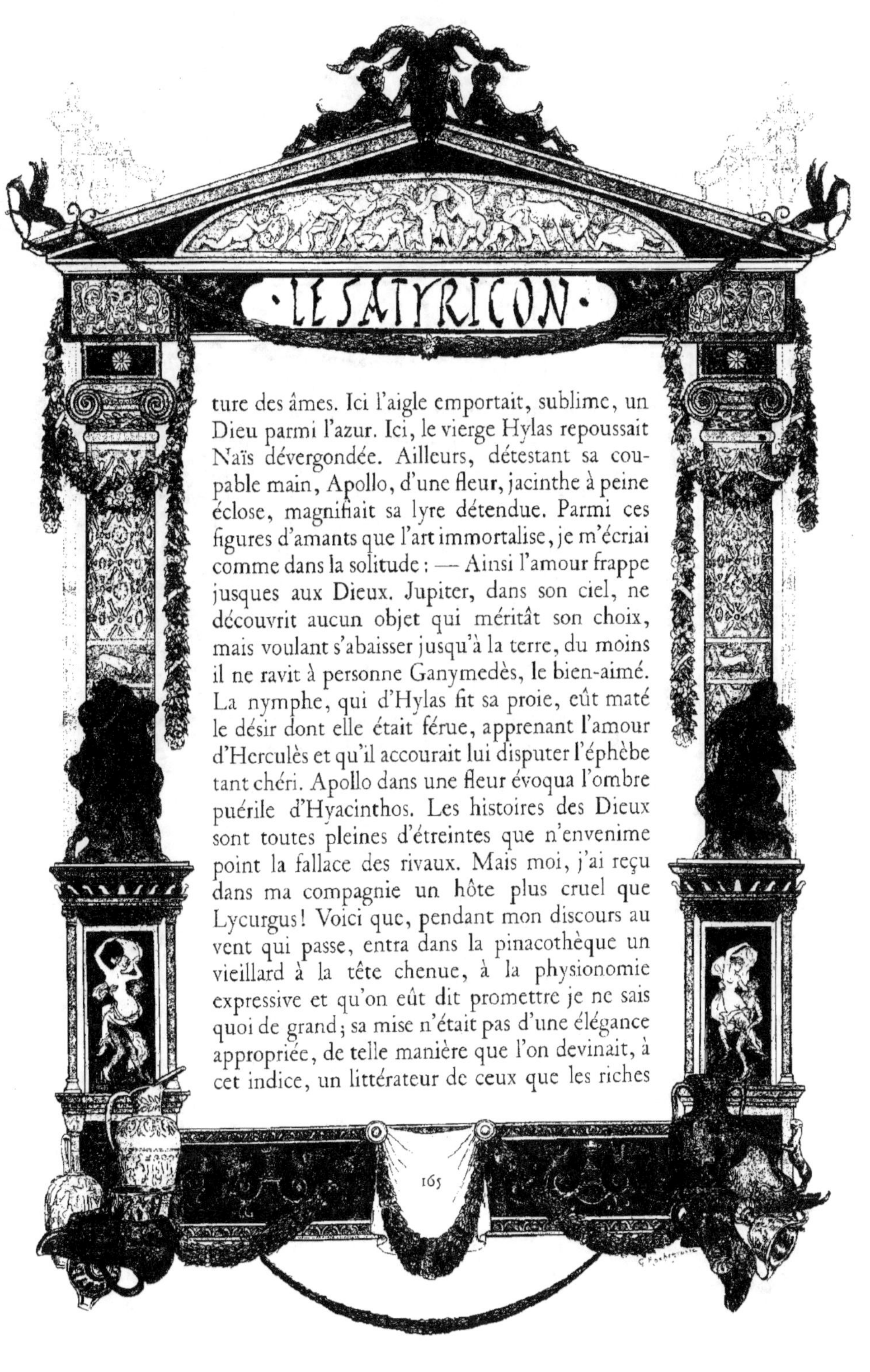

ture des âmes. Ici l'aigle emportait, sublime, un Dieu parmi l'azur. Ici, le vierge Hylas repoussait Naïs dévergondée. Ailleurs, détestant sa coupable main, Apollo, d'une fleur, jacinthe à peine éclose, magnifiait sa lyre détendue. Parmi ces figures d'amants que l'art immortalise, je m'écriai comme dans la solitude : — Ainsi l'amour frappe jusques aux Dieux. Jupiter, dans son ciel, ne découvrit aucun objet qui méritât son choix, mais voulant s'abaisser jusqu'à la terre, du moins il ne ravit à personne Ganymedès, le bien-aimé. La nymphe, qui d'Hylas fit sa proie, eût maté le désir dont elle était férue, apprenant l'amour d'Herculès et qu'il accourait lui disputer l'éphèbe tant chéri. Apollo dans une fleur évoqua l'ombre puérile d'Hyacinthos. Les histoires des Dieux sont toutes pleines d'étreintes que n'envenime point la fallace des rivaux. Mais moi, j'ai reçu dans ma compagnie un hôte plus cruel que Lycurgus! Voici que, pendant mon discours au vent qui passe, entra dans la pinacothèque un vieillard à la tête chenue, à la physionomie expressive et qu'on eût dit promettre je ne sais quoi de grand; sa mise n'était pas d'une élégance appropriée, de telle manière que l'on devinait, à cet indice, un littérateur de ceux que les riches

ont coutume d'exécrer. Celui-ci donc s'arrêta juste à mon côté : — Moi, dit-il, je suis poète et, comme je l'espère, non d'un souffle très petit, s'il convient d'ajouter quelque foi aux couronnes que, souvent par courtoisie, on attribue à des benêts. «Pourquoi donc, me diras-tu, être si mal nippé?» A cause de cela même : l'amour du style d'or n'a jamais enrichi personne.

Qui se fie à la mer, emporte un vaste bénéfice;
Qui gagne les camps et les combats, se voit couronner d'or;
Un plat adulateur cuve son vin, sur des lits de pourpre,
Et qui sollicite les épouses, vergonde moyennant finance :
Facundia, seule, grelotte sous des haillons calamiteux
Et, d'une langue misérable, invoque l'Art déserté.

Cela n'est pas douteux. Quiconque se montre hostile au vice et marche le front haut dans les routes du monde, soulève, tout d'abord par le contraste de ses mœurs, d'inextinguibles haines; car peut-on endurer des vertus qu'on n'a pas? De plus, ceux qui n'ont d'autre objectif que d'empiler un magot ne veulent point qu'on estime, chez les hommes, quelque chose au delà du trésor qu'ils

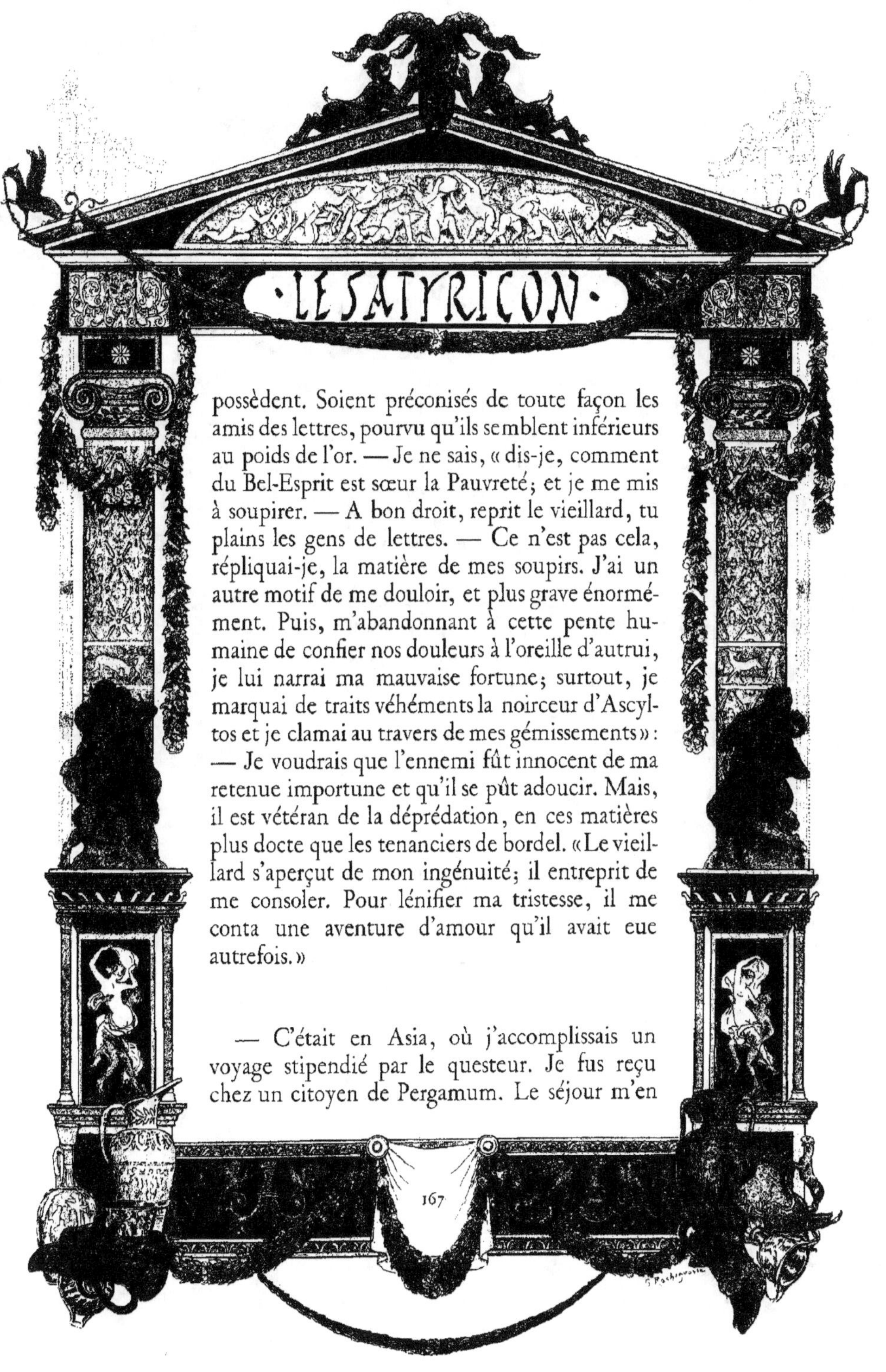

possèdent. Soient préconisés de toute façon les amis des lettres, pourvu qu'ils semblent inférieurs au poids de l'or. — Je ne sais, « dis-je, comment du Bel-Esprit est sœur la Pauvreté; et je me mis à soupirer. — A bon droit, reprit le vieillard, tu plains les gens de lettres. — Ce n'est pas cela, répliquai-je, la matière de mes soupirs. J'ai un autre motif de me douloir, et plus grave énormément. Puis, m'abandonnant à cette pente humaine de confier nos douleurs à l'oreille d'autrui, je lui narrai ma mauvaise fortune; surtout, je marquai de traits véhéments la noirceur d'Ascyltos et je clamai au travers de mes gémissements » : — Je voudrais que l'ennemi fût innocent de ma retenue importune et qu'il se pût adoucir. Mais, il est vétéran de la déprédation, en ces matières plus docte que les tenanciers de bordel. « Le vieillard s'aperçut de mon ingénuité; il entreprit de me consoler. Pour lénifier ma tristesse, il me conta une aventure d'amour qu'il avait eue autrefois. »

— C'était en Asia, où j'accomplissais un voyage stipendié par le questeur. Je fus reçu chez un citoyen de Pergamum. Le séjour m'en

plaisait fort, moins à cause du bon goût des appartements que pour la beauté rare dont le fils de mon hôte reluisait. J'excogitai un stratagème qui ne permit au *paterfamilias* de suspecter mon amour. Toutes les fois qu'à table, mention était faite de la pratique des jolis garçons, je m'échauffais d'une telle véhémence, je m'opposais avec une amertume si rechignée à ce qu'on violât mes oreilles par d'obscènes propos, qu'aux regards de tous et nommément de la mère, je passais pour l'un des Philosophes. Bientôt donc, je conduisis l'éphèbe au gymnase, je réglai ses études, je lui donnai des leçons en qualité de précepteur, ayant soin de tenir la porte fermée aux larrons éventuels de son beau corps. Une fois, couchés, par hasard, dans le *triclinium,* après une fête solennelle où nous avions dépêché l'étude, cependant qu'une trop longue hilarité nous donnait la paresse de gagner nos appartements, je m'aperçus, vers le milieu de la nuit, que mon élève ne dormait pas. C'est pourquoi, dans un murmure très timide, j'exhalai une prière : «Madame Vénus, dis-je, si, moi, je baise cet enfant de telle manière qu'il ne le sente, demain, je lui donnerai une couple de colombes.» Entendant quel salaire j'offrais de cette volupté, le jouvençeau ronfla

d'abord. Encouragé par sa feinte, je l'approchai soudain et le couvris de baisers. Content de ce prélude, je me levai de bon matin; je lui rapportai, selon son attente, une paire insigne de colombes. Ainsi me libérai-je de mon vœu.

La nuit d'après, comme il s'y prêtait de même, je fis un nouveau souhait : «Que je promène sur lui une main paillarde et qu'il ne le sente pas! Il aura, demain, deux coqs coquelinants et des plus belliqueux.» A cette promesse, l'éphèbe se rapprocha spontanément; je pense qu'il craignait que le sommeil ne me prît. Mes caresses lui firent voir le néant d'une pareille inquiétude; son être, à la réserve des dernières faveurs, me combla de délices. Puis, le matin venu, tout ce que j'avais promis fut apporté à l'enfant, qui pétilla de joie. Dès que la tierce nuit m'en donna le congé, près de l'oreille du dormeur mal endormi : «Dieux immortels, suppliai-je, si moi de cet enfant qui dort je prélève un coït entier et désirable, pour prix de ce bonheur, demain, je le guerdonnerai d'un trotteur asturco-macédonique.» Jamais d'un plus haut sommeil l'éphèbe ne dormit. C'est pourquoi, d'abord, ma main fit

la conquête de ses blanches mamelles; bientôt,
je l'accolai d'un baiser frénétique, puis, en un seul
désir s'unirent tous mes vœux. Le lendemain,
siégeant dans son *cubiculum,* il attendait l'offrande
coutumière. Tu sais combien il est plus facile
d'acquérir des colombes ou des coqs de combat
qu'un cheval asturien; pour cela, je craignais
qu'un présent si magnifique ne rendît suspecte
ma libéralité. Après donc, quelques heures de
promenade, je revins chez mon hôte, sans autre
chose pour l'enfant qu'un baiser. Mais lui, regardant autour de moi et jetant ses bras à mon
col : — Je t'en prie, ô maître, où donc est le
trotteur? — «La difficulté, répondis-je, d'acquérir une bête élégante m'a contraint d'ajourner ce présent; mais, dans peu, je tiendrai ma
parole. On ne peut mieux l'éphèbe comprit ce
que je voulais dire, et l'air de son visage trahit
sa méchante humeur.»

Bien que par cette offense j'eusse fermé l'accès que je m'étais ouvert, je risquai une nouvelle
tentative. En effet, peu de jours après, un hasard
tout pareil ramenant pour nous la même fortune, sitôt que j'entendis ronfler le père, je

suppliai l'éphèbe de me recevoir à merci, en
d'autres termes, qu'il me laissât le faire pâmer,
avec tous les propos que suggère un désir bien
tendu. Mais lui, grandement courroucé, ne répondait autre chose sinon : — Ou dors, ou bien
moi je le dis à mon père. Il n'est consentement
si ardu que n'extorque un désir opiniâtre. Pendant qu'il répète : « j'éveillerai mon père », je me
faufile à ses côtés et j'arrache le plaisir à sa molle
résistance. Mais lui, aucunement désobligé de
mon audace, après s'être beaucoup lamenté
de sa déception, et des railleries, et de ce que je
l'avais exposé aux brocards de ses condisciples,
car il vantait à eux mes largesses : — Vois pourtant, dit-il, je ne te ressemble point. Si tu veux
quelque chose, fais-le de nouveau. Moi donc,
toutes offenses pardonnées, je rentrai en grâce
avec mon élève, puis, ayant usé du congé qu'il
me donnait, je ne tardai pas à choir dans un
profond sommeil.

Mais l'éphèbe en pleine maturité ne fut point
rassasié par le deuxième choc, tant la fougue
ardente de son âge l'invitait au succubat. Il secoua ma torpeur et : — Ne veux-tu rien autre?
dit-il. Certes, le présent ne m'était de tous
points importun. Vaille que vaille, donc, fourbu,

parmi la sueur et les ahans, il reçut de moi l'objet de son envie, puis je tombai de nouveau
dans le somme, anéanti de volupté. Moins d'une
heure après, il me pince d'une main légère et
dit : — Pourquoi ne le faisons-nous plus? Alors,
tant de fois réveillé, je me pris à bouillir d'une
colère véhémente et lui rendis ce compliment :
— Ou dors, ou bien moi je le dis à ton père!

Regaillardi par l'historiette, j'interrogeai le
vieillard, plus expert sur l'âge des tableaux et sur
quelques arguments, qui, pour moi, restaient
obscurs. En même temps, sur les causes de la
dégénérescence moderne, par quoi les arts les
plus beaux, entre autres la peinture, descendent
à néant, dont on ne voit pas même une dernière trace : — L'amour de la pécune, me dit-il,
instaura ce changement. Dans les siècles loin-
tains, quand plaisaient encore les nudités de la
Vertu, les nobles arts s'envigoraient. Il n'était
d'émulation entre les hommes que pour sauver
de l'oubli un riche patrimoine aux époques fu-

tures. C'est pourquoi, Hercule nouveau, Demo-
critus exprima les sucs de toutes les herbes. Afin
de ne laisser échapper aucune des énergies ou
du minéral ou de la plante, il consuma ses jours
dans les expérimentations.

Eudoxus, lui, sur la crête d'un mont très
escarpé, attendit la vieillesse, pour mieux saisir
les mouvements des astres et du ciel; dans le but
de suffire à d'incessantes découvertes, Chrysip-
pus, trois fois, avec de l'ellébore, détergea son
esprit. Mais, pour en revenir aux arts plastiques,
Lysippus, attaché aux linéaments d'un marbre
unique, mourut de pauvreté. Myron qui,
presque, sut enclore dans le bronze l'âme des
hommes et des animaux, ne trouva point d'hé-
ritier. Quant à nous, abîmés dans le vin et le
garouage, nous n'osons plus même connaître les
méthodes léguées par nos prédécesseurs; mais,
dénigrant les anciens, nous tenons école de vices
pour apprendre et pour enseigner. Où donc
est la dialectique? Où donc, l'astronomie? Où
donc, le chemin abrité de la sagesse? Qui, vous
dis-je, pénètre dans un temple et dédie un holo-
causte pour obtenir la faconde, pour voir jaillir
les sources de la philosophie? Ils ne demandent
plus même une bonne santé: mais, tout d'abord,

avant de toucher le seuil du Capitolium, celui-
ci voue un don, pour mettre en terre un proche
cousu d'or; celui-là, pour exhumer une somme
enfouie; le troisième, s'il peut amasser, lui vivant, trente millions d'H. S. Le Sénat même,
précepteur du Droit et du Bien, est dans la coutume d'offrir mille livres d'or à Capitolinus. Pour
que nul n'ignore son appétit d'argent, il sollicite
Jovis au moyen d'un pécule. Ne t'étonne point
si la peinture défaille, quand aux Dieux et aux
hommes un tas d'or paraît plus beau que tous
les ouvrages d'Apellès ou de Phidias, petits Grecs
hurluberlus. Mais je te vois exclusivement em-
poigné par un tableau qui figure le sac de Troja,
c'est pourquoi je m'efforcerai de te commenter
en vers cette peinture.

Déjà, tristes parmi les craintes ambiguës,
Le dixième août gardait investis les Phrygæ. La foi dans
le devin
Calchas pendait, incertaine, à de noires alarmes.
Quand, Délius vaticinant, les pins abattus
De l'Ida sont traînés. Les chênes intercis en rengrègent
la meule
Qui, bientôt, figure un cheval menaçant.
On ouvre une porte et se mussent dans les hanches

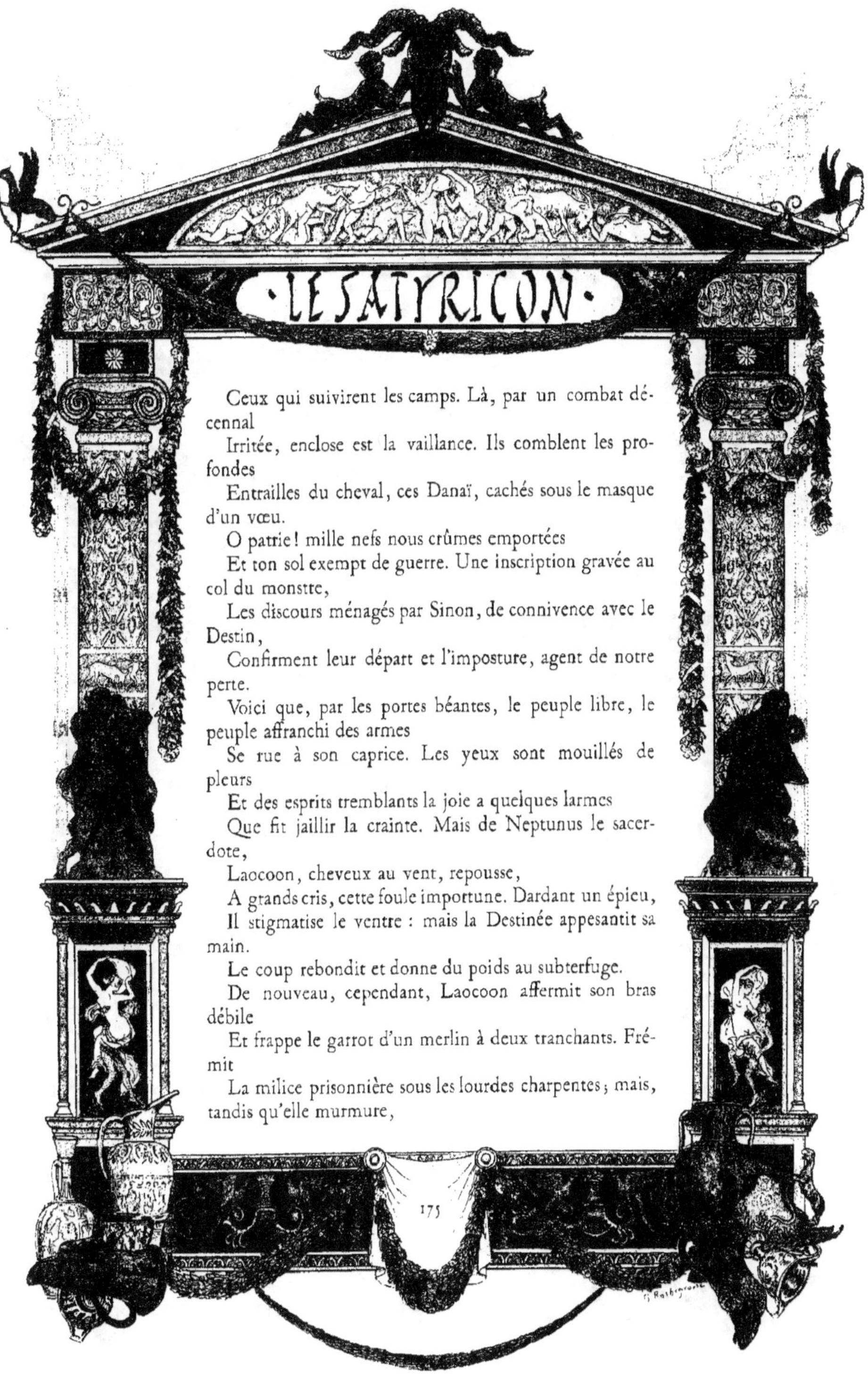

Ceux qui suivirent les camps. Là, par un combat dé-
cennal

Irritée, enclose est la vaillance. Ils comblent les profondes

Entrailles du cheval, ces Danaï, cachés sous le masque
d'un vœu.

O patrie! mille nefs nous crûmes emportées

Et ton sol exempt de guerre. Une inscription gravée au
col du monstre,

Les discours ménagés par Sinon, de connivence avec le
Destin,

Confirment leur départ et l'imposture, agent de notre
perte.

Voici que, par les portes béantes, le peuple libre, le
peuple affranchi des armes

Se rue à son caprice. Les yeux sont mouillés de
pleurs

Et des esprits tremblants la joie a quelques larmes

Que fit jaillir la crainte. Mais de Neptunus le sacer-
dote,

Laocoon, cheveux au vent, repousse,

A grands cris, cette foule importune. Dardant un épieu,

Il stigmatise le ventre : mais la Destinée appesantit sa
main.

Le coup rebondit et donne du poids au subterfuge.

De nouveau, cependant, Laocoon affermit son bras
débile

Et frappe le garrot d'un merlin à deux tranchants. Frémit

La milice prisonnière sous les lourdes charpentes; mais,
tandis qu'elle murmure,

Le colosse de rouvre inspire un nouvel effroi.

Ainsi, la cohorte des pubères entre, captive, dans Troja, pour que Troja tombe en captivité.

Mais voici d'autres indices! Là où Ténédos élevée écarte le pont

De son échine, intumescent, le détroit s'érige,

Et les flots diminués de leur calme, les flots bondissent, labourés.

Tel, dans la nuit silencieuse, le bruit des avirons

Est porté au loin, quand une flotte oppresse la mer

Et que la vague étale, sous les nefs massives, retentit.

Nous contemplons : de leurs orbes géminés, deux vouivres portent

Les ondes jusqu'aux falaises. Turgides, leurs poitrails,

Ainsi qu'un fastueux navire, se creusent des sillons dans l'écume blanchâtre.

Les squammes de leur croupe résonnent; leurs caroncules ondoyantes

Dominent sur l'embrun. Comme un astre fulgurant, leurs yeux

D'un reflet d'incendie embrasent chaque lame; leurs sifflements aigus font tressaillir la mer.

La stupeur hébète nos esprits. Debout, fronts couronnés de *l'infula,*

Suivant le rite et le culte phrygiens, tes fils, trésor jumeau,

Laocoon! se tenaient près de toi. Soudain, liés par les anneaux

Des reptiles coruscants, leurs petites mains

Ils portent au visage. Ni l'un ni l'autre ne combat pour soi,

L'un et l'autre combattent pour son frère. Leur amour transpose le danger,

Le trépas les ravit dans cette crainte mutuelle.

Voici qu'il accumule sur ses hoirs défunts, d'autres funérailles, le père,

Infirme auxiliateur! Ils appréhendent l'homme,

Ces monstres jà repus de cadavres et foulent sur l'arène les membres du vieillard.

Il gît au milieu des autels et victime à son tour, le prêtre!

La terre se lamente. Ainsi, dans la profanation des *sacra*,

Troja, vouée à la ruine, avait d'abord exterminé ses Dieux.

Phœbé, déjà, toute pleine, épanchait dans l'azur un nitide rayon,

Guidant la troupe des étoiles mineures au chaste feu de son candil.

Cependant que dorment les Priamidès ensevelis dans la nuit et dans le vin,

Les Danaï font choir la porte et disséminent leurs guerriers.

Les chefs bondissent, lance au poing : on voit, de même,

Un étalon qui, sans entraves, du joug thessalien

Débride son encolure et, dans un temps de galop, éparpille ses crins.

Eux, dégainent l'épée, assument le bouclier :

Ils préludent au massacre. L'un égorge les soldats pris de vin

Et dans la mort pérennise leur dernier

Somme; un autre allume aux autels des torches incen-
diaires
Et, pour Troja dévaster, emprunte les cultes de Troja.

Ici, des promeneurs qui déambulaient à travers
le portique favorisèrent Eumolpus d'une grêle
de cailloux. Mais lui, n'en étant plus à expérimenter le genre d'approbation que lui procurait
son génie, enveloppa son chef et déguerpit hors
du temple. J'avais peur, quant à moi, qu'ils ne
me traitassent en poète. J'emboîtai donc le pas
au fuyard et nous courûmes jusqu'à la mer. Dès
qu'il nous fut loisible de faire halte à l'abri des
projectiles : — De grâce, lui dis-je, que pré-
tends-tu et quelle est cette bizarre maladie? A
peine sommes-nous ensemble depuis deux heures.
Or, déjà, tu m'a plus souvent débité un gali-
matias de poète qu'un langage d'honnête homme.
Aussi, point ne m'étonne de voir la populace te
cribler de pavés. Moi-même, je lesterai le pli de
ma robe avec des pruneaux de rivière; toutes fois
et quantes l'humeur te prendra d'exhiber tes
talents, je te ferai saigner le sinciput. Il secoua
les oreilles et : — O mien jouvenceau! dit-il,
ce n'est pas d'aujourd'hui que je prends ces
auspices. Bien plus, quand je me fais voir au

théâtre dans le dessein d'y proclamer quelque tirade, un même accueil adventice m'est communément réservé. Au demeurant, et pour ne point, tout le long du jour, me harpailler avec toi, je m'abstiendrai de cette nourriture. — Dans ce cas, si tu veux bien refréner la bile d'aujourd'hui, nous souperons ensemble.

Puis je confiai à la gardienne du maigre bouchon les préparatifs de mon maigre repas « et, sans plus tarder, nous gagnâmes le bain ».

Là, m'apparut Giton, avec en main les peignoirs et les strigiles, adossé contre la muraille, l'air triste et confus. On devinait sans peine qu'il tenait à contre-cœur son emploi de bardache. C'est pourquoi, tandis que je le regardais obstinément pour m'assurer que c'était bien lui, tournant vers moi son front illuminé de joie : — Pitié, dit-il, mon frère! Ici je ne vois plus briller les armes, je parle librement. Sauve-moi du larron sanglant : punis les remords de ton juge par tels sévices qu'il te plaira. N'est-ce pas une

consolation assez grande pour un misérable tel que moi de souffrir et te complaire? Je lui prescris de clore ses lamentations afin que nul ne surprenne le conciliabule : puis, laissant Eumolpus (car il déclamait un poème dans le bain), par une issue orde et ténébreuse, je fais sortir Giton et, d'un pied ravisseur, je vole à mon garni. Ensuite, les portes fermées, j'étreins son jeune corps d'un long embrassement; sur sa face mouillée de larmes, j'imprime avec fureur mon visage. Longtemps nous restâmes sans voix. Car l'enfant par des sanglots réitérés avait brisé sa poitrine charmante. — O crime, disais-je, ô forfait ignominieux! Eh quoi, je t'aime encore, toi qui m'abandonnas! Et mon cœur, ce cœur navré d'une blessure profonde, ne garde même plus de cicatrice! Que diras-tu pour justifier tes amours pérégrines? Un pareil affront, l'ai-je mérité? Dès qu'il se sentit aimé, Giton rebroussa quelque peu le sourcil :

> Accuser et chérir tous les deux à la fois,
> Herculès soutiendrait à peine un tel fardeau.
> Les discords d'amour, Amour les efface.

Je poursuivis : — Cependant je n'ai point déféré à des tiers arbitres le jugement de notre

amour. Vois! je cesse de me plaindre et j'ai tout
oublié si, de bonne foi, ton repentir amende tes
outrages. Tandis que j'épandais ces choses dans
les pleurs et les gémissements, il détergea ma
face d'un coin de *pallium* et : — je t'en prie, Encolpis, j'en appelle à ta mémoire et à ta foi. Est-ce
moi qui t'abandonnai ou toi qui me livras? En
vérité, je le confesse et le porte devant moi,
quand tous deux je vous vis en armes, je m'abri-
tai sous la main du plus fort. Je baisai cette poitrine pleine de sapience. J'entourai son col de
mes bras et, pour qu'il entendît aisément que je
le recevais à merci, que de la meilleure foi mon
amour était reviviscente, longuement je l'étrei-
gnis sur mon cœur.

Il était nuit close et la femme de ménage
avait pourvu au souper quand à ma porte cogna
Eumolpus. Je lui demande : — Combien êtes-
vous? En même temps, par la fente de l'huis,
j'inspectai les alentours, m'assurant qu'Ascyltos
ne lui fait pas escorte. Finalement, le voyant
seul, j'ouvris à mon hôte, sans plus tarder. Lui,
tout d'abord, se vautrant sur la couchette, puis
apercevant Giton qui dressait le couvert se mit à

le dévisager : — Eh! dit-il, j'approuve le Gany-
médès. Il faut, ce soir, nous divertir un peu.
Aucunement ne me délecta ce prélude cavalier.
Je craignis d'avoir reçu dans mon clapier un
Ascyltos itératif. Quand le mignon eut empli son
verre : — Je t'aime, reprit-il, mieux que le bain
tout entier; et, la coupe étanchée avec glouton-
nerie : — Je n'ai jamais crevé de soif comme
aujourd'hui. Car, tandis que je m'étuvais, il s'en
est fallu d'un zeste que je ne fusse étrillé, à cause
que je m'étais ingénié d'émettre quelques vers
pour les baigneurs groupés autour de la piscine.
Débusqué des Thermes comme du Théâtre, je
piétinais dans tous les angles du *tepidarium* et,
d'une voix haute, conclamant Encolpis. A l'autre
bout de la salle, un damoiseau tout nu, qui avait
perdu ses hardes, écumait de rage et vociférait
après Giton. Quant à moi, les garçons d'étuve
me tournaient en dérision et, comme pour un
fol, s'égayaient à me contrefaire avec grossièreté.
Il n'en était pas de même autour du jeune furieux. Lui, au contraire, était le centre d'un
concours nombreux de gobe-mouches qui l'admi-
raient à grand renfort d'applaudissements et lui
donnaient les marques de la plus déférente vénération. En effet, ce garçon avait des agréments

d'un tel poids que l'homme tout entier semblait une dépendance infime de sa mentule prodigieuse. O l'infatigable étalon! je pense que, du jour au lendemain, il saurait besogner sans le moindre repos. Aussi, l'aide qu'il demandait ne se fit pas attendre. Certain chevalier romain, qui passe pour un bougre distingué, le couvrit de son manteau et l'emmena chez soi, apparemment aux fins d'accaparer à lui seul un mérite si énorme. Mais moi, je n'eusse, faute d'un témoin, pas même arraché mes nippes aux mains de l'officieux : preuve qu'il est plus expédient et profitable de chatouiller au bon endroit les génitoires que les auditoires.

Cependant qu'Eumolpus bavardait, muait fréquemment la couleur de mon visage, hilare de l'affront reçu par mon ennemi, estomaqué de son aubaine. Toutefois, sans faire semblant de rien et, comme si j'ignorais l'aventure, je restai muet quelques instants, puis je détaillai à Eumolpus l'ordonnance du souper. « Je finissais à peine, que l'on mit sur table : c'étaient des plats canailles, mais succulents et réparateurs qu'Eumolpus, le docteur famélique, dévora. Enfin rassasié, en bon philosophe, il se met à discourir sur les choses de la table, épanchant

sa bile contre ces raffinés qui méprisent les denrées vulgaires et ne font estime que de la rareté : »

« Pour un esprit corrompu » l'accessible devient abject et l'appétit dépravé se contente exclusivement des jouissances inabordables :

Ce qui peut finir les querelles misérables,
Un Dieu candide le voulut tout sous notre main.
Le vulgaire légume et les mûres adhérentes aux revêches buissons
Apaisent la faim d'un estomac impérieux.
Proche du fleuve, seul, un niais a soif et grelotte sous l'Eurus,
Quand le tiède bûcher pétille d'un feu clair.
La loi se tient armée au seuil farouche de l'épouse :
Elle ne craint rien, la garce qui vient coucher dans un lit patenté.
Ce qui peut rassasier, la riche Nature le dispense;
Mais les souhaits qu'inspire aux effrénés la gloriole n'ont pas de terme.
Je ne veux point, ce que je désire, l'atteindre dès l'abord
Ni me conjouir d'un triomphe à l'avance préparé.
L'oiseau pourchassé aux rives phasiennes, dans Colchis,
Et la poule numide émoustillent notre goût,
A cause de leur singularité : mais l'oie blanche,
Mais le canard que signalent ses plumes bigarrées
Sont bons pour les maroufles. Que des ultimes bords

Le scare nous advienne et des Syrthes drainées,
Plus délicat, s'il a causé quelque naufrage!
Le mulet, déjà, semble fastidieux. La gueuse supplante
L'épouse; le cinname fait oublier la rose.
Tout ce qui vient de loin paraît d'un plus haut prix.

— Voilà donc, m'écriai-je, ce que vous avez promis : de ne pas débiter, cette nuit, une seule tirade! Par pudeur, épargnez-nous au moins, nous qui, jamais, ne vous lapidâmes.

Car si quelqu'un des galants qui popinent dans ce cabaret évente la trace d'un poète, c'en est assez pour mettre aux champs le voisinage et nous faire pelauder en votre compagnie. Pitié! Souvenez-vous de la pinacothèque ou bien encore de votre dernier bain!

Comme je parlais de la sorte, Giton, enfant très doux, me réprimanda sur l'indignité de mes invectives contre un homme d'âge : — C'est, oublieux du service promis, renverser par impertinence la table que vous avez offerte par humanité.

A cette objurgation, il adapta maints propos encore de douceur et de vérécundie qui s'harmonisaient on ne peut mieux à sa beauté.

— Oh! dit Eumolpus, heureuse la mère qui

si plein d'accortise te forma! Grandis en vertu!
L'assemblage est illustre de la raison et de la
beauté. Surtout, ne crains pas d'avoir gaspillé
de tant nobles paroles : tu t'es fait un amou-
reux. Moi, de ton los j'emplirai mes odes.
Moi, pédagogue, moi, tuteur, même où tu
ne l'ordonnes point, je t'accompagnerai. Encolpis ne reçoit pas d'affront; il aime en autre
lieu.

Bien en prit à Eumolpus que le soldat
maraudeur m'eût désarmé la veille. Faute de
quoi, j'eusse de grand cœur, dans le sang du
poète, exercé la rage dont Ascyltos m'avait ému.
Giton ne s'y trompa aucunement. Sous prétexte
de chercher de l'eau, il quitta donc notre cambuse et, par une retraite judicieuse, fit tomber
ma colère. Peu de temps après, l'effervescence
attiédie : — Eumolpus, repris-je, mieux vaut
encore subir tes vers que t'entendre dégoiser tes
offres de services. Je suis brutal. Tu es cochon.
Vois! nos humeurs ne sauraient faire bon ménage
ensemble. Tu crois, peut-être, que je suis en
démence? Eh bien, alors, quitte la place à ma
frénésie et fous-moi le camp plus vite que ça.
Interloqué par la sommation, Eumolpus ne dis-
cute pas les motifs de mon courroux; mais,

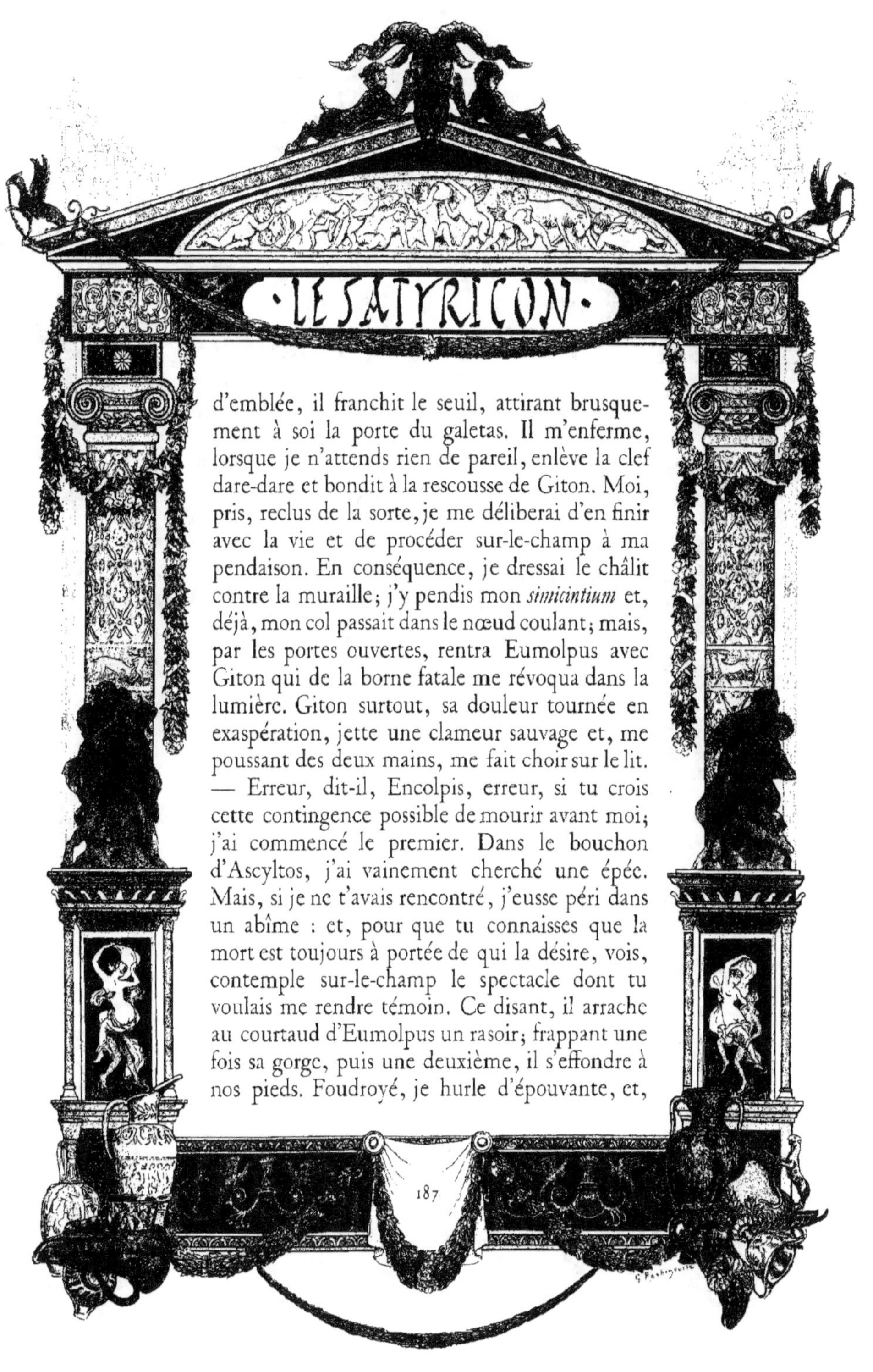

d'emblée, il franchit le seuil, attirant brusquement à soi la porte du galetas. Il m'enferme,
lorsque je n'attends rien de pareil, enlève la clef
dare-dare et bondit à la rescousse de Giton. Moi,
pris, reclus de la sorte, je me délibérai d'en finir
avec la vie et de procéder sur-le-champ à ma
pendaison. En conséquence, je dressai le châlit
contre la muraille; j'y pendis mon *simicintium* et,
déjà, mon col passait dans le nœud coulant; mais,
par les portes ouvertes, rentra Eumolpus avec
Giton qui de la borne fatale me révoqua dans la
lumière. Giton surtout, sa douleur tournée en
exaspération, jette une clameur sauvage et, me
poussant des deux mains, me fait choir sur le lit.
— Erreur, dit-il, Encolpis, erreur, si tu crois
cette contingence possible de mourir avant moi;
j'ai commencé le premier. Dans le bouchon
d'Ascyltos, j'ai vainement cherché une épée.
Mais, si je ne t'avais rencontré, j'eusse péri dans
un abîme : et, pour que tu connaisses que la
mort est toujours à portée de qui la désire, vois,
contemple sur-le-champ le spectacle dont tu
voulais me rendre témoin. Ce disant, il arrache
au courtaud d'Eumolpus un rasoir; frappant une
fois sa gorge, puis une deuxième, il s'effondre à
nos pieds. Foudroyé, je hurle d'épouvante, et,

sur le corps du blessé, je requiers de sa lame un
chemin vers la tombe. Mais ni Giton ne semblait
lésé du moindre soupçon de blessure, ni moi, je
n'éprouvais aucune espèce de douleur. Car c'était
à vrai dire une de ces *novacula* non affûtées, au
tranchant émoussé, dont se servent les apprentis
merlans pour acquérir l'audace du barbier, que
Giton avait prise dans sa gaine. C'est pourquoi
le courtaud ne témoignait aucun effroi, le voyant
saisir son outil et pourquoi Eumolpus n'avait
pas mis le moindre obstacle à la pantomime du
suicide.

Tandis que le drame se joue entre deux
amants, survient le gargotier, avec le surplus de
notre dînette. Ayant contemplé ce très immonde
ventrouillage des supins : — Dites-moi! s'écria-
t-il, êtes-vous des soûlards, ou bien des fugitifs,
ou bien autre chose? qui de vous a mis le grabat
sur deux pieds? que veut dire cette machination
très clandestine? Vous, Herculès à moi! pour
n'acquitter pas le loyer de votre cellule, vous

pensez à décamper nuitamment dans la rue. Cela n'ira point tout seul. Je saurai vous montrer que ce n'est pas ici la chaumière d'une veuve, mais bien la maison de M. Manicius. — Tu nous menaces, je crois? s'écrie Eumolpus, et, vlan! il frappe l'homme au visage d'un poing net et dru. L'aubergiste, allumé par de nombreuses popinations faites avec ses clients, envoie un *urceolus* de terre au front d'Eumolpus, lui balafre la tête et se sauve incontinent. Eumolpus, furieux de la contumélie, empoigne un candélabre de bois, s'élance au pourchas du fuyard et, par des coups largement réitérés, vendique son sourcil. Pour moi, saisissant une occasion de représailles, j'enferme au dehors Eumolpus. Payant de retour le mauvais coucheur, sans rival désormais, j'use de ma chambre et de la nuit. Cependant, les gâte-sauces et tout le personnel de la maison houspillent mon banni; l'un, avec une broche pleine de rôts stridents, lui menace les yeux; l'autre, armé d'un crochet pris au garde-manger, se carre dans une attitude guerrière. Une vieille surtout, la mite à l'œil, un torchon plein de crasse en guise de tablier, campée sur des sandales de bois dépareillées, traîne un molosse d'énorme grandeur et l'agace contre Eumolpus. Mais lui, par

la vertu de son candélabre, se défendait contre
tout danger.

Nous regardions l'altercas par une fissure de la
porte, qu'un peu avant cette gourmade, Eumolpus avait faite en arrachant le marteau : je me
délectais à le voir si bien pelaudé. Giton, nullement oublieux de sa miséricorde, opinait qu'on
desserrât la porte et qu'on vînt en aide au péri-
clitant. Moi, dont l'ire tenait encore, je ne pus
contenir ma main; d'une stricte et dure chique-
naude, je cognai la tête du mignon trop compa-
tissant. Lui, pleurant, put s'asseoir sur le cadre
du lit. Cependant, je braquais tour à tour les
yeux par l'ouverture, encourageant de grand
cœur les bourreaux d'Eumolpus et, comme
d'une friandise, me régalant de son méchef.
Tout à coup, le procurateur de l'îlot, Bargatès,
dérangé de table, fut porté au milieu de la rixe
par deux *lecticarius,* à cause qu'il avait mal aux
pieds. D'une voix rageuse et barbare, longtemps
il pérora contre les imbriaques et les vagabonds;
puis reconnaissant Eumolpus : — O des poètes
le plus disert, c'est toi, cria-t-il : et ces coquins
d'esclaves ne rentrent pas sous terre : leurs mains

ne s'abstiennent pas de te frapper! Ensuite,
approchant d'Eumolpus, il lui dit à l'oreille : —
Ma contubernale fait sa tête avec moi. Donc, si
tu m'aimes, chante-lui pouilles en vers, de telle
sorte qu'une pudeur la prenne.

Tandis qu'Eumolpus et Bargatès prolongent à
l'écart leur entretien, pénètre dans l'auberge un
crieur public, flanqué d'un esclave banal et suivi
d'un populaire non modique. Secouant une
torche plus fumeuse que lucide, il proclame
ceci :

VN EPHEBE, DANS LE BAIN, IL Y A PEV
D'INSTANTS, S'EST ÉGARÉ.
SON AGE : ENVIRON XVII ANS.
CRESPELÉ, AVENANT, D'VNE EXTREME BEAUTÉ,
NOMMÉ GITON.
SI QVELQV' VN VEVT BIEN RENDRE
LVI OV SIGNALER SA RETRAITE,
IL RECEVRA MILLE NVMMVS.

Non loin du crieur, debout, Ascyltos, dans
un habit d'étoffe bariolée, portait, sur un bassin
de vermeil les écus promis avec le signalement
du disparu. Sans perdre un instant, j'ordonne à
Giton de se couler promptement sous le grabat,

de cramponner ses pieds et ses mains aux sangles
qui, fichées dans le bois de lit, supportaient la
paillasse, comme autrefois Ulyxès avait adhéré
au ventre d'un bélier, et de s'étendre au mieux
pour esquiver les mains des enquêteurs. Giton
ne se le fait pas dire deux fois. En un clin d'œil,
il insère ses bras dans le cadre et l'emporte sur
Ulyxès par un même subterfuge. Moi, pour ne
laisser aucune prise aux soupçons, je couvre de
mes hardes la couchette et figure les vestiges
d'un seul homme à la mesure de mon corps.
Cependant, Ascyltos ayant fait sa ronde avec le
goujat du crieur et fureté dans chaque cellule,
pénétra dans la mienne. D'autant plus qu'il en
trouva la porte diligemment verrouillée, il se
flatta d'un heureux espoir. Mais l'esclave banal,
insinuant par les commissures de la porte le fer
de sa hache, eut bientôt fait d'en briser le verrou.
Alors je me ruai aux genoux d'Ascyltos et, par
le souvenir de l'amitié, par la communauté des
misères d'autrefois, je l'implorai. Que, par grâce,
il me montre mon amant! Bien plus, pour mieux
donner créance à mes feintes prières : — Je sais,
lui dis-je, Ascyltos, que tu viens pour m'occire :
en effet, pourquoi ces haches qui t'accompa-
gnent? Eh bien, rassasie ton courroux; je t'offre,

vois, ma gorge nue; épanche le sang de mes
veines, puisque, sous couleur de perquisition,
c'est lui que tu viens chercher. Ascyltos, indigné d'un tel soupçon, proteste qu'il ne demande
autre chose que son fugitif, qu'il ne convoite
pas la mort d'un homme ni d'un suppliant, encore moins d'un ami, qui, nonobstant le fâcheux
démêlé qui nous sépare, lui demeure très cher.

Mais l'esclave public ne menait pas l'affaire
avec tant de langueur. Armé d'un roseau sous-
trait à l'aubergiste, il explore avec, le dessous du
lit et sonde les moindres lézardes aux quatre
coins des murs. Giton esquivait de son mieux
les coups, exhalait un souffle très timide, cependant que les punaises trottinaient sur son visage.
«Dès qu'ils furent partis», Eumolpus, car la
porte brisée ne pouvait exclure qui que ce soit,
fait irruption dans ma chambre et s'écrie, haletant : — J'ai trouvé mille nummus! Je cours
après le héraut et lui fais connaître, juste loyer
de ta feintise, que Giton demeure en ton
pouvoir. J'embrasse les genoux d'Eumolpus.
Il tient ferme : — Ne donne pas, lui dis-je, le
coup de grâce à des mourants! A bon droit tu

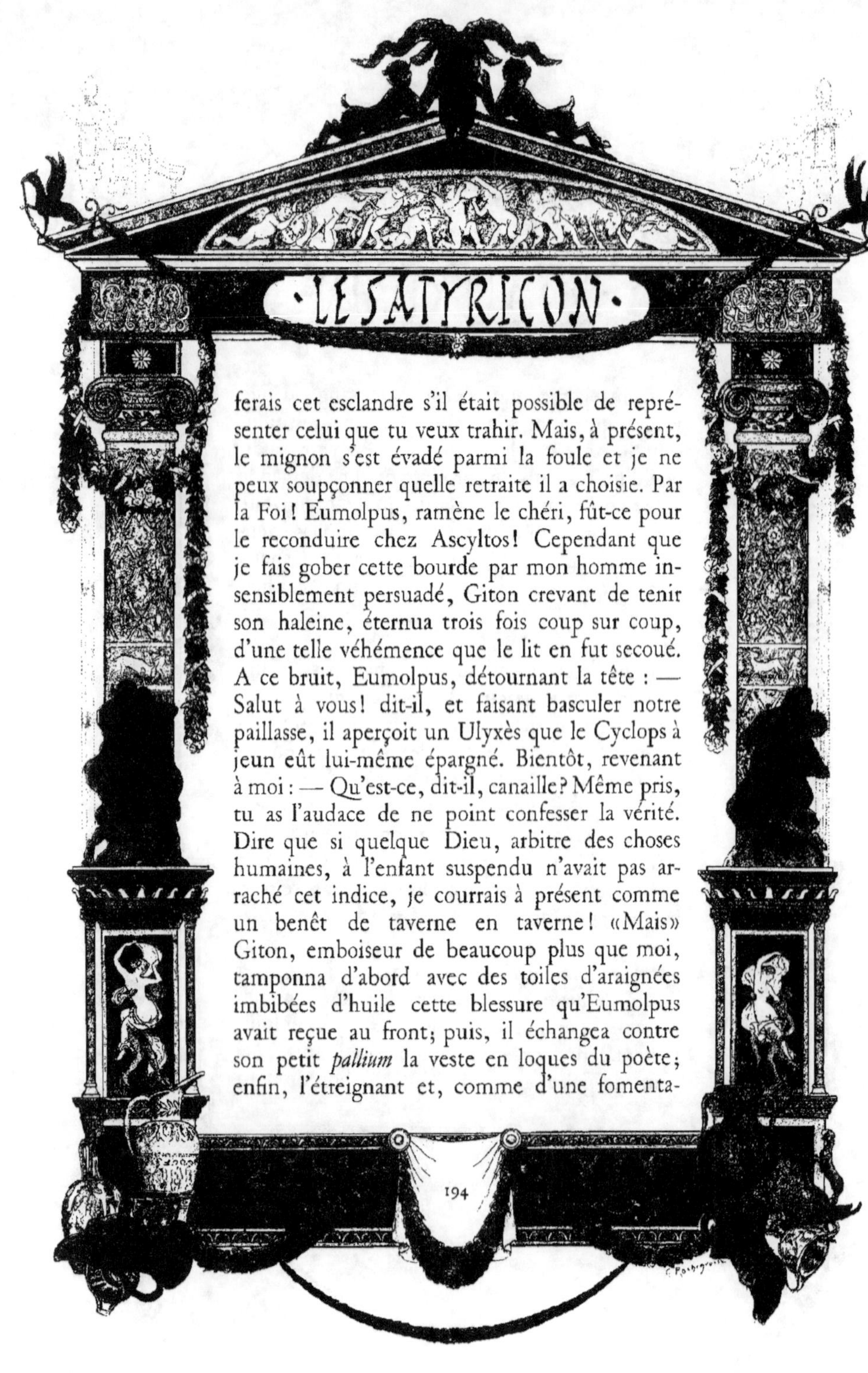

ferais cet esclandre s'il était possible de représenter celui que tu veux trahir. Mais, à présent,
le mignon s'est évadé parmi la foule et je ne
peux soupçonner quelle retraite il a choisie. Par
la Foi! Eumolpus, ramène le chéri, fût-ce pour
le reconduire chez Ascyltos! Cependant que
je fais gober cette bourde par mon homme in-
sensiblement persuadé, Giton crevant de tenir
son haleine, éternua trois fois coup sur coup,
d'une telle véhémence que le lit en fut secoué.
A ce bruit, Eumolpus, détournant la tête : —
Salut à vous! dit-il, et faisant basculer notre
paillasse, il aperçoit un Ulyxès que le Cyclops à
jeun eût lui-même épargné. Bientôt, revenant
à moi : — Qu'est-ce, dit-il, canaille? Même pris,
tu as l'audace de ne point confesser la vérité.
Dire que si quelque Dieu, arbitre des choses
humaines, à l'enfant suspendu n'avait pas arraché cet indice, je courrais à présent comme
un benêt de taverne en taverne! «Mais»
Giton, emboiseur de beaucoup plus que moi,
tamponna d'abord avec des toiles d'araignées
imbibées d'huile cette blessure qu'Eumolpus
avait reçue au front; puis, il échangea contre
son petit *pallium* la veste en loques du poète;
enfin, l'étreignant et, comme d'une fomenta-

tion, l'enveloppant de baisers : — Sous ta garde, père très cher, dit-il, nous sommes sous ta garde! Si tu aimes un peu le tien Giton, commence par vouloir le sauver. Ah! que m'engloutisse un brasier dévorateur! Que la mer hivernale me roule dans ses flots! Car c'est moi, moi l'objet de toutes les scélératesses; car leur cause, c'est moi. Que je meure et la paix sera bientôt conclue entre les ennemis. « Eumolpus ému par les désastres ou d'Encolpis ou de Giton et principalement non oublieux des blandices de Giton : — Stupides vous êtes assurément, dit-il, qui, avantagés de si beaux dons, pourriez mener une vie heureuse et qui passez vos jours dans les transes, vous torturant, chaque matin, par des complications nouvelles. »

Pour moi, toujours et partout, mes comportements furent les mêmes que si j'usais d'un soleil qui ne dût plus revenir. « C'est-à-dire que je ne prends nul souci du lendemain. S'il vous plaît imiter cet exemple, bannissez de vos esprits toute pensée inquiète. Ascyltos vous persécute ici; fuyez-le et suivez-moi dans mon prochain départ vers des sites étrangers. »

Laisse ta demeure et cherche d'autres bords.
O jouvent, un ordre meilleur naît pour toi.
Ne succombe à tes maux! Que l'Ister, aux confins du
Monde, te salue,
Et Boréas gélide, et le royaume paisible de Canopus,
Et ceux qui voient Phébus renaître, et ceux qui le
voient tomber.
Ithacus plus glorieux, descends parmi les sables in-
connus.

«Comme passager, sur un bâtiment, je pars, sans doute, la nuit prochaine. Là, je suis pleinement connu et vous trouverez un gracieux accueil. Utile et prudent j'estimai l'avis, car il me déliait des vexations d'Ascyltos et me promettait une plus douce vie. Pénétré de l'humanité d'Eumolpus, je me repentis grandement de l'injure que, naguère, je lui avais faite et commençai d'incriminer cette humeur jalouse, source de nos chagrins.» Tout en pleurs, je lui demande et le conjure qu'il rentre de même en grâce avec moi : — Maîtriser les soupçons furieux, lui dis-je, cela n'est guère au pouvoir des amants. Cependant je mettrai mes soins à ne rien dire, à ne rien faire qui puisse te désobliger de nouveau. Mais toi, bannis toute lèpre de ton cœur, étant maître des nobles arts : efface jusqu'à

la cicatrice. Dans un inculte, dans une âpre
région, longtemps les frimas adhèrent au sol :
mais dès que, domptée par le coutre, la glèbe
resplendit, au moment que tu parles, vois les
flocons perdus ainsi qu'un gel de mai. Dans nos
seins, la fureur a même consistance. Elle obsède
les esprits rudaniers, mais elle tombe, sur le
champ, des intellects érudits : — Afin que tu
saches, dit Eumolpus, combien ce que tu dis est
juste, voici! je finirai par un baiser ma colère.
En outre, et, que bien nous advienne! expédiez
au plus tôt votre petit bagage et suivez-moi
ou, si vous le préférez, conduisez-moi. Il parlait
encore : la porte crépita violemment poussée.
Debout, un matelot très hispide se tenait sur le
seuil. — Tu flânes, dit-il, Eumolpus, comme si
tu ne savais pas qu'il faut faire diligence. Nous
nous levons sans retard. Eumolpus à son courtaud qui ronflait depuis longtemps ordonne de
sortir et d'emporter nos valises. Moi, aidé par
Giton, dans un paquet je réunis tout ce qui
nous appartient et, les astres adorés, je monte
à bord du navire.

« Nous prîmes place vers la poupe dans un coin retiré. Comme le jour n'était pas encore venu, Eumolpus sommeillait. Mais il fut impossible à Giton et à moi de goûter le moindre repos. Anxieux, je pourpensais qu'Eumolpus agréé dans notre compagnie, était plus qu'Ascyltos un dangereux émule, ce qui me torturait éperdument. Enfin, la raison triompha de la douleur » : Il est fâcheux, sans doute, que l'enfant plaise à mon hôte. Mais, après tout, cela n'est-il pas un bienfait commun à tous les hommes que la Nature a créé de meilleur? Le soleil brille pour quiconque. La lune, accompagnée d'innombrables étoiles, guide vers la pâture jusqu'aux bêtes fauves. Que se peut-il nommer de plus beau que les sources? néanmoins, elles coulent en public. Seul, donc, Amour sera plutôt un larcin qu'une récompense! Quoi plus? en vérité, je ne souhaite d'autres biens que ceux que le peuple m'envie. Un concurrent unique, un homme d'âge est-il si

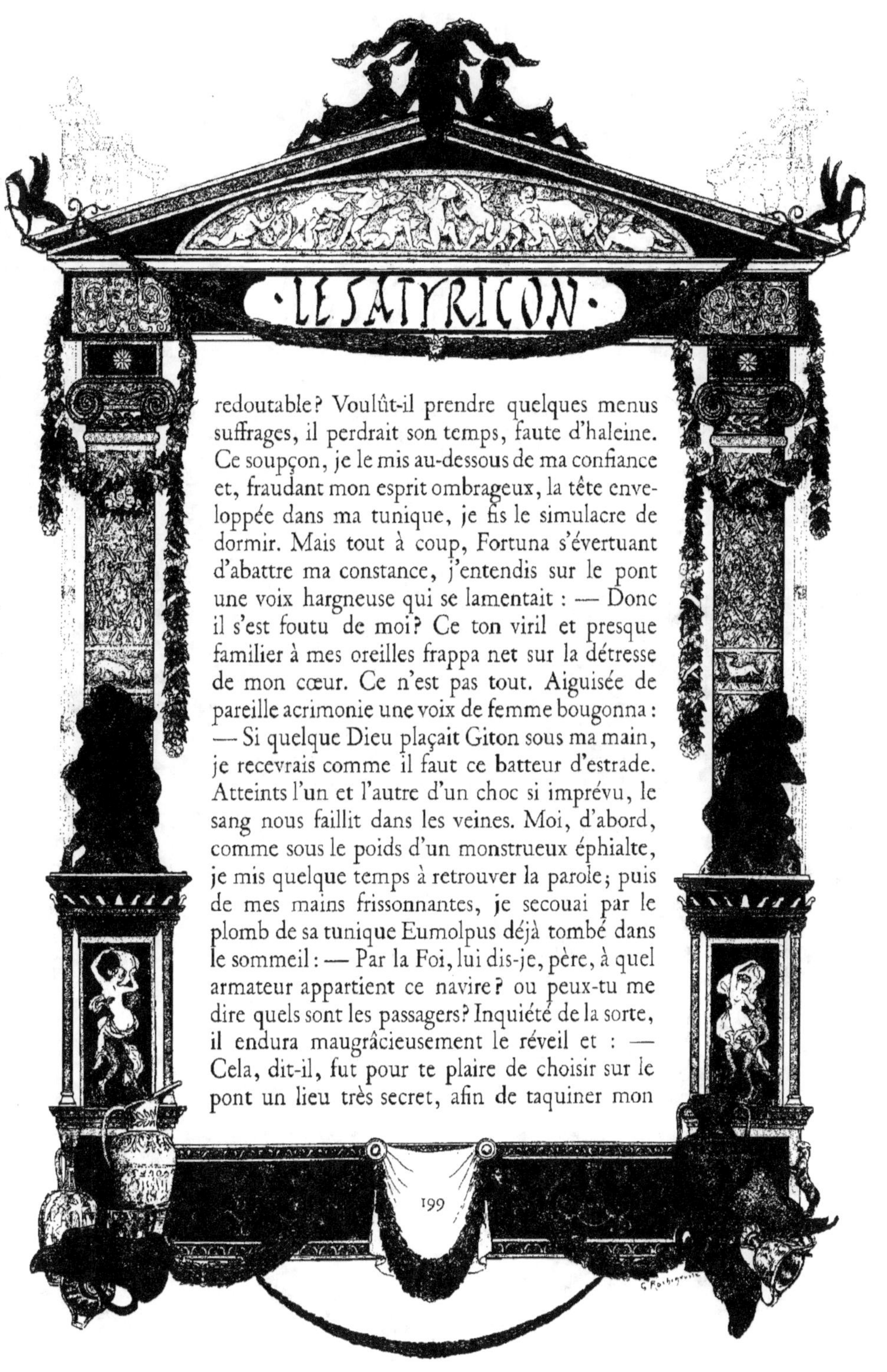

redoutable? Voulût-il prendre quelques menus
suffrages, il perdrait son temps, faute d'haleine.
Ce soupçon, je le mis au-dessous de ma confiance
et, fraudant mon esprit ombrageux, la tête enveloppée dans ma tunique, je fis le simulacre de
dormir. Mais tout à coup, Fortuna s'évertuant
d'abattre ma constance, j'entendis sur le pont
une voix hargneuse qui se lamentait : — Donc
il s'est foutu de moi? Ce ton viril et presque
familier à mes oreilles frappa net sur la détresse
de mon cœur. Ce n'est pas tout. Aiguisée de
pareille acrimonie une voix de femme bougonna :
— Si quelque Dieu plaçait Giton sous ma main,
je recevrais comme il faut ce batteur d'estrade.
Atteints l'un et l'autre d'un choc si imprévu, le
sang nous faillit dans les veines. Moi, d'abord,
comme sous le poids d'un monstrueux éphialte,
je mis quelque temps à retrouver la parole; puis
de mes mains frissonnantes, je secouai par le
plomb de sa tunique Eumolpus déjà tombé dans
le sommeil : — Par la Foi, lui dis-je, père, à quel
armateur appartient ce navire? ou peux-tu me
dire quels sont les passagers? Inquiété de la sorte,
il endura maugrâcieusement le réveil et : —
Cela, dit-il, fut pour te plaire de choisir sur le
pont un lieu très secret, afin de taquiner mon

somme. Or, en quoi peut-il être pertinent à tes affaires que je te dise que cette nef a pour patron Lycas Tarentinus qui mène à Tarentum une aventurière du nom de Tryphœna?

Je tremblai, atterré de cette foudre et, tendant ma gorge nue : — A présent, dis-je, Fortuna, ta victoire est complète! Car Giton, pâmé sur ma poitrine, avait perdu le souffle. Enfin, quand une sueur abondante eut révoqué nos esprits, j'embrassai les genoux d'Eumolpus : — Pitié, lui dis-je, pitié pour deux mourants! par notre communauté de désir, viens, oh! viens-nous en aide! La mort approche; n'y mets pas d'obstacles et nous la tiendrons pour un bienfait. Suffoqué de mon abominable soupçon, Eumolpus jure par les Dieux et les Déesses qu'il ne sait rien du mal qui nous échoit, qu'il n'a compliqué sa motion d'aucune ruse perfide, mais que, d'esprit ingénu et de foi véritable, il nous a introduits en bons camarades sur la nef où, depuis longtemps, son passage était retenu : — Quelles sont, demanda-t-il, ces embûches? Ou quel Hannibal accompagne la traversée? Lycas Tarentinus, homme très vérécundieux,

est non seulement le patron de ce navire qu'il
gouverne, mais il possède quelques biens-fonds.
Ayant embarqué une troupe d'esclaves, pour se
défaire de sa cargaison, il la conduit au marché.
Voilà donc le Cyclops et l'archipirate auquel
nous devons notre passage ! Avec lui est Tryphœna, de toutes les femmes la plus ragoûtante
que, pour ses voluptés, il promène çà et là. —
Ce sont eux, dit mon amant, que nous fuyons.
Et, tout d'un trait, il expose les motifs de haine
et le péril urgent à Eumolpus épouvanté. Interdit et ne sachant que résoudre, il ordonne à
chacun de donner son avis : — Supposez, dit-il,
que nous soyons dans la grotte du Cyclops. Il
nous faut trouver une issue à moins que nous
n'ayons pour agréable de sombrer dans la mer,
ce qui nous délivrerait de tout péril. — Il vaudrait mieux, reprit Giton, convaincre le pilote
de nous débarquer au premier port venu; tu
affirmeras que ton frère, impatient de la mer, en
est à ses derniers moments. Tu pourras obom-
brer ta simulation et de larmes, et d'un air de
visage consterné, de telle sorte que le timonier
pressé de miséricorde te soit indulgent. — Impossible, dit Eumolpus : car les vaisseaux d'un
tonnage aussi important que celui-ci n'entrent

dans les ports qu'après de longues manœuvres;
en outre, que ton frère, dans si peu de temps,
fût réduit à cette extrémité, ne serait pas croyable.
Ajoute encore ceci : Lycas, peut-être et pour
lui faire service, aura la pensée de visiter le moribond. Vois de quelle survenue opportune serait
le maître que nous fuyons. Mais suppose que le
navire puisse être détourné de sa grande course.
Lycas ne vaque point à l'inspection du lit de ses
malades, soit; mais comment pourrons-nous
quitter le pont sans être vus de tous? La tête
nue? Ou bien encapuchonnée? Couverts, il ne
se trouvera point un seul passager qui ne veuille
donner la main au languissant. Tête nue? serait-
ce autre chose que nous proscrire de bon hait?

— Bien plutôt, dis-je à mon tour, demandons
un refuge à la témérité. Descendons par le
funin, sautons dans le canot et, rompant son
amarre, commettons le surplus à Fortuna. Et
moi, dans ce péril, je ne t'invite point, Eumolpus, à nous suivre; il ne sied pas d'embarquer
un innocent dans l'aventure d'autrui : je me
déclare satisfait pour peu que le hasard favorise
notre descente. — Non imprudent le conseil,

reprit Eumolpus, s'il était praticable. Mais vos démarches passeront-elles inaperçues de tous? Inaperçues du timonier qui, de son banc de quart, est toujours en éveil, observe nuitamment la course des étoiles? Et quand bien même, à la faveur d'un instant de sommeil, on pourrait se dérober à lui, c'est par l'avant qu'il faudrait essayer l'évasion. Or, il vous faut descendre par la poupe et le gouvernail même, puisque c'est là qu'est attachée l'amarre de l'esquif. Je m'étonne d'ailleurs, Encolpis, que la pensée ne te soit pas venue qu'un matelot, à poste fixe, garde nuit et jour la chaloupe, et que tu ne pourras te défaire de ce gardien, à moins de le supprimer d'un coup de couteau ou bien de le jeter par force dans la mer. Cela peut-il se faire? consultez votre audace. Quant à ma coïtion dans votre tentative, je ne récuse nul péril qui montre un espoir de salut, car je ne suppose en aucune manière que vous ayez le goût de dépenser inutilement votre souffle, comme une chose précaire. L'expédient que voici est-il mieux pour vous duire? Moi, je vais vous rouler dans deux porte-manteaux; attachés aux vêtements par des courroies, vous serez censés faire partie de mon bagage. Quelques hiatus vous permettront de recevoir l'air

et la nourriture. Ensuite, je clamerai bien haut
que mes deux esclaves, craignant un châtiment
plus grave, se sont, de nuit, jetés à la mer; puis,
dès que le vent nous aura conduits au port,
sans nulle suspicion, je vous débarquerai avec
les autres paquets. — A merveille, répondis-je,
vous nous emballerez comme des corps solides,
à quoi le ventre n'est pas accoutumé de faire
injure ou comme ceux qui n'ont besoin d'éter-
nuer ni de ronfler; est-ce à cause que ce genre
de fraude m'a tellement bien réussi la première
fois? Mais je vous accorde que nous puissions
durer un seul jour emmaillotés ainsi, qu'advien-
dra-t-il? Si plus longtemps le calme se prolonge
ou la tempête adverse, que ferons-nous alors?
Trop longtemps empaquetées, les nippes s'usent
à tous leurs plis; les chartes en ballots perdent
leur figure première. Et nous, jeunes, ignorants
du labeur, à la manière des statues, nous pour-
rions endurer la corde et les toiles d'emballage!
Non, non! il faut chercher encore une voie de
salut. Examinez à votre tour ce que j'ai conçu.
Eumolpus, étant curieux de lettres, possède
manifestement une provision d'encre. Muons
notre couleur avec ce topique; atramentons-nous,
des ongles aux cheveux. Ainsi, comme des es-

claves Ætiopès nous ferons figure près de toi,
hilares d'éviter l'affront et les géhennes, si bien
que, grâce au changement de teint, nous en
imposerons à nos ennemis. — Malin, va! dit
Giton. Il faut pareillement nous circoncire de
telle sorte que nous ayons l'air de Judæi, nous
trouer les oreilles en imitation des Arabès et
nous passer la margoulette au blanc de craie,
afin que les Galliæ nous regardent comme leurs
naturels. Comme si la pigmentation de la peau
à elle seule modifiait le type du visage! comme
s'il ne fallait pas le concours de nombreuses
choses pour maintenir l'imposture avec une
ombre de raison! Mais je veux que ton infâme
drogue dure longtemps sur notre face. Admet-
tons que nulle aspersion d'eau ne vienne faire
tache sur quelque partie de notre corps; admet-
tons que l'encre n'adhère pas à nos effets, ce qui
arrive communément, lors même qu'elle n'est
pas agglutinée avec de la colle. Et puis, après?
comment tuméfier nos lèvres en bourrelets
effrayants, calamistrer nos cheveux à l'instar des
nègres? Comment labourer nos fronts de ta-
touages, tordre nos jambes en cerceaux, poser
les talons à terre et présenter des barbes à la
mode pérégrine? Cette couleur fabriquée par

l'art coïnquine le corps, ne le change point.
Écoutez ce qui vient à l'esprit du désespéré.
Nouons un vêtement autour de nos chefs. En-
suite, immergeons-nous dans la profonde mer.

— Que les Dieux ni les hommes ne souffrent
pareille chose, exclama Eumolpus, et que vous
donniez à vos jours une fin si turpide! Faites
plutôt ce que je vous ordonne. Mon courtaud
à gages est barbier; vous le savez par le geste
du rasoir. Qu'il vous rase sur-le-champ à tous
deux non seulement la chevelure, mais encore
les sourcils. J'arriverai par là-dessus, notant vos
fronts d'une marque ingénieuse, de telle sorte
que vous paraissiez avoir été condamnés aux
stigmates. Ainsi, les mêmes lettres serviront à
décliner les soupçons de qui vous cherche et,
dans l'ombre du supplice, à dérober vos traits.
«Cela nous agréa.» Sans autrement la fallace
ajourner, vers les plats-bords, à pas de loup,
nous nous acheminons, et de livrer au tondeur
nos chefs, nos sourcils, afin qu'il les dénude. Un

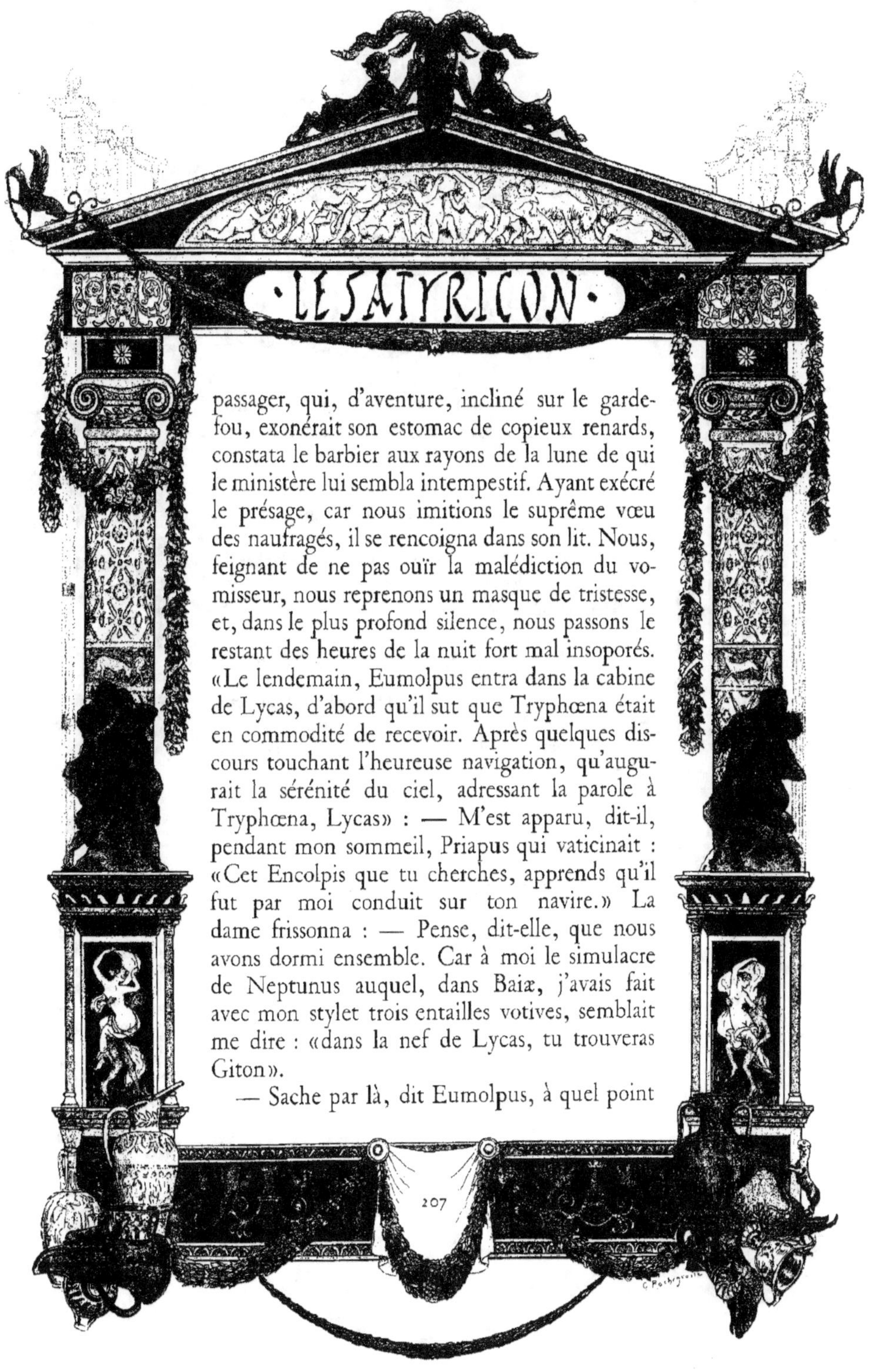

passager, qui, d'aventure, incliné sur le garde-
fou, exonérait son estomac de copieux renards,
constata le barbier aux rayons de la lune de qui
le ministère lui sembla intempestif. Ayant exécré
le présage, car nous imitions le suprême vœu
des naufragés, il se rencoigna dans son lit. Nous,
feignant de ne pas ouïr la malédiction du vo-
misseur, nous reprenons un masque de tristesse,
et, dans le plus profond silence, nous passons le
restant des heures de la nuit fort mal insoporés.
«Le lendemain, Eumolpus entra dans la cabine
de Lycas, d'abord qu'il sut que Tryphœna était
en commodité de recevoir. Après quelques discours touchant l'heureuse navigation, qu'augu-
rait la sérénité du ciel, adressant la parole à
Tryphœna, Lycas» : — M'est apparu, dit-il,
pendant mon sommeil, Priapus qui vaticinait :
«Cet Encolpis que tu cherches, apprends qu'il
fut par moi conduit sur ton navire.» La
dame frissonna : — Pense, dit-elle, que nous
avons dormi ensemble. Car à moi le simulacre
de Neptunus auquel, dans Baiæ, j'avais fait
avec mon stylet trois entailles votives, semblait
me dire : «dans la nef de Lycas, tu trouveras
Giton».

— Sache par là, dit Eumolpus, à quel point

Epicurus est un homme divin qui condamne ces sortes de phantasmes, avec une raison très élégante :

Les rêves qui bercent nos esprits de leurs ombres volages,
Non, les parvis des Dieux, non, les forces de l'éther n'en délèguent point les apparences,
Mais chacun les fait naître en soi. Car, prostrés par le sommeil,
Quand le repos étend nos membres, la pensée exempte de tout poids, vagabonde.
Ce qui fut au soleil revit dans les ténèbres. Qui détruit les places fortes
Par la guerre et déchaîne l'incendie à travers les cités misérables
Voit des traits, des armées en déroute et de royales funérailles,
Et le sang, épanché comme une onde vulgaire, inonder les moissons.
Qui fait métier de plaider les affaires, évoque les lois, le forum
Et, d'un cœur pavide, le tribunal fermé.
L'avare amoncelle des richesses et déterre l'or enfoui.
Le chasseur quête dans les bois avec ses chiens. Il arrache aux ondes
Ou bien presse la carène submergée, le nautonier qui se sent mourir.
Elle écrit à son client, la pute. L'adultère offre un cadeau

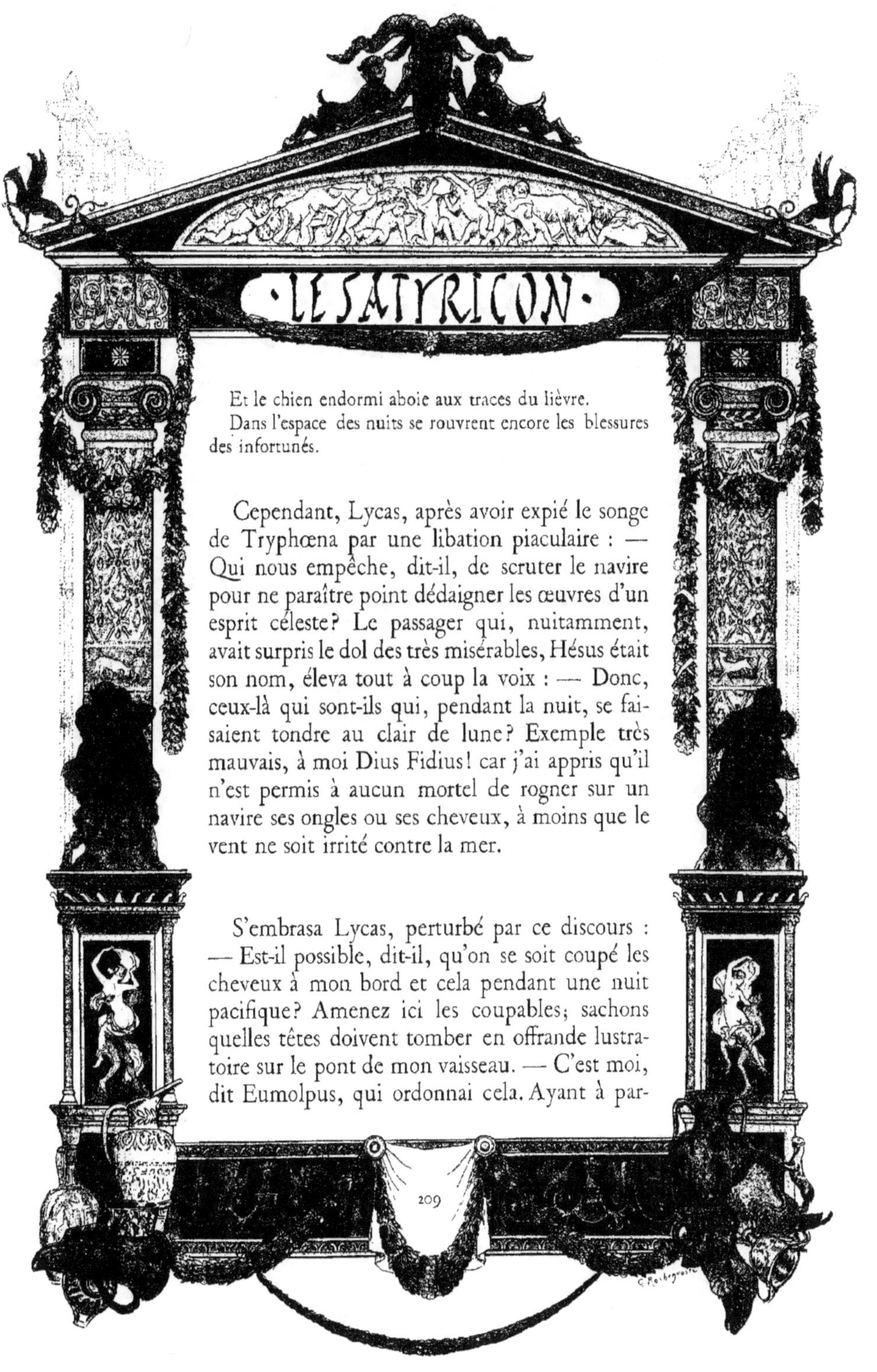

Et le chien endormi aboie aux traces du lièvre.
Dans l'espace des nuits se rouvrent encore les blessures
des infortunés.

Cependant, Lycas, après avoir expié le songe
de Tryphœna par une libation piaculaire : —
Qui nous empêche, dit-il, de scruter le navire
pour ne paraître point dédaigner les œuvres d'un
esprit céleste? Le passager qui, nuitamment,
avait surpris le dol des très misérables, Hésus était
son nom, éleva tout à coup la voix : — Donc,
ceux-là qui sont-ils qui, pendant la nuit, se faisaient tondre au clair de lune? Exemple très
mauvais, à moi Dius Fidius! car j'ai appris qu'il
n'est permis à aucun mortel de rogner sur un
navire ses ongles ou ses cheveux, à moins que le
vent ne soit irrité contre la mer.

S'embrasa Lycas, perturbé par ce discours :
— Est-il possible, dit-il, qu'on se soit coupé les
cheveux à mon bord et cela pendant une nuit
pacifique? Amenez ici les coupables; sachons
quelles têtes doivent tomber en offrande lustra-
toire sur le pont de mon vaisseau. — C'est moi,
dit Eumolpus, qui ordonnai cela. Ayant à par-

tager leur traversée, j'ai fait mien le présage.
Parce que ces gredins avaient une crinière épouvantable et démesurée, pour ne sembler point
faire un ergastule de ton navire, j'ai prescrit à
mon barbier d'émonder leurs broussailles. En
outre, je veux que les stigmates imprimés sur
leur front, n'étant plus adombrés au moyen
d'une longue chevelure, apparaissent entièrement au regard des lecteurs. Entre autres gentil-
lesses, ils dévoraient ma pécune chez une gour-
gandine qu'ils besognent en commun, d'où j'ai
pu les extraire dans la nuit d'avant-hier, tout
imbibés encore d'essence et de vin. En outre, ils
flairent plus que jamais les reliques de mon patrimoine.

Sur ce, en expiation à la Tutelle du navire,
nous sommes, l'un et l'autre, condamnés à quarante coups de garcette. L'exécution ne se fit pas
attendre. Tombent sur nous des matelots furibonds armés de cordes qui, par un sang très vif,
s'efforcent d'apaiser le courroux de leur Tutelle.
Moi, en vérité, les trois premières sanglades, je
les digérai avec le magnanime d'un Spartacus.
Quant à Giton, dès la prime volée, il poussa un
cri si aigu qu'il remplit les oreilles de Tryphœna
par une voix très familière.

Elle n'en fut pas seule troublée. Mais toutes les servantes, à l'appel d'un accent bien connu, volèrent au secours du pauvre bâtonné. Déjà la beauté surprenante de Giton avait désarmé les hommes d'équipage et sa prière muette implorait ses bourreaux, quand les servantes de crier toutes à la fois : — Giton ! c'est Giton ! inhibez vos mains très cruelles ! C'est Giton ! Maîtresse ! Venez à son secours ! Tryphœna prête l'oreille, Tryphœna, déjà portée à les croire spontanément, s'élance comme un tourbillon vers le chéri. Lycas qui, lui, m'avait parfaitement connu, tout comme s'il entendait ma voix, accourt de même. Il ne considère mes mains ni mon visage, mais, sur-le-champ, il tourne ses regards vers mes génitoires, les soupèse d'une main officieuse et : — Salut, dit-il, Encolpis ! Etonnez-vous après cela, qu'au bout de vingt ans, la nourrice d'Ulyxès ait trouvé une marque signalétique de son identité ! puisque cet homme prudent, malgré l'altération de mon visage et le travesti du corps entier, au moyen d'un argument unique arriva de si docte manière à reconnaître son fugitif. Tryphœna versa des larmes, trompée quant aux supplices : elle croyait véritables, en effet, les stigmates apposés à nos fronts captifs ; puis,

s'enquérant à voix basse : — Quel ergastule a
intercepté vos courses vagabondes? Quelles mains
implacables se sont acharnées à vous défigurer de
la sorte? Ils méritaient, sans doute, quelques
châtiments, ces fuyards qui recevaient d'un cœur
plein de haine mes bontés!

Écumant de fureur, Lycas tressauta : — O toi,
dit-il, femme simple! de croire à ces empreintes
qui gravées par le fer en auraient bu l'estampage!
Ah! si les gueux avaient maculé de cette inscription leurs bajoues, nous en aurions un adoucis-
sement extrême. A présent, nous sommes par
des arts mimiques circonvenus et tournés en dérision par une marque imaginaire. Tryphœna
voulait compatir, n'ayant pas perdu son délice
tout à fait; mais Lycas avait sur le cœur sa femme
subornée et le ressentiment le plus vif de l'avanie
endurée au portique d'Herculès. La face empourprée d'une extrême véhémence : — Je suis
plus que jamais persuadé, proclame-t-il, que
les Dieux prennent cure des affaires humaines.
Tu le comprends, ô Tryphœna, ce sont eux qui
amenèrent ces malfaiteurs éhontés dans notre
vaisseau et qui, par un double songe, nous

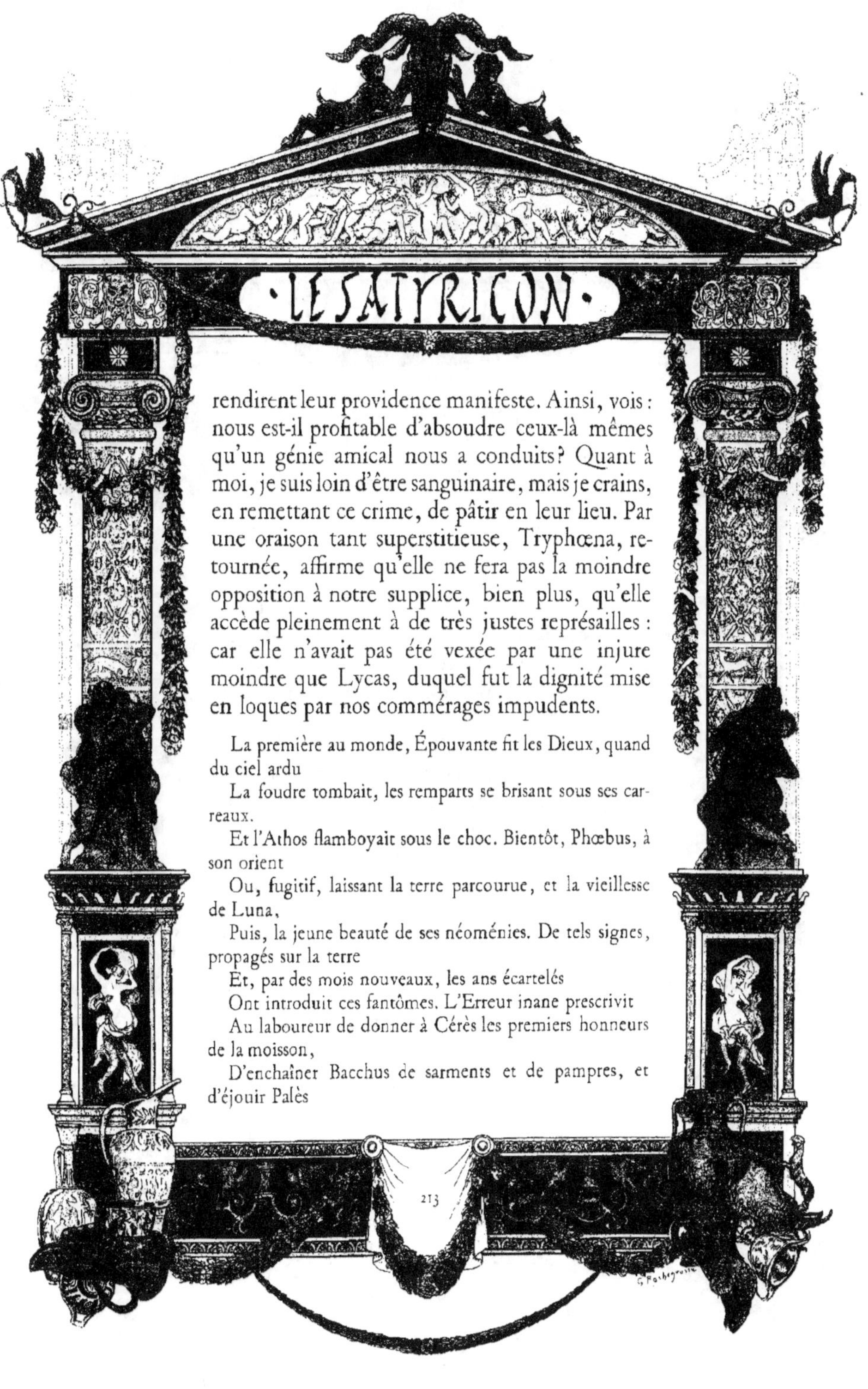

rendirent leur providence manifeste. Ainsi, vois :
nous est-il profitable d'absoudre ceux-là mêmes
qu'un génie amical nous a conduits? Quant à
moi, je suis loin d'être sanguinaire, mais je crains,
en remettant ce crime, de pâtir en leur lieu. Par
une oraison tant superstitieuse, Tryphœna, re-
tournée, affirme qu'elle ne fera pas la moindre
opposition à notre supplice, bien plus, qu'elle
accède pleinement à de très justes représailles :
car elle n'avait pas été vexée par une injure
moindre que Lycas, duquel fut la dignité mise
en loques par nos commérages impudents.

La première au monde, Épouvante fit les Dieux, quand
du ciel ardu
La foudre tombait, les remparts se brisant sous ses car-
reaux.
Et l'Athos flamboyait sous le choc. Bientôt, Phœbus, à
son orient
Ou, fugitif, laissant la terre parcourue, et la vieillesse
de Luna,
Puis, la jeune beauté de ses néoménies. De tels signes,
propagés sur la terre
Et, par des mois nouveaux, les ans écartelés
Ont introduit ces fantômes. L'Erreur inane prescrivit
Au laboureur de donner à Cérès les premiers honneurs
de la moisson,
D'enchaîner Bacchus de sarments et de pampres, et
d'éjouir Palès

Au travail des pasteurs. Il flotte enseveli,
Neptunus, immergé sous les vagues profondes et Pallas revendique
Maints lampadaires. Qui s'oblige par un vœu, qui fonde une cité,
Chacun à sa manière, dans un avide effort se prépare des Dieux.

« Lycas, voyant Tryphœna unanime et pré-disposée à la vengeance, ordonna d'ajouter des supplices nouveaux, ce qu'ayant Eumolpus entendu, il s'efforça de l'amadouer par ces paroles » :

— « Les infortunés dont tu poursuis la mort pour satisfaire ta rancune, ô Lycas, et qui implorent ta miséricorde, ce sont des suppliants. » Comme ils savaient que je ne suis pas un homme inconnu de toi, ils m'ont élu pour cet office et donné mandat pour les réconcilier avec ceux qui, jadis, leur furent très amis. Tu crois peut-être que ces jeunes hommes sont, par hasard, tombés dans tes filets. Quelle apparence ! puisque le premier soin de celui qui s'embarque est de connaître le nom du capitaine dont la diligence répondra de sa vie. Fléchis donc tes esprits lénifiés par cette démarche satisfactoire, et trouve bon que des

hommes libres arrivent sans injure à leur destination. Les maîtres, durs aussi, les maîtres implacables font trève à leur cruauté si, parfois, les
échappés viennent spontanément à résipiscence :
un ennemi qui se rend doit être pardonné. Que
voulez-vous de plus? Qu'exigez-vous encore? Là,
sous vos regards, se prosternent en suppliants
deux jeunes hommes, citoyens romains, bien
apparentés, et, chose l'emportant de beaucoup
sur ces deux titres, qui naguère vous furent unis
par la familiarité. Si, Herculès à moi! ils eussent
interverti votre pécune, s'ils eussent lésé votre
foi par une trahison, vous pourriez être soûls de
représailles en face du désarroi où vous les voyez.
L'esclavage, regardez! il se lit sur leurs fronts.
Car, par une loi volontaire, ces fronts de citoyens
portent le sceau des proscrits. Lycas interrompit la déprécation du suppliant et : — Ne
veuille pas, dit-il, embrouiller cette cause, mais
réduis chaque point à son mode réel. Et d'abord,
s'ils sont venus de leur plein gré, pourquoi ont-
ils dénudé leurs crânes de cheveux? Qui maquille
sa tête prépare une fraude et non une satisfaction.
En second lieu, si rentrer en grâce par délégation
était leur but, à quoi bon tant de peine pour
celer tes protégés. De quoi il appert que les mal-

faiteurs sont, par accident, venus se prendre au
piège et que tu fais appel à ton art pour éluder
le choc de notre animadversion. Quant à la menace implicite que tu fais peser sur nous en les
proclamant ingénus et de bon lieu, prends garde
que cette confiance ne détériore ton argumen-
tation. Comment doivent agir ceux qui furent
lésés, quand les coupables donnent tête bêche
dans la peine qu'ils méritent? Mais, dis-tu, ils
furent nos amis! C'est par cela même qu'ils
méritent des rigueurs exemplaires. Qui déprède
un inconnu est traité de larron. Qui dépouille un
ami n'est pas beaucoup moins qu'un parricide.
Eumolpus rétorqua cette déclamation tant ini-
que : — Je le vois, dit-il; rien ne fait plus de
tort à ces malheureux jouvenceaux que d'avoir
déposé nuitamment leurs cheveux. De là vous
argumentez pour conclure qu'ils sont tombés par
hasard et non venus sur cette nef. Je voudrais
que ceci arrivât aussi candidement à vos oreilles
que le geste fut simplement exécuté. Ils voulaient,
en effet, Lycas, premier que de monter à ton
bord, exonérer leur chef d'un poids incommode
et superflu. Mais le vent trop rapide les induisit
à différer leur propos de nettoyage. Et, de vrai,
ils n'ont pas supposé une minute que l'endroit ne

fût pertinent à la chose du moment qu'il leur
plaisait s'en acquitter. Car ils ignoraient les présages et les ordonnances des navigateurs. — Mais
en quoi, dit Lycas, peut-il être avantageux à des
suppliants de se raser la tête? Les chauves sont-
ils communément plus dignes de pitié? Que
dis-tu, toi, larron? Quelle salamandre a corrodé
tes sourcils? Pour quel Dieu as-tu dévoué tes
crins? Empoisonneur, réponds!

Je demeurais stupide, effaré par la crainte
du supplice, et, dans une déconfiture si manifeste, ne trouvant quoi que ce soit à répliquer.
Bouleversé, difforme à cause de ma tête honteu-
sement spoliée, les sourcils chauves autant que
le front, je ne pouvais rien dire ni faire de décent.
Mais, sitôt qu'une éponge détersive eût imbibé
d'eau ma face en pleurs, sitôt que le noir, liquéfié
sur mes traits, en eût estompé chaque linéament
sous un brouillard fuligineux, ma colère se con-
vertit, gonflée en exécration. Eumolpus atteste
qu'il ne souffrira pas que personne, au mépris
des cultes et des lois, attente à des hommes
libres. Il repousse les menaces de nos tourmenteurs, non seulement de la voix, mais encore

du geste. Le courtaud d'Eumolpus secondait
notre défenseur. Avec lui, deux passagers très
débiles, plutôt consolateurs de la querelle que
ferme appui dans le combat. Moi, je ne suppliais
qui que ce fût, mais, intentant la main sous les
yeux de Tryphœna, d'une voix libre et claire,
j'attestai que — si cette garce damnée qui seule
méritait d'être fessée devant tout l'équipage —
ne s'abstenait point de Giton, contre elle je ferais
usage de toutes mes forces. Plus irrité, Lycas
s'enflamme à mon audace, indigné que, laissant
là ma propre cause, je beugle sur ce ton pour la
cause d'autrui. Pas moins ne sévit Tryphœna,
embrasée de ma contumélie, et bientôt, l'effec-
tif tout entier du navire se partage en deux
camps. D'un côté, le perruquier à gages, armé
lui-même, nous distribue les ferrailles de son
état. De l'autre, le domestique de Tryphœna se
dispose à jouer des mains nues. Et la clameur
des servantes ne manque pas aux belligérants.
Le timonier seul déclare qu'il renonce à la conduite du navire, si l'on n'apaise cet accès provoqué
par des salauds qu'a rendus fous le putanat. Et
néanmoins s'exaspère la bile noire des jouteurs,
eux, combattant pour leur vengeance et nous,
pour notre peau. Plusieurs donc, de part et

d'autre, se laissent choir, à demi morts; plusieurs, ensanglantés de leur blessure, comme d'une bataille s'en vont, traînant le pied. Cependant le courroux des uns et des autres ne se relâche point. Giton, alors, très magnanime, porte sur son pénis le rasoir détesté, menaçant de trancher la racine du désordre. Mais Tryphœna s'empresse d'inhiber un pareil sacrilège et, pour le trésor en péril, ne dissimule pas son indulgence. Moi-même, je porte souvent à ma gorge le couteau du barbier, n'ayant pas plus envie de me tuer que Giton d'accomplir sa menace. Il mimait cependant, avec plus de toupet, le rôle de sa tragédie, à cause qu'il savait tenir la même *novacula* dont il avait feint de se couper le cou. Or, les deux partis se tenaient en présence et, le combat menaçant de devenir plus sérieux qu'une escarmouche de pirates, le timonier obtint à grand'peine que Tryphœna, faisant l'office de *caduceator,* proposât une suspension d'armes. La foi donnée et reçue, à la manière des aïeux, elle tendit sur nous un rameau d'olivier emprunté à la Tutelle du navire, puis, osant pour la paix entamer le colloque :

— O fureur, clame-t-elle, qui transmue en armes la paix ! Quel châtiment nos mains ont-elles mérité? Ce n'est pas l'ennemi Troïus

Qui ravit dans cette flotte le gage d'Atrida déçu,
Ni Médéa furieuse qui combat avec le sang fraternel,
Mais l'amour dédaigné qui saisit le glaive. Heu !
Parmi ces flots, qui évoque mes destins, ayant pris les armes ?
Pour qui donc une seule mort n'est-elle point un salaire ? Ne surpassez pas la Mer.
A ces gouffres terribles n'imposez pas d'autres flots (de sang) !

Cette harangue débitée par la femelle, sur un mode haletant, l'armée hésita quelque peu, et nos mains tendues vers la concorde suspendirent les hostilités. Occasion de répit dont le chef Eumolpus fit bon usage. Après avoir de la façon la plus véhémente rabroué Lycas, il signa des tablettes d'alliance pour un pacte dont voici la teneur :

— D'après la sentence de ton cœur, Tryphœna, tu ne récrimineras plus sur l'avanie à toi faite par Giton. Et, si tu as contre lui quelque sujet de plainte avant ce jour, tu promets de ne le harauder, le maudire ni l'inquiéter d'une manière quelconque à ce propos. En outre, si l'enfant y répugne, tu n'exigeras de lui ni étreinte, ni baiser, ni coït enlacé par Vénus ; faute de quoi,

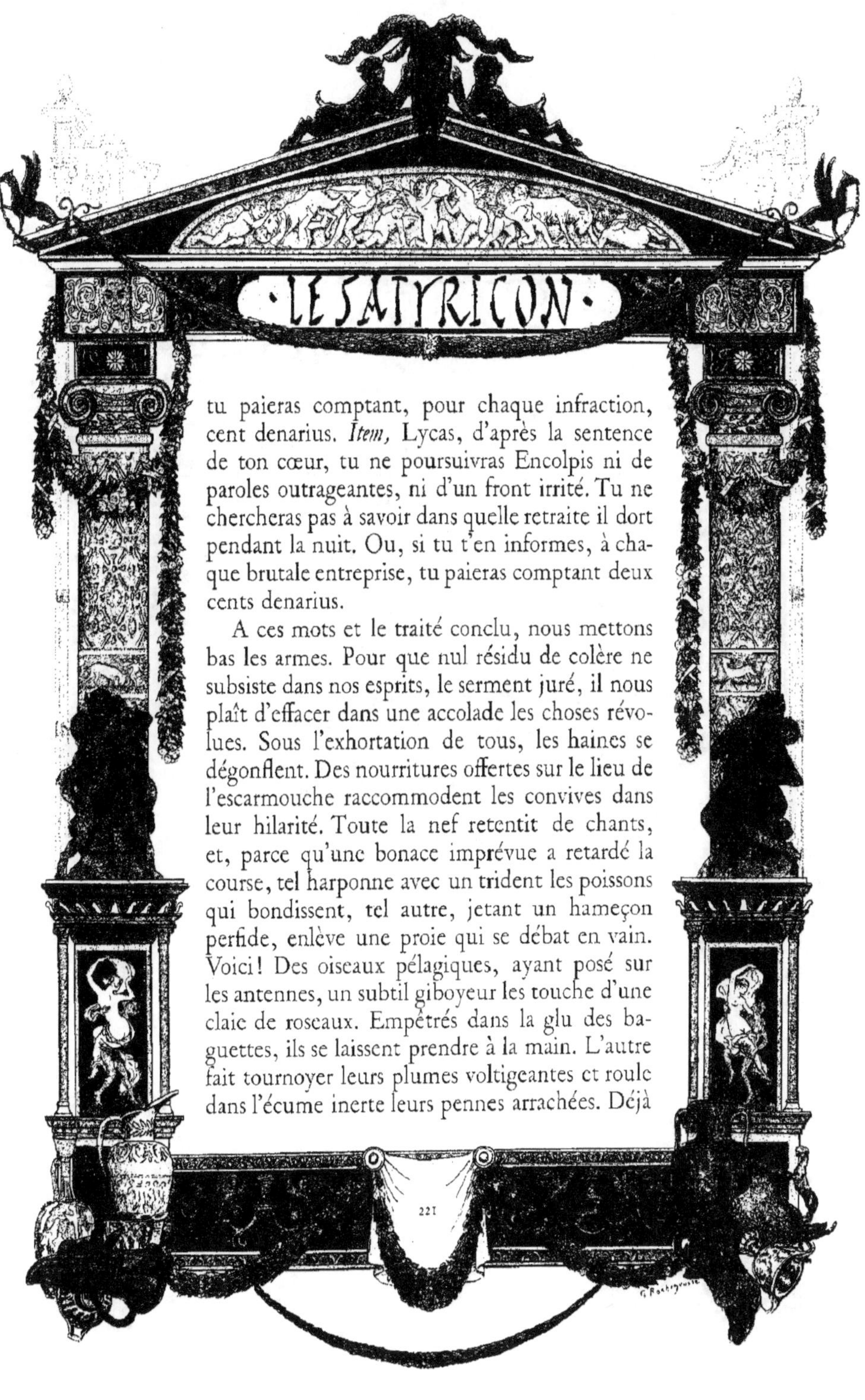

tu paieras comptant, pour chaque infraction,
cent denarius. *Item,* Lycas, d'après la sentence
de ton cœur, tu ne poursuivras Encolpis ni de
paroles outrageantes, ni d'un front irrité. Tu ne
chercheras pas à savoir dans quelle retraite il dort
pendant la nuit. Ou, si tu t'en informes, à chaque brutale entreprise, tu paieras comptant deux
cents denarius.

A ces mots et le traité conclu, nous mettons
bas les armes. Pour que nul résidu de colère ne
subsiste dans nos esprits, le serment juré, il nous
plaît d'effacer dans une accolade les choses révo-
lues. Sous l'exhortation de tous, les haines se
dégonflent. Des nourritures offertes sur le lieu de
l'escarmouche raccommodent les convives dans
leur hilarité. Toute la nef retentit de chants,
et, parce qu'une bonace imprévue a retardé la
course, tel harponne avec un trident les poissons
qui bondissent, tel autre, jetant un hameçon
perfide, enlève une proie qui se débat en vain.
Voici! Des oiseaux pélagiques, ayant posé sur
les antennes, un subtil giboyeur les touche d'une
claie de roseaux. Empêtrés dans la glu des ba-
guettes, ils se laissent prendre à la main. L'autre
fait tournoyer leurs plumes voltigeantes et roule
dans l'écume inerte leurs pennes arrachées. Déjà

Lycas, avec moi commençait à rentrer en grâce;
déjà Tryphœna sur Giton éparpillait les dernières
gouttes de son breuvage, quand Eumolpus, en
pointe de vin, se mit à pousser des calembredaines sur les chauves et les teigneux, jusqu'au
temps qu'ayant épuisé son très insipide badinage, il reprit la pente de ses vers et nous débita
une petite élégie emperruquée :

Cet unique honneur de la forme, tes cheveux sont
tombés!
Ces boucles printanières, un triste hiver les moissonna!
Dénudées à présent de leur ombre, tes tempes se flé-
trissent,
L'aire aduste rit de voir ses chaumes emportés.
O fallacieuse nature des Dieux! les premières joies
données
A notre âge, les premières, vous les ravissez!
Malheureux! naguère, tes crins resplendissaient,
Plus beau que Phœbus et que la sœur de Phœbus!
Plus lisse, à présent, que le bronze, plus arrondi
Qu'un champignon, créé dans le jardin par une flaque
d'eau,
Tu crains et tu fuis les garces moqueuses.
Pour que tu saches l'imminence du trépas,
Entends qu'une part de ta tête a déjà péri.

Il eût continué longtemps et proféré de plus
ineptes choses encore. Mais une servante de Try-

phœna, dans la cabine de l'entre-pont, emmena l'éphèbe, et d'un corymbe de sa maîtresse lui adorna le front. Bien plus, elle prend, dans une pyxide, une paire de faux sourcils et les ajoute aux arcades rasées, d'une manière tellement adextre qu'elle rend au mignon sa première vénusté. Tryphœna reconnaît le vrai Giton. Alors, toute gonflée de larmes, elle donne à l'enfant le premier baiser de bonne foi. Moi, combien que restauré dans son éclat primitif me délectât le cher petit, je renfrognais mon vis avec obstination, comprenant qu'il était empreint d'une difformité par trop extravagante, puisque Lycas même ne me trouvait pas digne d'un colloque.

Mais, à cette grevance, la même chambrière porta secours et, m'ayant appelé, m'orna d'un postiche non moins décoratif : que dis-je? ma face brilla d'un lustre plus avantageux pour ce quc le corymbe était fait de poils blonds. Cependant, Eumolpus, avocat de nos périls et

fauteur de la présente concorde, craignant que
par disette de propos tombât notre gaîté, se mit
à déblatérer longuement sur l'inconséquence
féminine : — Elles s'enamourent aisément, et
d'une même promptitude méconnaissent leurs
élus. Il n'est pas, disait-il, si pudique fumelle
qu'une mentule étrangère n'excite jusqu'à la
fureur. Sans prendre cure des tragédies vé-
tustes, des noms légués par les siècles, je vous
dirai une historiette que ma mémoire a pu saisir
d'original, si vous avez pour agréable de l'entendre. Chacun ayant tourné vers lui ses yeux
et ses oreilles, il commença dans les termes que
voici :

Une matrone était dans Ephesus, tellement
notoire pour sa pudicité qu'elle évoquait les
femmes des pays voisins au spectacle de tant
de bonnes mœurs. Cette prude ayant perdu son
mari, non contente, d'après la coutume vulgaire,
de suivre les obsèques toute déchevelée et de
battre sa gorge nue en présence des assistants,
escorta le défunt jusqu'au *conditorium*. Après avoir
placé le corps dans un hypogée à la manière
grecque, elle se mit à le garder en pleurant nuit

et jour. Ainsi, désespérée et recherchant la mort
d'inanition, ni ses parents ni ses proches ne l'en
surent divertir; les magistrats, rebutés en dernier
lieu, ne purent que l'abandonner. Pleurée de
tous, cette femme, d'un si étonnant exemple,
déjà passait le cinquième jour sans aliments.
Assistait la perdante une chambrière très dévouée,
accommodant ses propres larmes aux sanglots du
veuvage, et, toutes fois et quantes elle défaillait,
ravivant la lumière placée dans le tombeau. Un
seul entretien occupait la Cité. Dans tous les mi-
lieux on tombait d'accord de la splendeur unique
dont reluisait ce parangon d'amour et de fidélité.
Dans ce même temps il advint que l'Imperator de
la province ordonna de ficher en croix certains
larrons tout proche de l'édicule où, sur le cadavre
récent, la matrone pleurait. La nuit d'après l'exécution, un soldat qui gardait les croix, de peur
qu'on ne vînt à détacher les pendus pour leur
donner la sépulture, nota la lumière qui luisait
plus clair, au milieu des tombeaux. Il entendit
des gémissements luctueux, et, par le vice de la
gent humaine, désira savoir ce que ce pouvait
être et ce que l'on faisait. Il descend au *conditorium*. Voyant une femme très belle, d'abord,
comme saisi par l'apparition d'un prodige ou de

visions infernales, il demeure suspens. Ensuite,
ayant considéré le corps de la gisante, et ses
pleurs, et sa face labourée à grands coups d'ongles, il en infère justement que c'est une épouse
ne se pouvant résoudre à la mort du conjoint.
Il apporte son fricot dans le monument; il exhorte
la désolée à ne s'obstiner point dans un deuil superflu, à ne point arracher de sa poitrine un vain
gémissement? — La même issue est réservée
à tous; les hommes, tôt ou tard, ont le cercueil
pour domicile; enfin, il lui débite ses discours par
quoi l'on a coutume de remettre d'aplomb les
esprits ulcérés. Mais elle, d'un cœur envenimé
par ces consolations impertinentes, déchire plus
violemment son estomac, et, s'arrachant la crinière, dépose ses cheveux sur la dépouille étendue. Le soldat pourtant ne se rebute pas, mais,
avec la même exhortation, il s'évertue à donner
quelque nourriture à la petite femme, jusqu'au
temps que la chambrière, séduite apparemment
par le bouquet du vin, tend la première une
main défaillante vers la politesse du jeune invi-
teur. Puis, refaite par le manger et le boire, elle
tourne ses batteries contre l'obstination de sa
maîtresse : — Que te servira, dit-elle, d'être con-
sumée par l'inédie, et de t'ensevelir toute vivante

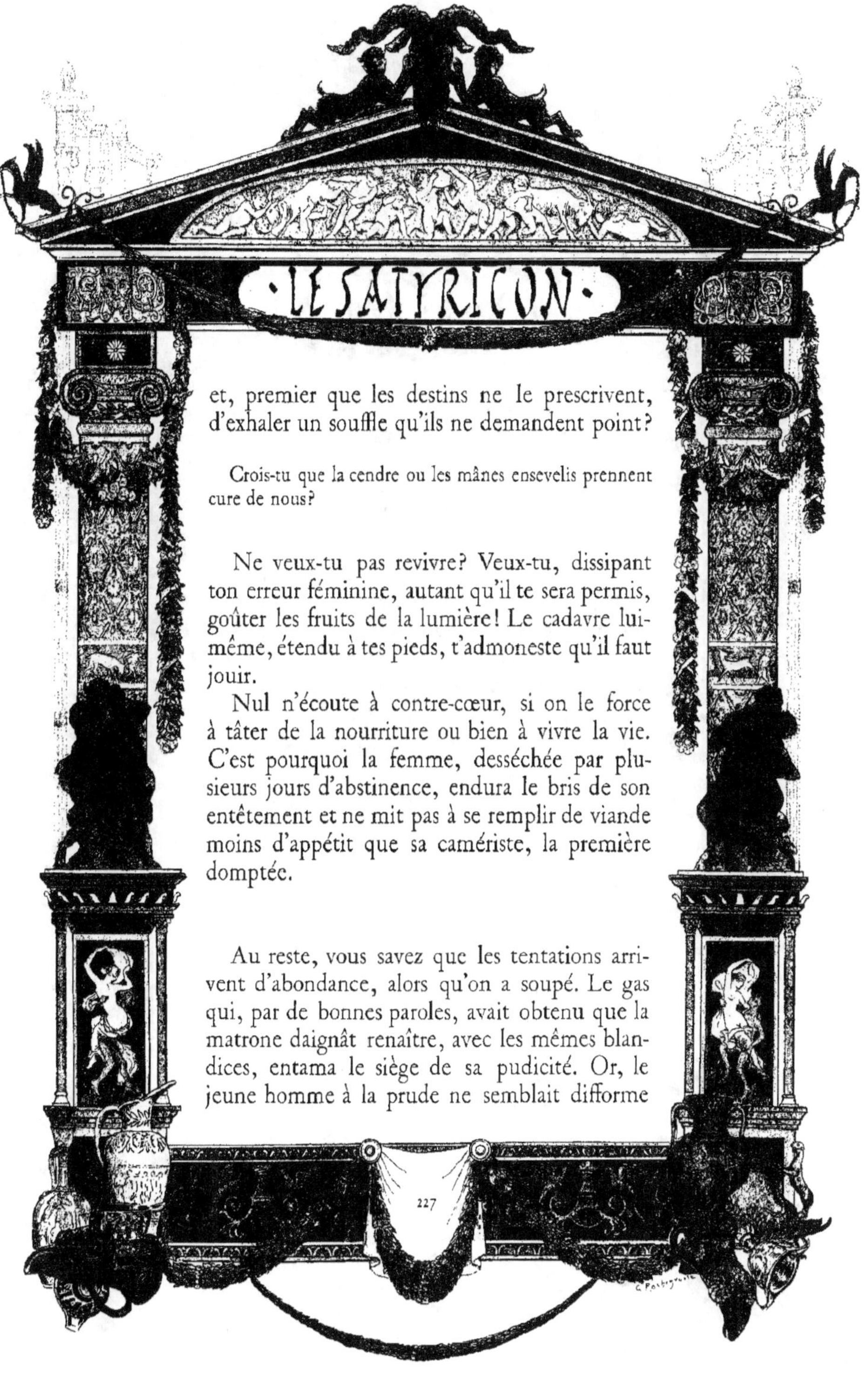

et, premier que les destins ne le prescrivent,
d'exhaler un souffle qu'ils ne demandent point?

Crois-tu que la cendre ou les mânes ensevelis prennent
cure de nous?

Ne veux-tu pas revivre? Veux-tu, dissipant
ton erreur féminine, autant qu'il te sera permis,
goûter les fruits de la lumière! Le cadavre lui-
même, étendu à tes pieds, t'admoneste qu'il faut
jouir.

Nul n'écoute à contre-cœur, si on le force
à tâter de la nourriture ou bien à vivre la vie.
C'est pourquoi la femme, desséchée par plusieurs jours d'abstinence, endura le bris de son
entêtement et ne mit pas à se remplir de viande
moins d'appétit que sa camériste, la première
domptée.

Au reste, vous savez que les tentations arrivent d'abondance, alors qu'on a soupé. Le gas
qui, par de bonnes paroles, avait obtenu que la
matrone daignât renaître, avec les mêmes blandices, entama le siège de sa pudicité. Or, le
jeune homme à la prude ne semblait difforme

ni manchot. En outre, la servante qui s'entre-
mettait pour lui, ne manquait pas de répéter :

Combattrez-vous encore cette amour qui vous duit ?
Votre esprit ne sait-il pas quels champs vous habitez ?

Enfin, pour abréger, vous connaîtrez que la
dame ne fit jeûner aucun de ses pertuis et que le
soldat vainqueur l'endoctrina par tous les bouts.
Ils couchèrent ensemble, non seulement pendant
la nuit où furent consommées leurs épousailles,
mais encore le lendemain et le troisième jour,
ayant fermé, comme il sied, les portes du *conditorium,* afin que si l'un des amis ou des cognats
venait au monument, il pût croire que, sur le
corps de son homme, la très digne épouse avait
enfin expiré. Cependant, le légionnaire, satisfait
par la beauté de sa conquête et le secret de ses
amours, achetait, suivant ses facultés, les plus
savoureuses friandises. A peine, le soir venu, il les
portait au caveau funèbre. Pour lors, voyant le
relâchement de la surveillance, les parents d'un
crucifié décrochèrent, de nuit, leur pendu, afin
de lui rendre les suprêmes honneurs. Quand
le soldat, gonflé de nonchaloir tout le temps
qu'il vaquait à sa paillarde besogne, eut, le len-

demain, trouvé un gibet sans carcasse, redoutant
la correction, il fut rejoindre sa bonne amie et
lui conta cette mésaventure, ajoutant que, d'ailleurs, il était résolu de n'attendre point la sentence des magistrats, mais que, son propre glaive
ferait justice de l'incurie dont il s'était rendu
coupable, pour toute grâce lui demandant un
refuge à l'amant qui allait mourir, et de partager
le funeste *conditorium* entre son époux et son ri-
baud. La dame, tout aussi miséricordieuse que
renchérie : — Aux Dieux ne plaise, dit-elle,
que j'assiste en même temps aux funérailles de
deux hommes très chers; mieux vaut pendre
le défunt que me déprendre du vivant. Suivant
cette oraison, elle ordonne qu'on sorte de la bière
les restes du mari, et de les clouer à la potence
vacante. Le soldat usa de l'expédient imaginé
par cette femme que prudente : et, le lendemain, ce fut un ébahissement populaire de voir
qu'un mort s'était allé pendre lui-même, sans
ombre de raison.

Confie aux vents ton radeau, mais non pas ton cœur
aux drôlesses,
Car l'onde est plus sûre que le serment féminin.
Nulle bonté dans les femmes, ou si quelqu'une fait
voir un peu de bien,

C'est que, par je ne sais quel destin, le pire est devenu meilleur.

Les matelots accueillirent cette fable par des rires soutenus et Tryphœna, qui ne rougissait pas médiocrement, déroba son visage dans le sein de Giton, avec un air de caresse. Mais Lycas ne se dérida point et, secouant sa tête irritée : — Si l'Imperator, dit-il, avait fait son devoir, le corps du défunt eût été replacé dans la tombe et sa veuve mise en croix. Sans doute, lui revenaient en mémoire et sa couche profanée, et sa nef mise au pillage par notre libidineuse migration. Mais le pacte d'alliance ne lui permettait pas de se ramentevoir; en outre, la belle humeur qui chatouillait nos esprits ne donnait aucun prétexte à son courroux. Cependant Tryphœna, vautrée sur le pect de Giton, couvrait tantôt ses mamelles de baisers, tantôt rajustait sur ce front dépouillé la chevelure d'emprunt. Moi, triste, impatient du contrat nouveau, je ne goûtais ni viande ni boisson, mais je regardais l'un et l'autre avec des yeux obliques et truculents. Tous les baisers me navraient, toutes les blandices qu'imaginait cette louve débordée. Et je ne savais

pas encore si j'en voulais davantage à mon mignon de circonvenir la fumelle, ou bien à la
fumelle de corrompre mon mignon. Des deux
côtés, un spectacle à mes regards très ennemi et
plus fâcheux que ma captivité passée. Ajoutez
ceci que Tryphœna ne m'adressait plus la parole
en camarade, comme on fait pour un galant autrefois bien venu, et que Giton ne me trouvait
plus digne de porter, suivant l'usage, un brinde
à ma santé ni même de m'associer le moins du
monde à l'entretien général. Il craignait, sans
doute aux premières heures de la concorde à
son retour, que ce ne fût raviver une cicatrice
fraîche encore. Inondèrent ma poitrine des larmes
préparées par la douleur, et mes gémissements
refoulés en soupirs exilèrent, ou peu s'en faut,
mes esprits éperdus. «A moi éploré, le corymbe
flavescent prêtait je suppose quelque charme
nouveau, Lycas embrasé par un regain de fantaisie, me coulait des regards cochons et» ten-
tait d'être admis pour sa part dans nos délices:
il n'avait plus le sourcil du maître, mais l'obsé-
quiosité du prétendant. «Vaines et longues
furent ses tentatives». A la fin, se voyant débouté
sans appel, son caprice tourna au verjus et, pour
m'extorquer la chosette, il eut recours à la bru-

talité. Ce n'était pas en vain. J'opposai néanmoins
une mâle résistance : mais je me sentais défaillir.
Tryphœna, lorsqu'on n'y songe guère, entre
chez lui en coup de vent et le pince, au plus
animé de ses transports. Lui, tout interloqué, se
rajuste en grande hâte, prend le large sans souffler
mot. Tryphœna, mise en verve par le spectacle
d'une si belle ardeur : — A quoi tendait, s'il
te plaît, ce fougueux assaut? demande-t-elle, et
me voilà contraint de lui détailler l'aventure. —
Ma narration la met en chaleur; commémorant
nos anciennes privautés, elle me convie à reprendre les ébats de jadis. Mais moi, fourbu
d'avoir joui trop abondamment, je crache sur
ses avances. Alors, hennissante d'amour, elle
m'investit d'une étreinte furibonde et me serre
avec un tel emportement que je ne peux m'empêcher de crier. Au bruit, accourt une servante.
Elle imagine sur l'apparence que je m'efforce
d'outrager sa maîtresse qui me viole et, faisant
irruption, elle désenlace notre accolade. Tryphœna de la sorte rebutée, impatiente de lubrique fureur, me rembarre sans ménagements.
Puis, ce sont des menaces : elle court vers Lycas,
pour l'émouvoir encore, et le pousse à intenter
contre moi leur vengeance commune. Or, sachez

qu'autrefois j'avais été en bonne odeur auprès
de la servante, lorsque je besognais sa patronne :
aussi, elle endura d'une humeur chagrine ma
scène avec Tryphœna. Elle jetait de gros soupirs
dont, ardemment, je la pressai de m'élucider
la cause. Enfin, après un peu de résistance », elle
éclata dans ces termes : — Si tu as une goutte
de sang libre, tu ne feras point de cette gueuse
un autre état que de la plus immonde roulure.
Si tu es un homme tu refuseras d'amâtiner cette
chienne. Tout cela m'angoissait, me tenait fort
suspens. Mais rien ne me mortifiait à l'égal de la
pensée qu'Eumolpus serait mis au courant de
mes tribulations. Le bonhomme, passablement
caustique, eût demandé raison en vers du préjudice que, d'après lui, je venais de supporter,
« car son zèle ardent m'eût infailliblement couvert d'un ridicule que j'appréhendais fort. J'étais
en posture d'examiner par quels moyens je
pourrais maintenir Eumolpus dans l'ignorance.
Mais voici qu'il entre à l'impourvu dans ma
chambre. Il était au courant des faits accomplis,
car Tryphœna, les ayant rapportés à Giton, par
le menu, s'évertuait d'obtenir, aux dépens de
mon frère, une compensation à mes dédains :
de quoi Eumolpus bouillonnait, cela d'autant

plus que les comportements lubriques de la dame rompaient, sans aucune retenue, avec l'obligation écrite. Dès que le vieillard m'aperçut, plaignant mon sort, il me pria de lui faire connaître les détails de l'incident. Le voyant si bien informé, j'exposai toute chose avec ingénuité : l'ardeur au stupre de Lycas, l'impétuosité luxurieuse de Tryphœna. Oyant cela, jure Eumolpus en un vœu sacramentel « qu'il saura nous venger haut la main, et que, s'il est de justes Dieux, ils ne laisseront point tant de crimes impunis ».

Tandis que nous proférons ces choses, la mer se démonte ; des nuages amenés des quatre coins de l'horizon précipitent le jour dans les ténèbres. Les matelots trépidants courent à leurs manœuvres et carguent les voiles en prévision de l'ouragan. Mais les sautes du vent poussaient des flots incertains, la mer tumultuait du bas abîme et le timonier avait perdu sa route. Parfois, la tramontane bouffait vers la Sicilia. Mais Aquilo,

rude thalassocrate des grèves italiques, chassait, de çà de là, notre carène en proie à ses fureurs; et ce qui l'emportait en danger sur toutes les bourrasques, la ténèbre devint si compacte que le timonier lui-même n'apercevait plus la proue entière du navire. C'est pourquoi, Herculès! quand la tourmente fut à son paroxysme, Lycas tremblant de peur tendit vers moi ses paumes renversées : — Toi, dit-il, Encolpis, viens en aide aux périclitants; et de quelle manière? en décernant le manteau divin et le sistre à mon navire. Par la Foi, sois-nous miséricordieux à ton accoutumée! Il vociférait à pleins poumons, quand un grain inattendu le précipita dans la mer : la tempête le ramena d'abord et le fit tourbillonner dans son gouffre maudit, puis le huma d'un trait. Cependant, ses esclaves très loyaux eurent promptement fait de ravir Tryphœna, et, dans l'esquif, l'ayant placée avec son meilleur bagage, de l'arracher à une mort très certaine. Moi, ayant accolé Giton, à grand renfort de pleurs, je lamentais : — Cela, dis-je, nous l'avons mérité des Dieux qu'un même trépas nous conjoigne; mais Fortuna inclémente nous refuse ce bonheur. Vois! déjà les flots submergent la gabare. Vois! déjà les lames forcenées

déchirent le corps à corps des amants. Donc, si tu couronnas jamais Encolpis de ta dilection, donne encore des baisers puisqu'il est encore temps, et dérobons cette joie ultime au Fatum qui se presse de nous engloutir. Dès que j'eus dit cela, dépouillant sa robe, Giton s'enveloppe de ma tunique, offre ses lèvres à ma bouche, et, pour que la mer envieuse ne puisse rompre un si doux embrassement, il nous attache l'un à l'autre dans les replis d'une ceinture, et : — Que nul espoir ne nous reste! les vagues nous emporteront unis pour toujours. Peut-être, miséricordieuses, nous déposeront-elles sur un même rivage. Peut-être qu'un passant ému de furtive compassion nous jettera quelques pierres; enfin, suprême espoir, grâce aux flots insensés, l'arène ondoyante nous ensevelira. — Je laisse Giton former ces derniers nœuds. Comme paré pour le lit funèbre, j'attends la mort sans la redouter plus. Cependant, la tempête achève d'intégrer les arrêts du Destin; elle dévaste le peu qui subsiste encore de la nef en perdition. Plus de mâts, de gouvernail, de funin ou de rames; il ne reste qu'une épave, une charpente rude et sans forme, en allée au gré des eaux.

Accoururent des pêcheurs sur leurs canots,

dans l'intention d'écumer le butin. Mais, voyant des hommes sur le pont, résolus à défendre leur bien, ils masquent la piraterie en offres de service.

Nous entendons un murmure insolite. On eût dit, sous la chambre du pilote, le rauquement d'un fauve en appétit de grand air. Guidés par le son, nous découvrons Eumolpus assis, et le long d'une membrane copieuse ingérant des vers. Émerveillés par cet homme, qui, nonobstant la mort prochaine, trouve le loisir de vaquer à des poèmes, nous le tirons de là, malgré qu'il déblatère et nous le requérons de montrer du bon sens. Mais, lui, prend feu devant l'interruption : — Laissez-moi, dit-il, parachever ma sentence; le dithyrambe touche à sa fin. Je mets la main au col du frénétique, ordonnant à Giton de s'en saisir de même. Ainsi, nous traînons jusqu'à la côte le poète mugissant.

Ayant enfin élaboré cet ouvrage, nous gagnons, le cœur gros, une cabane de pêcheur. Là, pour toute réfection, des vivres chancis dans le naufrage, et nous passons la plus triste des nuits. Le lendemain, délibérant pour savoir à quel pays

nous fier, tout à coup j'aperçois un cadavre qui,
mû par un léger remous, était porté vers la
plage. Plein de douleur, je m'arrêtai; d'un œil
humide, je commençai à interroger la foi des
mers! Et celui-là, peut-être, dis-je, sur quelque
point de la terre, une calme épouse attend son
retour; peut-être, un fils ignorant des tempêtes;
peut-être, enfin, a-t-il déserté son vieux père en
lui donnant le baiser du départ! Tels sont les
propos des Éphémères; tels sont les vœux insensés
de leurs voraces ambitions! Voilà comment sur-
nage l'infortuné! Jusque-là, je pleurais comme
sur un inconnu, quand le flux retourna vers la
terre, inviolée encore, la face du noyé. Et voici
que je reconnais le terrible naguère, l'implacable
Lycas, à présent roulé presque sous mes pieds.
Je ne contraignis pas mes larmes plus longtemps;
mais, frappant ma poitrine à coups redoublés :
— Qu'est devenu, ce disais-je, ton esprit furieux?
Qu'est ton insolence devenue? Eh bien! te voilà
offert en pâture aux crabes et aux chiens, toi
qui, pas plus tard qu'hier, te pavanais du haut
de ta fortune. Échoué, tu n'as pas même une
poutre de ton orgueilleux vaisseau! Allez donc,
ô mortels, emplissez vos poitrines de superbes
cogitations! Allez, riches circonspects, et ces tré-

sors acquis par la fraude, ordonnez-les, pour en
jouir pendant mille années! Celui-là, aussi, vé-
rifia, jusqu'au dernier jour, l'état de son patrimoine; il avait fixé la date dans son esprit, la
date du retour au pays de ses pères. Dieux et
Déesses, il gît combien loin de sa destination!
Mais ce n'est pas la mer, qui, seule, prête aux
hommes une foi décevante. L'un combat. Ses
armes le trahissent. Un autre append à son foyer
les offrandes rituelles, et meurt écrasé sous les
décombres des Pénates. La mangeaille crève le
goinfre, la tempérance ruine l'abstinent. Si tu
poses bien ton calcul, partout est le naufrage.
Mais celui qu'engloutissent les vagues, une
sépulture ne le recouvre point? Comme s'il importait au corps qui doit périr, l'agent qui le
consume, feu, onde ou sénilité! Quoi que tu
fasses, tout doit aboutir au même résultat.
Mais les quadrupèdes vont lacérer le cadavre?
Que le bûcher l'accueille donc, puisqu'il vaut
mieux donner une pâture aux flammes; cependant, nous estimons que le feu est le plus grave
des châtiments, lorsque nous sommes irrités
contre nos esclaves. Quelle démence de nous
évertuer pour que rien ne subsiste après les obsèques, alors que, bon gré mal gré, les destins

en ordonnent ainsi! «Pour conclure à ces médi-
tations, nous rendîmes au cadavre les suprêmes
devoirs.» Et Lycas, sur un bûcher dressé à frais
communs par les soins de ses ennemis, se consumait avec lenteur. Eumolpus, cependant qu'il
en cérébrait l'épitaphe, plongeait ses regards
dans l'espace, afin d'y dépendre quelques traits
de génie.

Cet office accompli de grand cœur, nous
poursuivons notre route et, peu de temps après,
tout en sueur, nous gravissons une montagne,
d'où, posée sur un faîte sublime, nous apercevons, à peu de distance, une acropole fortifiée.
Et ce qu'elle était, marchant à l'aventure, nous
ne le savions pas, jusqu'au temps que nous ap-
prîmes d'un certain pacant le nom de Croton,
ville très antique, la première autrefois de l'Ita-
lia. Lorsque, enfin, poussant notre enquête avec
diligence, nous lui demandons quelle sorte de
personnes habitent ce noble terroir, à quel genre
de trafic elles s'adonnent particulièrement, depuis
que de nombreuses guerres ont émietté leur
splendeur: — O, dit-il, mes hôtes, si vous êtes
marchands, quittez votre dessein et trouvez un

autre moyen de vivre. Si, au contraire, vous êtes gens d'un monde plus relevé, soutenant l'imposture d'un front toujours égal, vous courez tout droit au lucre le plus merveilleux. Dans cette ville, en effet, on ne témoigne aucune déférence à la culture des lettres; le bien-dire en est absent. La frugalité, les saintes mœurs n'y montent par aucune louange à de meilleurs destins. Néanmoins tous les hommes que vous verrez en ce lieu forment deux groupes caractéristiques : les uns captent des héritages, les autres se les font capter. Nul, ici, n'élève de terre un fils nouveau-né, à cause que l'homme pourvu d'héritiers siens n'est admis aux banquets ni aux spectacles; banni de toutes les élégances et des fréquentations du bel air, il s'enclottit chez les va-nu-pieds. Mais ceux qui n'ont jamais conduit la pompe nuptiale et qui sont exempts de parentèle aux plus grands honneurs se voient promus. Au dire des Crotoniatès, eux seuls ont des vertus militaires; il n'est point d'autres braves, ni, devant la justice, d'autres innocents. Vous verrez, dit-il, une Cité comparable à ces campagnes où la peste sévit, campagnes où l'on ne trouve que charognes dilacérées, et corbeaux qui dilacèrent les charognes.

Très futé, Eumolpus appliqua son entende-
ment à l'inouï de cette affaire, et nous déclara
que ce mode nouveau d'acquérir la propriété
n'avait rien qui lui déplût. Je pensais que le
vieillard badinait avec le sans-gêne poétique.
Mais lui : — Que ne puis-je me montrer en
plus grand équipage, c'est-à-dire vêtu d'un cos-
tume plus honnête! Non, Herculès à moi! je
ne porterais pas ce bissac, et je vous conduirais
sur-le-champ vers d'immenses pécunes. Or, je
lui promis ce qu'il exigerait, sous la réserve de
m'agréer comme associé de rapine : les hardes et
tout ce que le vide-bouteille de Lycurgus avait
produit à ses déprédateurs. Quant à l'argent de
poche immédiatement nécessaire, pour notre
confiance dévote, la Mère des Dieux ne man-
quera point de nous le départir. Que tardons-
nous, dit Eumolpus, à machiner cette parade?
Nul n'osa condamner un artifice qui n'enlevait
rien à la communauté. C'est pourquoi, voulant
garder entre nous une fourberie de tout repos,
nous jurons sacramentellement, d'après le for-
mulaire d'Eumolpus, de nous laisser brûler,
enchaîner, fouailler et trucider par le fer, en
un mot, de subir toute chose qu'il jugera bon
d'ordonner. Très religieusement, nous vouons à

notre maître nos corps et nos esprits comme de
légitimes gladiateurs. Ensuite du serment, dé-
guisés en esclaves, nous rendons nos hommages
à ce patron de comédie. Nous faisons d'Eumolpus, afin de compléter nos rôles, un père de
famille qui vient de porter au bûcher son hoir,
jeune homme d'une grande éloquence et d'un
noble avenir. C'est pourquoi le très calamiteux
vieillard a déserté sa ville afin de ne rencontrer
ni les camarades, ni les clients de son fils, ni
la tombe, cause journalière de ses pleurs. Par
surcroît d'affliction, un naufrage récent lui fait
perdre plus de vingt fois cent mille sestertius;
non que cette perte le touche, mais, privé de sa
suite, il ne peut faire la figure qui convient à son
rang. Il possède en Africa, trente millions de sestertius, bien-fonds ou dépôts chez les banquiers.
De plus, une famille si nombreuse, éparse dans
les campagnes de Numidia, qu'elle pourrait
assiéger même Carthago. Conformément à cette
donnée, nous conseillons à Eumolpus de tousser
abondamment, de se plaindre d'un ulcère à l'estomac et d'affecter en public un dégoût sans
borne pour toute espèce de mets; qu'il parle
d'or, d'argent, des arrérages incertains, de la propriété foncière et qu'il incrimine sans relâche la

stérilité du terroir. Qu'on le voie occupé journel-
lement à compulser des registres; qu'à toutes les
heures, il porte quelques modifications dans
les tablettes de son testament, et, pour que rien
ne manque à la mise en scène, chaque fois qu'il
tente d'invoquer l'un de nous, qu'il feigne de
prendre un nom pour un autre, afin qu'il appa-
raisse clairement que le maître se rappelle encore
ceux qui ne sont plus en sa présence. Nos gestes
ainsi réglés, priant les Dieux que tout arrive
pour le bien et la félicité, nous nous mettons
en route. Mais Giton ne durait pas sous un
faix inaccoutumé. Corax, porteur de louage,
détracteur de son ministère, posait à chaque
instant les valises, maudissait les piétons, affirmant ou qu'il abandonnerait les sacoches, ou
qu'il prendrait le large avec son fardeau : —
Pensez-vous, disait-il, que je sois un jumart
ou bien un train de galets? J'ai fait marché avec
vous pour les besognes d'un homme, et non
pour celles d'un onagre; et je ne suis pas moins
citoyen que vous, encore que mon père m'ait
laissé dans la débine. Mal content de ces imprécations, il levait à tout moment la cuisse,
peuplant le chemin d'une crépitation et d'une
odeur obscènes. Giton riait de son indiscipline,

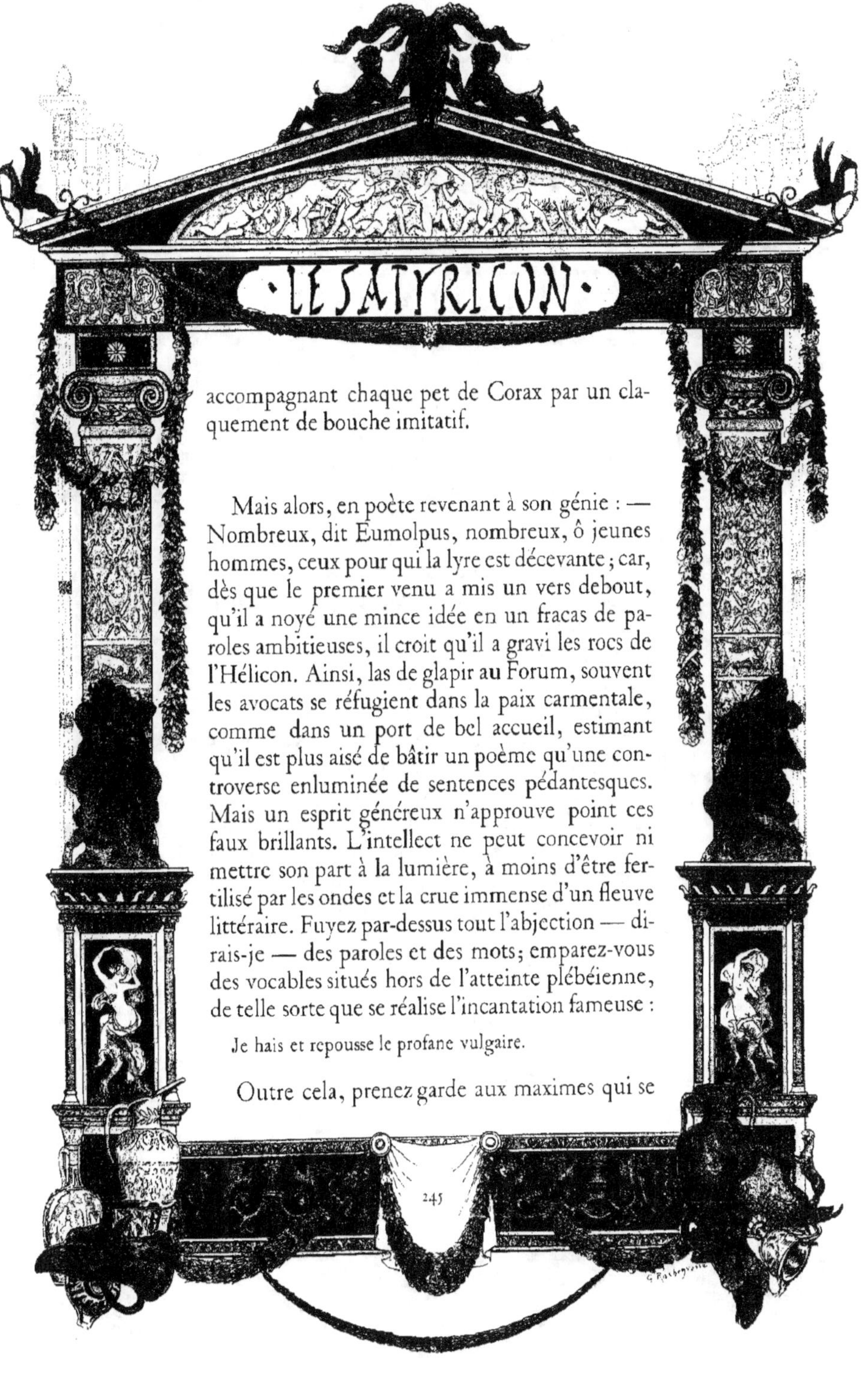

accompagnant chaque pet de Corax par un cla-
quement de bouche imitatif.

Mais alors, en poète revenant à son génie : —
Nombreux, dit Eumolpus, nombreux, ô jeunes
hommes, ceux pour qui la lyre est décevante ; car,
dès que le premier venu a mis un vers debout,
qu'il a noyé une mince idée en un fracas de paroles ambitieuses, il croit qu'il a gravi les rocs de
l'Hélicon. Ainsi, las de glapir au Forum, souvent
les avocats se réfugient dans la paix carmentale,
comme dans un port de bel accueil, estimant
qu'il est plus aisé de bâtir un poème qu'une controverse enluminée de sentences pédantesques.
Mais un esprit généreux n'approuve point ces
faux brillants. L'intellect ne peut concevoir ni
mettre son part à la lumière, à moins d'être fer-
tilisé par les ondes et la crue immense d'un fleuve
littéraire. Fuyez par-dessus tout l'abjection — dirais-je — des paroles et des mots ; emparez-vous
des vocables situés hors de l'atteinte plébéienne,
de telle sorte que se réalise l'incantation fameuse :

Je hais et repousse le profane vulgaire.

Outre cela, prenez garde aux maximes qui se

détachent de l'ouvrage et forment d'impertinentes saillies; mais qu'elles reluisent de teintes savamment incorporées à la tessiture des vers. Homerus en est témoin, et les lyriques, Virgilius le romain, et la curieuse félicité d'Horatius. Les autres n'ont pas vu la route qui conduit à la maîtrise poétique ou bien leurs vers ont craint d'y poser les talons. Voici! quiconque se targuera de mettre en œuvre cet énorme labeur de la *Guerre civile* tombera sous le poids, s'il n'a de fortes humanités. Il ne s'agit pas, en effet, de consigner en vers les gestes accomplis, de quoi les historiens s'acquittent beaucoup mieux; mais par les ambages, par l'intervention des Dieux et le torrent des inventions mythiques, il faut que se rue un libre génie, à telles enseignes que l'on découvre dans ses chants la vaticination d'une âme prophétique, bien plus que la scrupuleuse véracité d'un historien suppédité par ses garants. Voyez si cette fougueuse esquisse est pour vous plaire, encore qu'elle n'ait pas reçu la dernière main.

Eumolpus, ayant avec sa rapsodie épanché
des torrents de bile, nous entrâmes enfin dans
Croton. Là, nous étant refaits chez un traiteur
de bas étage, nous sortons, le lendemain, en
quête d'une hôtellerie plus somptueuse. Nous
tombons alors sur un gros d'hérédipètes, demandant quel genre d'hommes nous pouvons être et
de quel pays nous advenons. Conformément à la
tactique adoptée en commun, loquaces comme
des pies borgnes, nous indiquons à la fois d'où et
qui nous sommes. Notre auditoire se laisse convaincre, haut la main. Tous, au même instant,
de mettre leur chevance à la disposition d'Eumolpus avec une émulation intempérée et de
solliciter à l'envi ses bonnes grâces par de riches
présents.

Tandis que cela marchait depuis longtemps
à Croton, Eumolpus, enflé de prospérité, ou-

bliait son premier état de fortune au point de
se targuer devant les siens que nul ne pouvait
faire obstacle à son crédit et que l'impunité,
si quelqu'un d'entre eux commettait un délit
dans Croton, leur était acquise par le bénéfice des amis qu'il avait. Moi cependant, encore que je me crevasse chaque jour la bedaine,
de plus en plus engraissé par l'affluence des
biens, persuadé que Fortuna détournait son
visage de ma garde, je ne laissais pas que de
pourpenser maintes fois, tant à ma condition
nouvelle qu'à son origine. Qu'arrivera-t-il de
nous, me disais-je, si l'un de ces astucieux
aigrefins dépêche un explorateur en Africa et
prend sur le fait notre mensonge? Qu'arrivera-t-il si, blasé par le bonheur quotidien,
le courtaud à gages d'Eumolpus fait paraître
quelque indice aux camarades qu'il hante, si,
par une envieuse trahison, il découvre toute
notre fallace? Assurément il faudra fuir encore
et, par une mendicité nouvelle, rappeler cette
misère que nous avions enfin débusquée. Dieux
et Déesses! que de maux pour ceux qui vivent
en dehors des lois! Ce qu'ils ont mérité, ils le
craignent sans cesse. Presque tout le monde
semble jouer la pantomime.

«Roulant ces choses dans mon esprit, je sors profondément triste de notre demeure pour, dans un air plus avenant, récréer mes pensées.

Mais à peine avais-je fait quelques pas sur la promenade, qu'une donzelle assez attifée vient à ma rencontre, me saluant du nom de Polyœnos que je m'étais donné le jour de nos métamorphoses, me déclarant que sa maîtresse demandait congé de s'entretenir avec moi. — Erreur, lui fis-je, fort inquiet. Je suis un esclave étranger qui ne mérite pas le moins du monde une si haute faveur. — A toi-même, répliqua-t-elle, on m'a dépêchée.» Mais, parce que tu connais ta venusté, beau miroir à coquines, tu te rengorges dans la superbe, tu vends tes caresses et ne les donnes pas. A quoi prétend cette chevelure ondée au peigne fin, ces traits rehaussés de fard et l'impertinence quémandeuse de tes yeux? Pourquoi cette démarche savamment compassée et tes vestiges qui ne s'écartent point de la mesure de ton pied, sinon parce que tu mets ta

beauté aux enchères, pour la vendre un bon
prix? Me vois-tu? je ne connais point les au-
gures et je n'ai point accoutumé de connaître
l'azur des mathématiciens; mais je distingue fort
bien les mœurs d'un homme sur son visage, et
te voyant ainsi déambuler, ce que tu penses, je
le sais. Expliquons-nous : si tu vends ce dont
je te requiers, l'acheteur est tout prêt. Si, au
contraire, ce qui est plus humain, tu te bailles
en franchise, daigne permettre que je t'en doive
l'agrément. Car, te disant esclave et d'abjecte
filiation, tu ne fais qu'exaspérer la chaleur de
ton objet. Il est des femmes que la crasse met en
rut et dont la vulve ne s'agite qu'à l'aspect d'un
esclave ou d'un *stator* impudemment retroussés.
D'autres sont embrasées par un *arenarius,* par
un muletier poudreux, par un histrion livré
au cabotinage de la scène. Ma maîtresse est de ce
goût; elle franchit quatorze gradins au-dessus de
l'orchestre pour chercher dans la populace infime
un étalon à sa mesure. Moi, tout pénétré de
cette oraison persuasive : — Par grâce, dis-je,
celle qui m'aime, ne serait-ce pas toi? La servante s'égaya de ma froide rhétorique : — Je ne
veux pas, dit-elle, que tu t'en fasses accroire à
ce point. Jusqu'à présent, je n'ai oncques servi

de paillasse à des esclaves; et que les Dieux ne
souffrent pas que j'étreigne une croix de mes
embrassements! Bon pour les matrones qui lè-
chent les cicatrices de la flagellation. Quant à
moi, combien que simple camérière, je n'écarte
mes gigots qu'en faveur de l'ordre équestre. Je
m'estomirai d'un tel discord dans la complexion
des deux fumelles, trouvant plus monstrueuses
que Gorgo cette gouge avec la superbe d'une
matrone, cette matrone avec les appétits canailles d'une gouge. Enfin, après avoir badiné
quelque temps, je priai la dariolette de guider sa
maîtresse à l'ombre des platanes. Elle goûta mon
avis, releva sa jupe, se coula dans un bosquet de
daphnés attenant au promenoir public. Elle n'y
fut qu'un moment et produisit la dame, hors
du cabinet de verdure, installant près de moi
une beauté plus charmante que tous les simu-
lacres. Nulle voix n'en saurait déterminer la
perfection; tout ce que j'en pourrais dire serait
injurieux ou plat au regard de sa fraîcheur. Ses
cheveux, naturellement calamistrés, ondoyaient
sur ses épaules; front étroit, repoussant en arrière
l'*apex* de la coiffure, sourcils déliés comme un
trait de pinceau, fuyant en arc jusques au bord
des tempes et presque se rejoignant aux confins

des regards. Ses yeux plus brillants que les étoiles
dans un minuit sans lune, ses narines infléchies
quelque peu et sa fleur de baiser telle que Praxi-
telès l'eût pour Dioné choisie. Son menton déjà,
déjà son col, déjà ses mains, déjà la candeur de
ses pieds chaussés d'un gracile réseau d'or, faisaient jaunir le marbre de Paros. Du coup, je
méprisai Doris, mon vieil amour.

Comment se fait-il qu'ayant abandonné, ô Jupiter, les armes
Parmi les Célicoles, fable silencieuse, tu ne parles point?
C'est à présent, qu'il faudrait armer de cornes ton front torve
Et, sous des plumes blanches, dissimuler tes cheveux gris.
Voici l'unique Danaé! tente seulement de toucher son corps,
Et tes membres vont fluer dans une chaleur de flamme.

Délectée, elle se prit à rire de si gorgiase manière, que je crus voir la lune découvrir son front,
sous le masque des nuées. Bientôt, d'un geste

gouvernant le rythme des paroles : — Si ne te
dégoûte une femme d'honnête maison, experte
du mâle, depuis seulement cette année, je te
concilie, ô jeune homme, une sœur. Tu possèdes
un frère, je le sais, car je n'eus pas honte de
m'enquérir de toi; mais qui donc te prohibe
de m'adopter comme sœur? Je viens au même
titre; daigne cependant, lorsque bon te semblera,
éprouver mon baiser. — C'est plutôt à moi, lui
dis-je, de te prier, par ta forme, qu'il te plaise
admettre sans répugnance un pérégrin parmi tes
serviteurs; tu me trouveras religieux, si tu me
laisses t'adorer. Et, pour que tu ne penses pas que
j'accède gratuitement à ce temple de l'Amour,
je te donne mon frère. — Eh quoi, dit-elle, tu
me donnes celui-là hors duquel tu ne peux vivre,
aux caresses de qui tes jours sont suspendus,
celui-là que tu aimes comme je voudrais être
aimée de toi? Comme elle disait ces choses, tant
de grâce était amalgamée à sa voix, un son tellement doux vibrait dans l'air, que vous auriez
cru, parmi les aures amicales, ouïr l'unisson des
Sirènæ. C'est pourquoi, saisi d'admiration, et
tout le ciel coruscant à mes yeux de je ne sais
quel rayon illustre, je lui demandai son nom de
déesse. — Ouida! ma servante ne vous a donc

pas appris que je me nomme Circè? Je ne suis pas la progéniture du Soleil; ma mère n'a pas arrêté au gré de ses caprices un astre à son déclin; cependant j'aurai de quoi mander au ciel des bénédictions, pour peu que nous conjoignent les Destins. Bien plus, je ne sais quels Dieux agissent sur nos intimes pensements. Non sans cause, Circè adore Polyœnos. Car, entre ces deux noms, un flambeau a surgi. Prends donc mon étreinte, si mon étreinte est pour te plaire. Ici, tu n'as pas à craindre les fâcheux, ton frère est loin de cet endroit. Circè dit et, m'impliquant dans ses bras plus mols que le duvet, elle m'entraîne sur une pelouse revêtue d'un mélange de gramens.

Telle, du sommet de l'Ida, éparpilla des fleurs
La Terre maternelle, quand, se copulant à des feux réciproques,
Jupiter conçut une flamme dans toute sa poitrine.
Alors, s'épanouirent les roses, les violettes, et le souchet voluptueux,
Et la blancheur des lis, parmi les vertes prées.
Ainsi la Mère chtonienne sollicitait Vénus du fond des hautes herbes,
Et le jour plus candide favorisait leur secrète amour.

Couchés sur le gazon, enlacés l'un à l'autre,

nous jouons à nous entre-baiser, dans l'espoir
d'une plus robuste volupté, «mais par une faiblesse intempestive de mes nerfs, Circè resta
déçue».

Indignée d'un tel affront : — Quoi! dit-elle.
Serait-ce que mes baisers te font mal au cœur?
le jeûne a-t-il rendu marcescente mon haleine?
est-ce que, négligeant mes aisselles, je pue avec
la sueur des pieds ou du gousset? Il n'en est
rien, sans doute; alors, tu crains Giton. Inondé,
quant à moi, d'une rougeur manifeste, même
s'il me restait quelque force, je la perds; c'était
comme un relâchement de tout mon être. —
Par pitié, dis-je, ô reine, veuille ne pas insulter
à ma misère. J'ai subi le contact d'un vénéfice.
Une défaite si niaise ne calma point l'ire de
Circè. Elle m'enveloppa d'un regard de mépris
et, se tournant vers sa camérière : — Dis-moi,
Chrysis, mais dis-moi vrai : suis-je donc repous-
sante, ou mal peignée? ou bien quelque vice
naturel offusque-t-il ma beauté? Ensuite, elle arrache un miroir à la donzelle taciturne; elle explore tous les aspects de son visage, elle défripe
sa robe quelque peu molestée par l'humide ter-

roir, mais non mise en lambeaux comme après l'abordage des amants. Sans un mot de plus, elle entre dans un prochain édicule, à Vénus consacré. Et moi, damné, comme induit en épouvante par quelque horrible vision, je m'interroge en conscience, demandant si je fus ou non frustré d'une réelle volupté.

Ainsi, dans la nuit soporifère, quand un songe lutine,
Les yeux errants, le tuf excavé montre son or
A la lumière ; nos mains improbes patinent leur larcin,
Exhument les trésors, et la sueur perle à notre face ;
Une crainte profonde règne sur les esprits. Si, par hasard,
Le maître de la câche frappait sur notre sein alourdi par le vol !
Et, dès que la joie abandonne le rêveur abusé,
Quand reparaît la forme véritable, l'imagination désire le bien qu'elle a perdu,
Elle se plonge tout entière dans les ombres qui s'effacent.

« A dire vrai, tout concourait à me représenter cette malaventure comme un rêve ou comme un enchantement, et je demeurai à ce point destitué de mes nerfs qu'il me fut longtemps impossible de surgir. Cependant l'oppression de mon esprit s'étant à demi relâchée, ma vigueur crut peu à peu ; je gagnai la maison, où je ne

fus pas sitôt arrivé que je m'accagnardai sur le lit, feignant une langueur. Peu de temps après, Giton, avisé de mon malaise, vint tout penaud dans ma chambre. Pour le tirer d'inquiétude, je lui dis que je n'avais pris le lit qu'afin de me reposer. Je l'entretins de choses et d'autres. Mais de mon aventure pas un mot, car je redoutais fort sa jalousie. Puis, voulant détourner jusqu'à l'ombre du soupçon, je le fis étendre à mon côté. Je me mis en devoir de lui donner une preuve d'amour. Vains efforts! mon ahan, mes sueurs furent en pure perte. Il se leva, tout fumant de colère, accusant la débilité de mes nerfs et l'altération de ma tendresse, disant que ce n'était pas d'aujourd'hui qu'il apercevait mon indifférence et qu'il voyait bien que j'allais porter ailleurs ma force et mes esprits vitaux. — Que dis-tu, frère? ma dilection envers toi fut toujours la même. Toutefois, la raison dompte à présent l'amour et la lubricité.» — C'est pourquoi, répondit-il, «sur un ton goguenard», j'ai mille grâces à te rendre, car tu me chéris avec une foi socratique. Jamais Alcibiadès ne gésit plus intact dans l'alcôve de son précepteur. — Crois-moi, frère, «lui répartis-je», ma qualité virile, je ne l'aperçois plus, je ne la sens plus.

Il est trépassé, l'organe de mon corps dont
la vaillance, naguère, me faisait un Achillès.
«Giton comprit fort bien que je ne pouvais mie
ériger le nerf caverneux. Or le mignon redoutant, surpris avec moi dans un tête-à-tête si
privé, de donner aux caquets une pâture mal-
honnête, s'arrachant de mes bras, gagna promptement l'intérieur de la maison. Comme il sortait, Chrysis entra. Elle me rendit les tablettes
de sa maîtresse. On y lisait ceci :

CIRCÈ À POLYŒNOS SALVT.

Si l'on me voyait portée sur la fornication, je
me plaindrais assurément d'avoir été refaite.
Mais loin de là, je me complais dans ta langueur. Sous l'ombre du plaisir, j'ai folâtré en
attendant partie. Mais toi, quel est ton sort?
Dis-le moi, je te prie? As-tu, sur tes pieds, re-
gagné ta demeure? les médecins contestent que
l'on puisse marcher à moins d'avoir des nerfs. Je
vais te dire une chose, adolescent : garde-toi de
la paralysie. Oncques un malade ne me parut
en si grave danger. Me soit en aide le Dius
Fidius! te voilà déjà mort. Que si le même froid
gagne tes mains et tes genoux, vite! fais deman-

der le *tibicen*. Mais, voyons. Encore que j'aie
reçu de toi la plus sensible injure, comment
dénier au malheureux homme que tu es l'ana-
leptique le plus sûr? Si tu veux renaître à la
santé, abroge ton éphèbe. Dors, trois nuits, sans
Giton, et tu recouvreras tes nerfs. Pour ce qui
me concerne, je ne suis pas en peine de trouver
à qui plaire. Mon miroir ne ment pas, non plus
que ma renommée : «Porte-toi bien, si tu le
peux.»

Chrysis, voyant que j'avais épuisé jusqu'au
bout les brocards de la dame : — Ton désastre,
dit-elle, n'a rien que de commun, surtout dans
une Cité comme la nôtre où les cauquemares
font descendre Luna. C'est pourquoi nous faudra vaquer au traitement de la chose. En attendant, écris d'un air agréable à ma maîtresse et
rends à son humeur une candide bienveillance.
Depuis ton avanie, elle ne se connaît plus.
Volontiers j'obéis à la servante et voici les mots
que j'imposai sur les tablettes :

POLYŒNOS À CIRCÈ SALVT.

Je l'avoue, ô maîtresse : j'ai prévariqué bien
des fois, car je suis homme et jeune encore.

Mes fautes, néanmoins, n'allaient pas jusqu'ici
à la mort du délinquant. Tu possèdes, je l'affirme, les aveux du coupable. Ce que tu daigne-
ras prescrire, je l'ai mérité. J'ai fait trahison, j'ai
navré un homme, j'ai violé un sanctuaire. Parmi
tant de forfaits, décrète un châtiment. S'il te
plaît me voir mourir, je m'élance contre le fer;
si l'anguillade te peut satisfaire, j'accours tout
nu vers ma maîtresse. Mémore-toi seulement
que non pas moi, mais mon outil seul a contre-
venu. Soldat prêt au duel, j'avais perdu mes
armes. Qui les a émoussées? je l'ignore. Peut-être
mon désir a-t-il devancé la nature indolente;
peut-être qu'à force de te convoiter dans chacun
de tes appas, j'ai tari d'un seul coup mes dons
voluptueux. Je ne comprends ce que j'ai pu
faire. Cependant, tu veux que je redoute la paralysie. En est-il de plus extrême que celle qui
me prive de l'instrument par quoi je t'aurais
possédée? Voici pourtant la conclusion de ma
défense. Je te plairai, si tu daignes admettre que
je répare mon péché. Porte-toi bien.

Chrysis congédiée avec la pollicitation que j'ai
dite, je pris un soin minutieux de ma braguette
défaillante, je me privai de bain, me bornant
à une onction légère, et me repus de mets

invigorants, à savoir des échalotes et des noix d'escargots sans court-bouillon; je bus fort peu de vin. Puis, m'étant préparé au sommeil par une très succincte promenade, j'entrai dans mon lit sans Giton. Ayant tel souci d'apaiser Circé, je craignais que mon frère n'amoindrît ma vigueur.

Le lendemain, je me lève sans aucune disgrâce ou de corps ou d'esprit. Je descends vers le même bois de sycomores, combien que je redoute ce pourpris malencontreux, et, sous les arbres, j'attends que Chrysis vienne me montrer le chemin. Après avoir fait quelques pas, m'étant assis à la même place que le jour précédent, je l'aperçois, en compagnie d'une petite vieille, qu'elle traîne à son côté. Après m'avoir salué toutes deux : — Eh bien! me dit-elle, beau dédaigneux, avez-vous commencé de venir à résipiscence?

La vieille recuite de vin
Aux lèvres grimaçantes

extrait de son giron une bandelette versicolore
faite de fils tordus et me la noue autour du col.
Ensuite, elle délaye avec son crachat de la poussière qu'elle prend sur le médius et m'en signe
le front malgré ma répugnance.

Puisque tu vis, il t'est permis d'espérer : toi, rustique
gardien,
Sois avec nous, et, rigide Priapus! favorise les nerfs!

Ce charme ayant pris fin, elle m'enjoint d'ex-
puer trois fois et, trois fois, de jeter dans le pli
de ma robe certains cailloux menus qu'elle in-
cante d'abord, puis, entortille dans un ruban de
pourpre. Glissant la main au bon endroit, elle
ausculte la vigueur de mon pénis. Bientôt l'organe, docile au commandement de la duègne,
comble ses mains d'une prodigieuse intumes-
cence. Mais elle, frétillant de plaisir : — Vois,
dit-elle, ma Chrysis, vois ce lièvre que j'ai fait
lever pour d'autres que pour nous! «Après cette
querimonie, la vieille me rendit à Chrysis, qui
paraissait heureuse de voir que sa maîtresse eût
reconquis un si notable morceau, laquelle se
hâta de m'amener au plus vite chez Circè; puis
elle me fit entrer dans un cabinet de feuillage
très amène, où la nature avait assemblé dans une

prodigalité magnifique, l'ornement des jardins et le plaisir des yeux.»

Le platane aux branches délicates faisait pleuvoir une ombre estivale,
Et Daphné que ceignent des grappes zinzolines, et le mobile cyprès,
Et les pins émondés jusqu'à leur parasol.
En ce lieu, jouait avec d'errantes eaux une cascatelle
Écumante, dont le jet querelleur taquine le gravier.
O lieu digne d'amour, témoin le sylvestre Aédon
Et Progné citadine qui, s'hébergeant autour du gazon
Et des molles violettes, délectaient de leurs chants les plaines d'alentour.

Étendue à demi, Circè appuyait sur un *torus* d'or le galbe marmoral de ses épaules, et d'un myrte en fleur, agitait l'air paisible. Dès qu'elle m'aperçoit, elle rougit un peu, sans doute remembrant l'insulte de la veille.

Après avoir congédié ses femmes, elle m'invite à être assis près d'elle, et couvrant mes yeux de sa branche de myrte, plus audacieuse comme par l'interposition d'une paroi : — Eh bien, paralytique, me dit-elle, viens-tu, ce jourd'hui, tout entier? — Tu le demandes, répliquai-je, au lieu de t'en assurer par toi-même, et, rué de tout mon corps dans une

étreinte qu'elle ne récuse point, je jouis à sa-
tiété de ses baisers.

La fleur de son beau corps m'appelle et me
conduit à Vénus. Déjà ses lèvres, au donoiement
de bouche, ont crépité. Déjà nos mains, parmi
les détours et les obstacles, ont inventorié les
engins du plaisir. «Mais au milieu de ces préli-
minaires très soëfs, mon cas se dérobe, tout à
coup, et je ne peux atteindre aux suprêmes
voluptés.» Par une contumélie à ce point manifeste, la matrone verbérée, en désespoir de
cause, recourt à la vengeance, appelle ses *cubicu-
larius* et leur enjoint de me fouailler. Non encore
satisfaite d'une injure si grave, elle assemble
avec les *quasillariæ* le plus sordide rebut de son
domestique, puis, leur fait commandement de
me conspuer.

D'une main, j'abrite mes yeux sans me dépenser en prières, sachant trop ce que j'ai mérité;
ensuite de quoi, l'on me jette à la porte, roué
de coups et moite de crachats. Prosélénos est, de

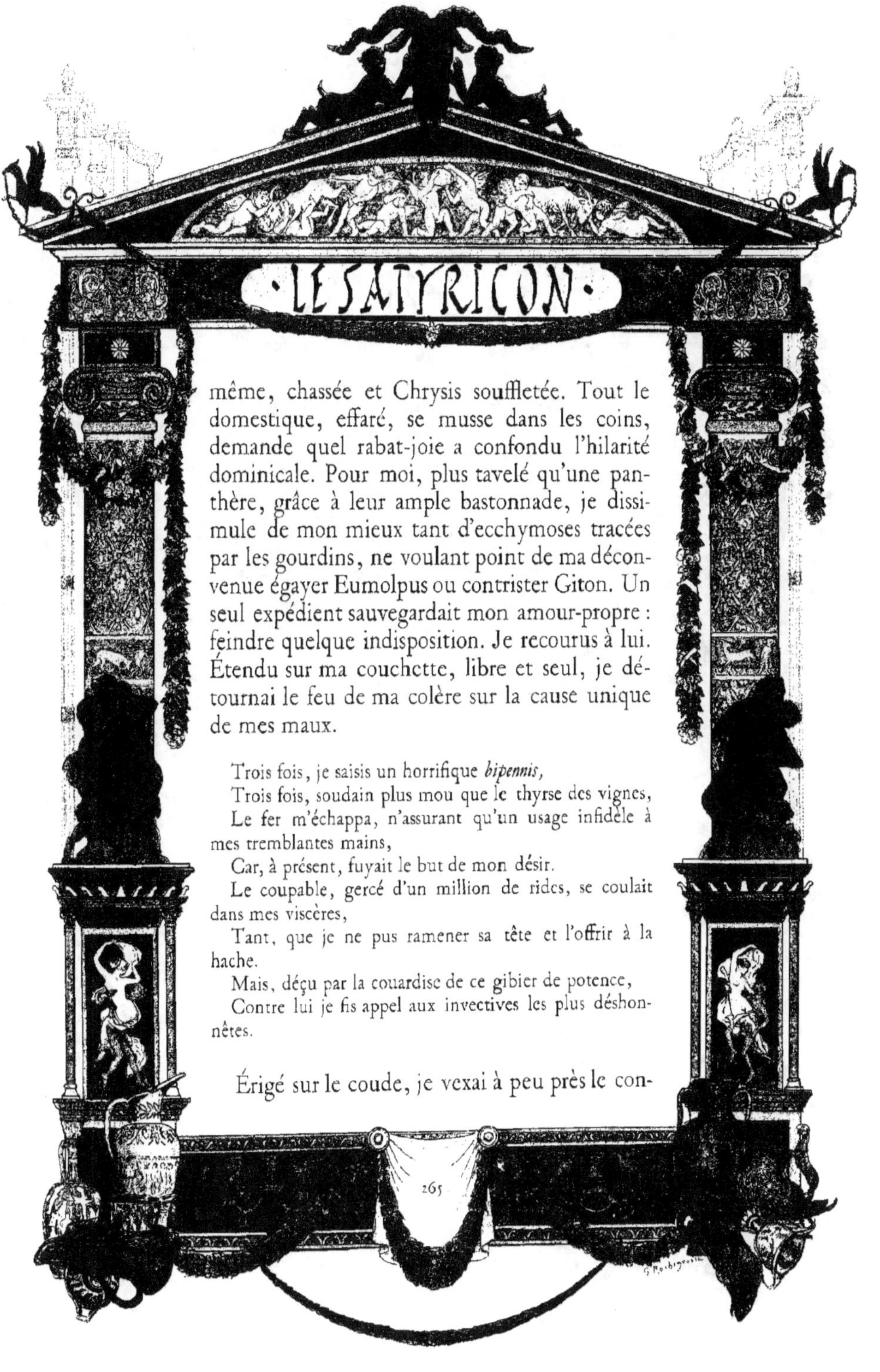

même, chassée et Chrysis souffletée. Tout le
domestique, effaré, se musse dans les coins,
demande quel rabat-joie a confondu l'hilarité
dominicale. Pour moi, plus tavelé qu'une pan-
thère, grâce à leur ample bastonnade, je dissimule de mon mieux tant d'ecchymoses tracées
par les gourdins, ne voulant point de ma décon-
venue égayer Eumolpus ou contrister Giton. Un
seul expédient sauvegardait mon amour-propre :
feindre quelque indisposition. Je recourus à lui.
Étendu sur ma couchette, libre et seul, je dé-
tournai le feu de ma colère sur la cause unique
de mes maux.

> Trois fois, je saisis un horrifique *bipennis,*
> Trois fois, soudain plus mou que le thyrse des vignes,
> Le fer m'échappa, n'assurant qu'un usage infidèle à
> mes tremblantes mains,
> Car, à présent, fuyait le but de mon désir.
> Le coupable, gercé d'un million de rides, se coulait
> dans mes viscères,
> Tant, que je ne pus ramener sa tête et l'offrir à la
> hache.
> Mais, déçu par la couardise de ce gibier de potence,
> Contre lui je fis appel aux invectives les plus déshon-
> nêtes.

Érigé sur le coude, je vexai à peu près le con-

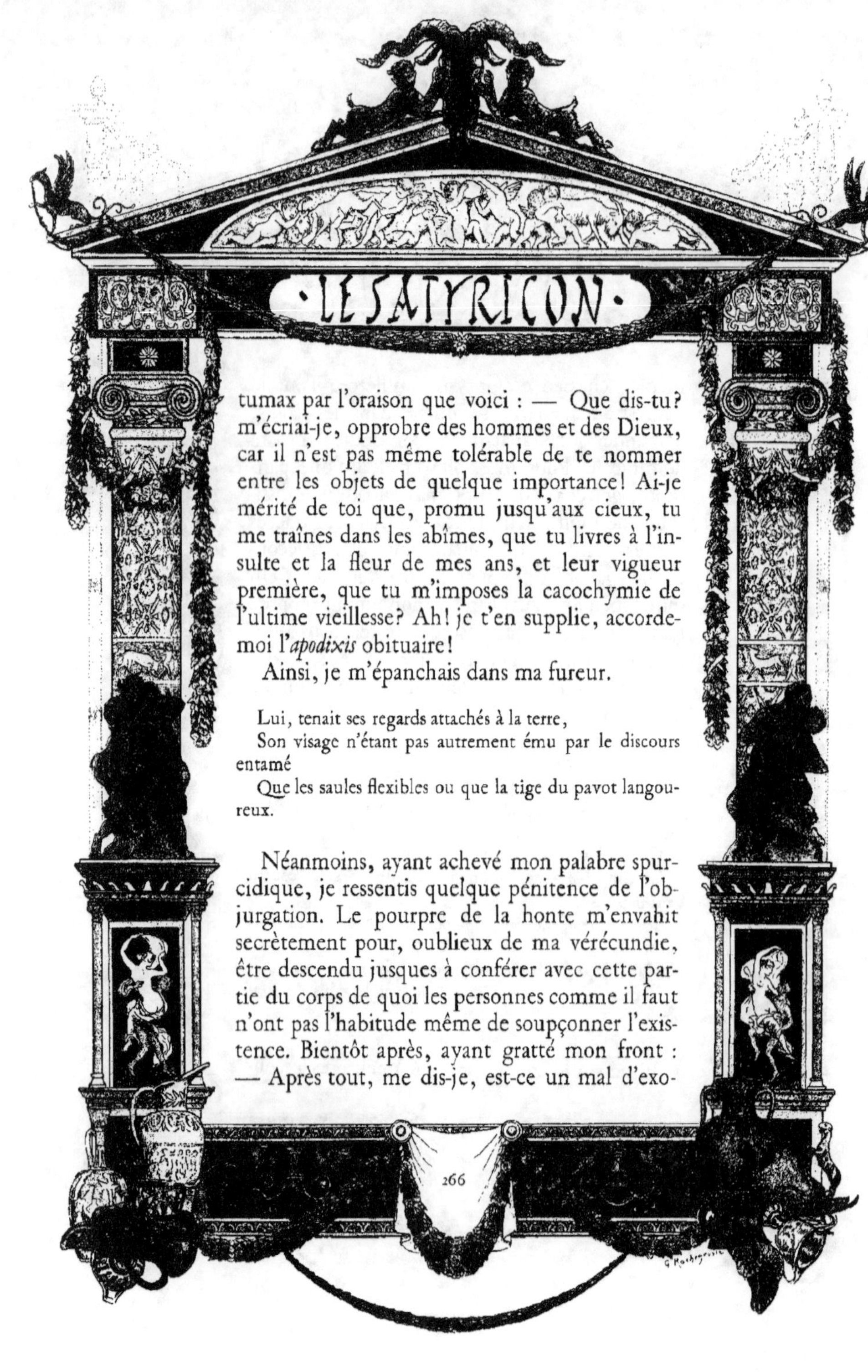

tumax par l'oraison que voici : — Que dis-tu?
m'écriai-je, opprobre des hommes et des Dieux,
car il n'est pas même tolérable de te nommer
entre les objets de quelque importance! Ai-je
mérité de toi que, promu jusqu'aux cieux, tu
me traînes dans les abîmes, que tu livres à l'insulte et la fleur de mes ans, et leur vigueur
première, que tu m'imposes la cacochymie de
l'ultime vieillesse? Ah! je t'en supplie, accorde-
moi l'*apodixis* obituaire!

Ainsi, je m'épanchais dans ma fureur.

Lui, tenait ses regards attachés à la terre,
Son visage n'étant pas autrement ému par le discours
entamé
Que les saules flexibles ou que la tige du pavot langou-
reux.

Néanmoins, ayant achevé mon palabre spur-
cidique, je ressentis quelque pénitence de l'objurgation. Le pourpre de la honte m'envahit
secrètement pour, oublieux de ma vérécundie,
être descendu jusques à conférer avec cette partie du corps de quoi les personnes comme il faut
n'ont pas l'habitude même de soupçonner l'existence. Bientôt après, ayant gratté mon front :
— Après tout, me dis-je, est-ce un mal d'exo-

·LE SATYRICON·

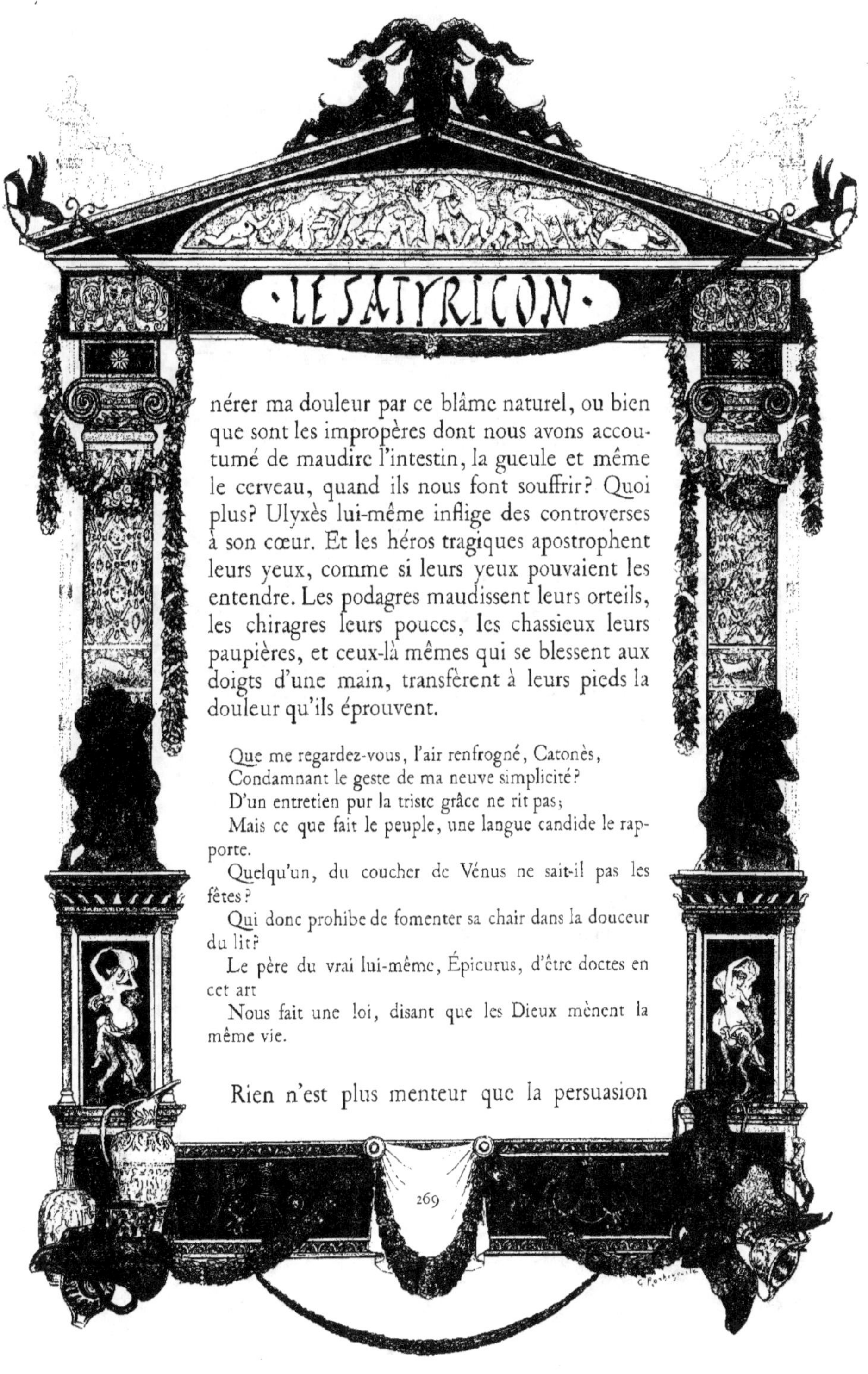

nérer ma douleur par ce blâme naturel, ou bien
que sont les impropères dont nous avons accoutumé de maudire l'intestin, la gueule et même
le cerveau, quand ils nous font souffrir? Quoi
plus? Ulyxès lui-même inflige des controverses
à son cœur. Et les héros tragiques apostrophent
leurs yeux, comme si leurs yeux pouvaient les
entendre. Les podagres maudissent leurs orteils,
les chiragres leurs pouces, les chassieux leurs
paupières, et ceux-là mêmes qui se blessent aux
doigts d'une main, transfèrent à leurs pieds la
douleur qu'ils éprouvent.

Que me regardez-vous, l'air renfrogné, Catonès,
Condamnant le geste de ma neuve simplicité?
D'un entretien pur la triste grâce ne rit pas;
Mais ce que fait le peuple, une langue candide le rap-
porte.
Quelqu'un, du coucher de Vénus ne sait-il pas les
fêtes?
Qui donc prohibe de fomenter sa chair dans la douceur
du lit?
Le père du vrai lui-même, Épicurus, d'être doctes en
cet art
Nous fait une loi, disant que les Dieux mènent la
même vie.

Rien n'est plus menteur que la persuasion

inepte des hommes; rien n'est plus inepte que
leur menteuse sévérité.

Ayant épuisé cette déclamation, j'appelle
Giton et : —— Conte-moi, frère, lui dis-je, mais
sous ta foi : quand te vint Ascyltos détourner
de mes bras, a-t-il poussé les efforts de sa veille
aux dernières entreprises, ou bien s'est-il borné
aux plaisirs d'une veuve et pudique nuit? L'enfant toucha ses yeux et, dans toutes les formes
du serment, jura qu'Ascyltos ne lui avait fait
aucune violence. «À bien parler, j'avais l'enten-
dement si abruti par les catastrophes du matin,
que j'extravaguais un peu, ne sachant pas très
bien ce que je voulais dire. A quel propos me
remettre en mémoire un passé qui pouvait nuire
encore? Enfin, pour recouvrer mes nerfs, je
n'épargnai aucun effort et résolus de me dévouer
aux Dieux. Je sortis peu après, dans le dessein
d'adjurer Priapus.» Je simulai, à tout événe-
ment, l'espoir sur mon visage, et, posant un
genou devant le seuil, j'implorai sa divinité dans
les rythmes suivants :

Des Nymphæ, de Bacchus le compagnon, que Dioné
la belle,

Aux forêts somptueuses donna pour Génie! A toi, l'in-
clyte

Lesbos se soumet et Thasos la verte; c'est toi qu'adore
le Lydus

Aux fluides vêtements, toi, dont il dédia le sanctuaire
dans ton Hypœpæ.

Sois ici présent, ô de Bacchus tuteur et des Dryas volupté!

Accueille les rogations timides! Je ne viens pas d'un
sang lugubre

Arrosé; je n'ai point, ennemi sacrilège, porté

Ma droite sur les temples, mais pauvre, mais ayant
perdu mon orgueil!

Attristé, j'ai commis un délit, mais non pas de tout
mon corps.

Celui qui forfait, pauvre, est moins coupable. Par cette
oraison, je t'en prie,

Exonère mes sens et pardonne à la coulpe mineure,

Et, quand de Fortuna me sourira l'instant,

Non sans honneur, j'exalterai ton los : il ira vers tes
autels,

O Saint, le bouc père du troupeau; il ira vers tes autels,

Ce cornu, et le fruit d'une laie groïnante, hostie à la
mamelle!

Écumera dans tes patères le vin de l'année; trois fois,
d'un pied joyeux,

Fera le tour de ta chapelle une jouvence ébriolente.

Cependant que je profère cet hymne, guet-
tant d'un œil avisé mon triste défunt, l'antique

Prosélénos entre dans la chapelle. Crins épars, enlaidie par une robe noire, elle pose la main sur moi ; elle me traîne hors du vestibule dans une formidable appréhension de tous les malheurs.

— Quelles striges, dit-elle, ont dévoré tes nerfs? As-tu foulé nuitamment, dans un trivier, immondices ou cadavre? Non, pas même avec ton amant tu n'as pris de revanche ; mais flasque, débile, aplati comme une haridelle gravissant un coteau, et l'ouvrage et la sueur tu les as perdus. Non content de prévariquer toi-même, tu suscites contre moi les Dieux irrités. Et tu ne me donnerais aucune expiation! Là-dessus, elle m'entraîne, sans récusation de ma part, dans la *cella* de la prêtresse, au fond même de la sacristie. Elle me culbute sur le lit. Prenant un roseau derrière la porte, elle m'applique une volée, à quoi je ne fais pas la moindre objection. Et si du premier coup le roseau éclaté n'eût amorti la fougue de la verbérante, il se peut qu'elle m'eût rompu les bras et la tête pareillement. Je lamen-

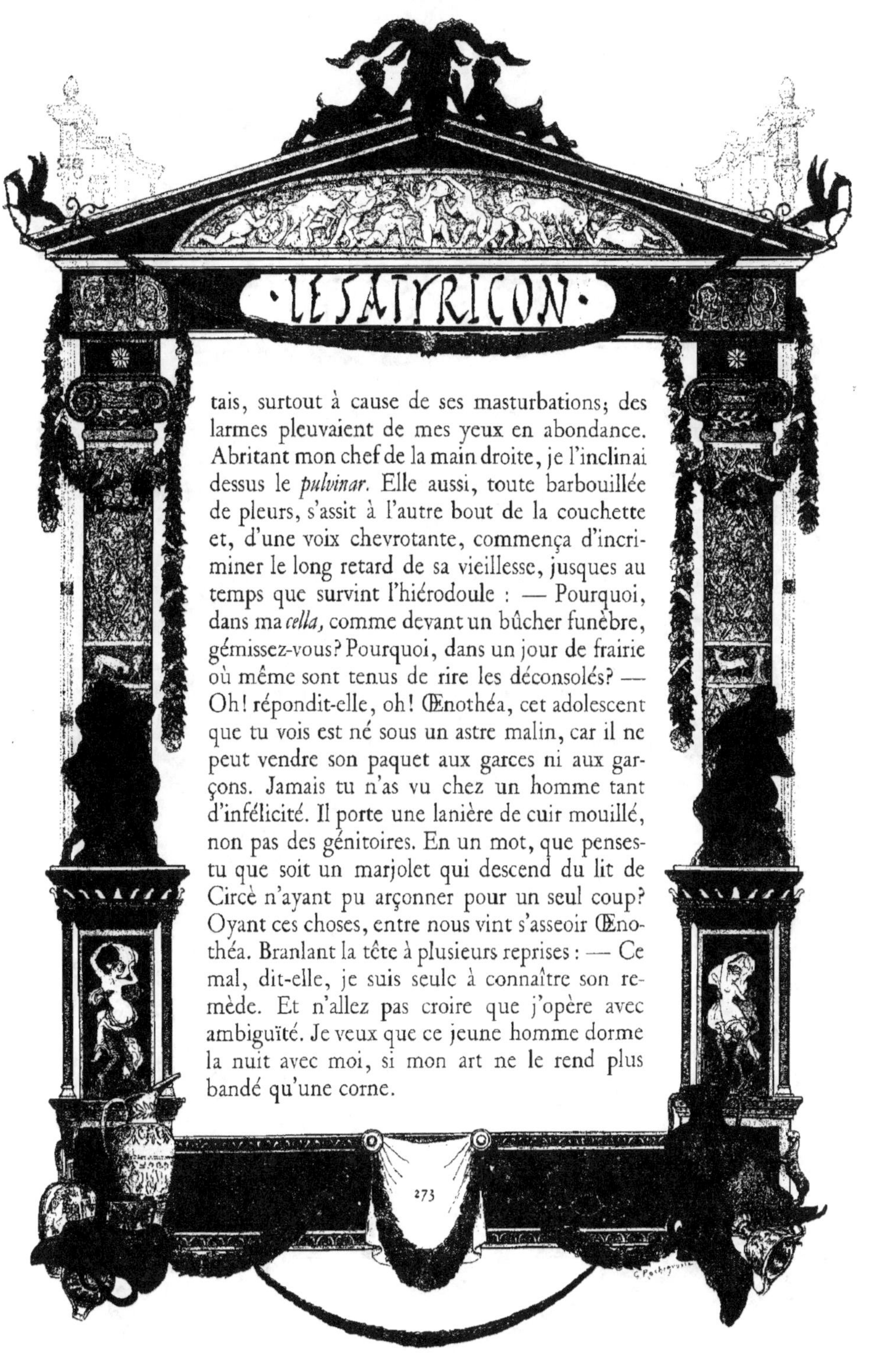

tais, surtout à cause de ses masturbations; des
larmes pleuvaient de mes yeux en abondance.
Abritant mon chef de la main droite, je l'inclinai
dessus le *pulvinar*. Elle aussi, toute barbouillée
de pleurs, s'assit à l'autre bout de la couchette
et, d'une voix chevrotante, commença d'incriminer le long retard de sa vieillesse, jusques au
temps que survint l'hiérodoule : — Pourquoi,
dans ma *cella,* comme devant un bûcher funèbre,
gémissez-vous? Pourquoi, dans un jour de frairie
où même sont tenus de rire les déconsolés? —
Oh! répondit-elle, oh! Œnothéa, cet adolescent
que tu vois est né sous un astre malin, car il ne
peut vendre son paquet aux garces ni aux garçons. Jamais tu n'as vu chez un homme tant
d'infélicité. Il porte une lanière de cuir mouillé,
non pas des génitoires. En un mot, que penses-
tu que soit un marjolet qui descend du lit de
Circé n'ayant pu arçonner pour un seul coup?
Oyant ces choses, entre nous vint s'asseoir Œnothéa. Branlant la tête à plusieurs reprises : — Ce
mal, dit-elle, je suis seule à connaître son remède. Et n'allez pas croire que j'opère avec
ambiguïté. Je veux que ce jeune homme dorme
la nuit avec moi, si mon art ne le rend plus
bandé qu'une corne.

Tout le monde visible se range à ma loi. La terre en fleurs,
   Quand je le veux, languit, aride, aux sillons épuisés;
   Quand je le veux, elle prodigue sa richesse parmi les écueils et, des roches abruptes
   Jaillissent les eaux du Nil; à moi le pont
   Soumet ses flots inertes, et Zéphirus apporte
   A mes pieds sa flabellation muette. A moi les fleuves obéissent,
   Et les tigres d'Hyrcania, et les dragons immobiles.
   Que parlerai-je de miracles inférieurs? Descend l'image de Luna,
   Déduite par mes incantations; l'ardent Phœbus
   Est contraint de ramener ses féroces chevaux, son orbe parcouru,
   Tant mes conjurations font paraître d'efficace! La flamme des taureaux s'accoite,
   Dans les *sacra* virginaux éteinte; Circè Phœbeia,
   Par des vers d'enchantement, mua les seconds d'Ulyxès.
   Proteus a coutume d'être ce qu'il lui plaît. Experte dans ces artifices, je descendrais en pleine mer les forêts de l'Ida,
   Posant les fleuves, en retour, sur les plus hauts sommets.

Horripilé, anéanti par une si fabuleuse incantation, je me pris à considérer la vieille plus diligemment. — Donc, exclame Œnothéa, pré-

pare tes vœux à mon empire. Elle déterge ses
mains avec minutie, elle se penche vers le grabat et me baise par deux fois. Ensuite, elle pose
une table antique au milieu de l'autel qu'elle
emplit de braise vive; elle radoube avec de la
poix tiède une écuelle rompue de vétusté. Mais
un clou qui avait suivi sa main décrochant cette
écuelle de bois, par ses soins est rendu à la paroi
fumeuse. Bientôt, ceinte d'un *pallium* carré, elle
pose devant le foyer une vaste *cucuma*. En même
temps, au bout d'une fourche, elle extrait du
garde-manger une besace contenant sa provision
de fèves ainsi qu'un très rance lambeau de hure
criblé de mille trous. Déliant le cordon qui rete-
nait le sac, elle éparpille sur la table une partie
des légumes et me requiert de les purger vite-
ment. J'obéis à son ordre; d'une main curieuse,
je sépare le grain des cosses très puantes. Mais
elle, m'accusant d'inertie, agrippe les fèves de
rebut, les dépouille adroitement de leurs gousses
et les crache à terre comme une pluie de
mouches. Admirable, en effet, le génie de la
pauvreté. La faim éducatrice, dans le menu
de la vie, enseigne bien des arts. L'hiérodoule
«semblait si attachée à la pratique de cette vertu,
qu'elle éclatait dans les moindres effets à son

usage. Sa case était le *sacrarium* de l'Indigence
plus que tout autre lieu».

Là ne fulgurait pas l'ivoire indien où la toreutique fait
adhérer des lames d'or,
Et ne brillait de marbre en mosaïque, la terre
Abusée par ses propres dons; mais sur une claie d'osier,
Des chaumes en tas, veufs de Cérès et des coupes ré-
centes
D'argile, qu'une roue obscure avait tournée d'un orbe
dédaigneux,
Un baquet distillant à gouttes grosses comme un lac;
prise dans quelque souche molle,
De la vaisselle d'osier, plus un gueulard inquiné par
Lyæus ;
Mais la paroi, foncée de paille inerte
Et de limon adventice, comptait ses clous agrestes :
Le toit de roseau pendait lié de joncs graciles.
En outre, suspendus aux soliveaux fumeux
L'humble *casa* gardait quelques trésors : des sorbes miel-
leuses
Pendaient tressées avec des guirlandes parfumées,
Et de la sarriette vétuste, et des pampres nonchalants.
Telle fut jadis au terroir d'Actéa, l'hôtesse
Digne des *sacra*, Hécalés, dont la Muse aux siècles élo-
quents
La Muse du Batiadès a légué la mémoire pour l'éternité.

Alors Œnothéa, les fèves émondées, prélève

un peu de viande, puis, comme elle se propose,
avec sa fourquette, de replacer dans le charnier
ce museau de porc évidemment contemporain
de son jour natal, voici qu'elle rompt un es-
cabeau mangé aux vers dont elle suppéditait
la mesure de sa taille et qui sous le poids de la
dame écrasé, la dépêche au mitan du foyer. Le
goulot de la *cucuma* vole en pièces; l'eau chaude
éteint le feu convalescent. Œnothéa se brûle
même le coude à la braise d'un flambart et fait
voler un nuage de cendre qui lui barbouille la
face ignoblement. Épouvanté, je me dresse et
relève la duègne, non sans quelque risée. Au
même instant et pour que rien ne mette en retard
le sacrifice, elle, dans le voisinage s'en va quêter
du feu. Comme alors je gagnais l'humble porte
de la *casa* voici que trois jars sacrés dont c'était
je pense la coutume de quémander vers midi, à
la vieille leur pitance journalière, font irruption
contre moi et m'entourent, fort énervé de leur
strideur immonde et colérique. L'un dilacère ma
tunique, l'autre dénoue un lacet de mes chaus-
sures, le troisième enfin, conducteur et maître
des sévices, n'hésite pas à pincer ma jambe de son
bec denté comme une scie. Oublieux alors des
bagatelles, j'extorque un pied au guéridon; je

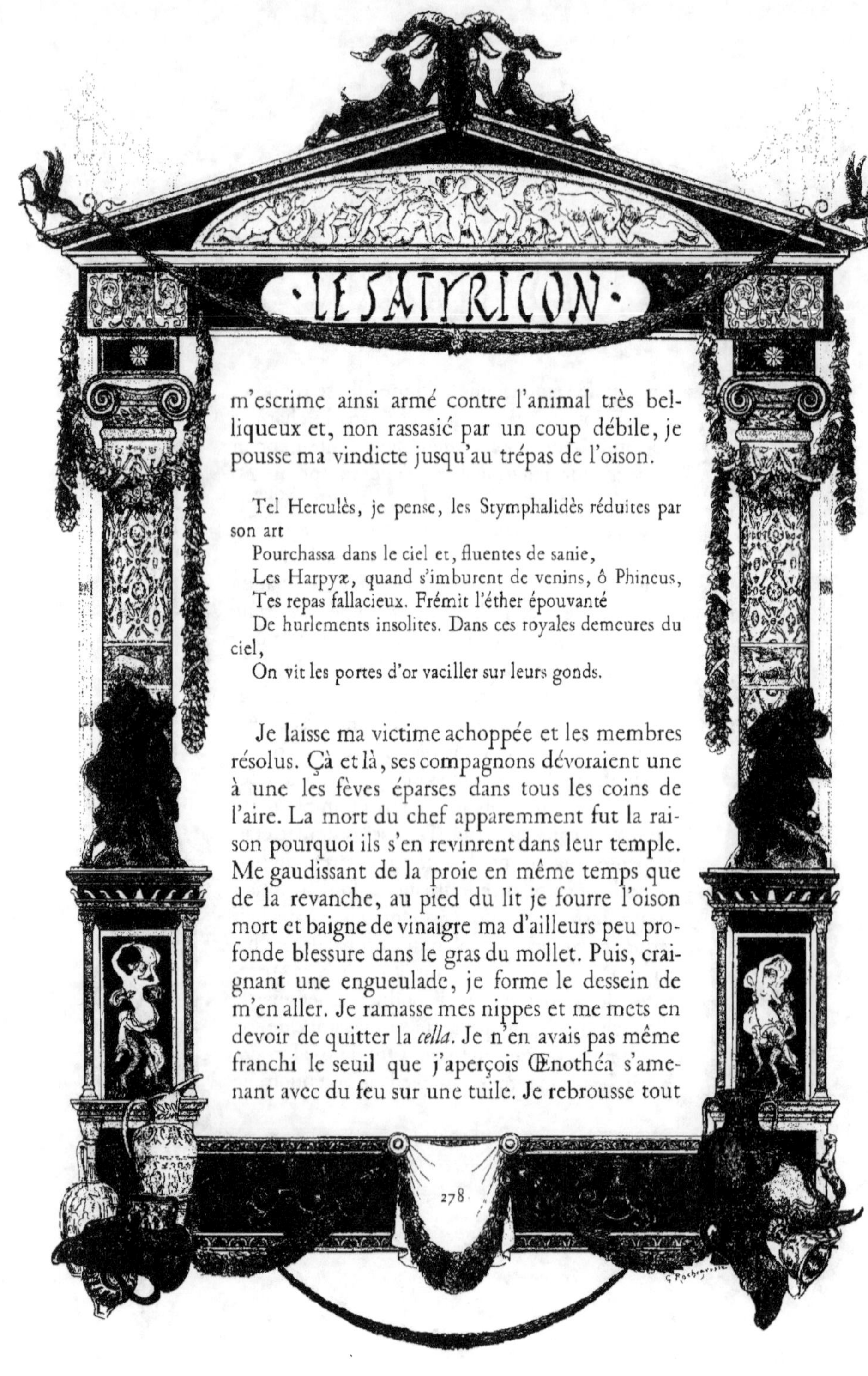

m'escrime ainsi armé contre l'animal très belliqueux et, non rassasié par un coup débile, je pousse ma vindicte jusqu'au trépas de l'oison.

Tel Herculès, je pense, les Stymphalidès réduites par son art
Pourchassa dans le ciel et, fluentes de sanie,
Les Harpyæ, quand s'imburent de venins, ô Phineus,
Tes repas fallacieux. Frémit l'éther épouvanté
De hurlements insolites. Dans ces royales demeures du ciel,
On vit les portes d'or vaciller sur leurs gonds.

Je laisse ma victime achoppée et les membres résolus. Çà et là, ses compagnons dévoraient une à une les fèves éparses dans tous les coins de l'aire. La mort du chef apparemment fut la raison pourquoi ils s'en revinrent dans leur temple. Me gaudissant de la proie en même temps que de la revanche, au pied du lit je fourre l'oison mort et baigne de vinaigre ma d'ailleurs peu profonde blessure dans le gras du mollet. Puis, craignant une engueulade, je forme le dessein de m'en aller. Je ramasse mes nippes et me mets en devoir de quitter la *cella*. Je n'en avais pas même franchi le seuil que j'aperçois Œnothéa s'amenant avec du feu sur une tuile. Je rebrousse tout

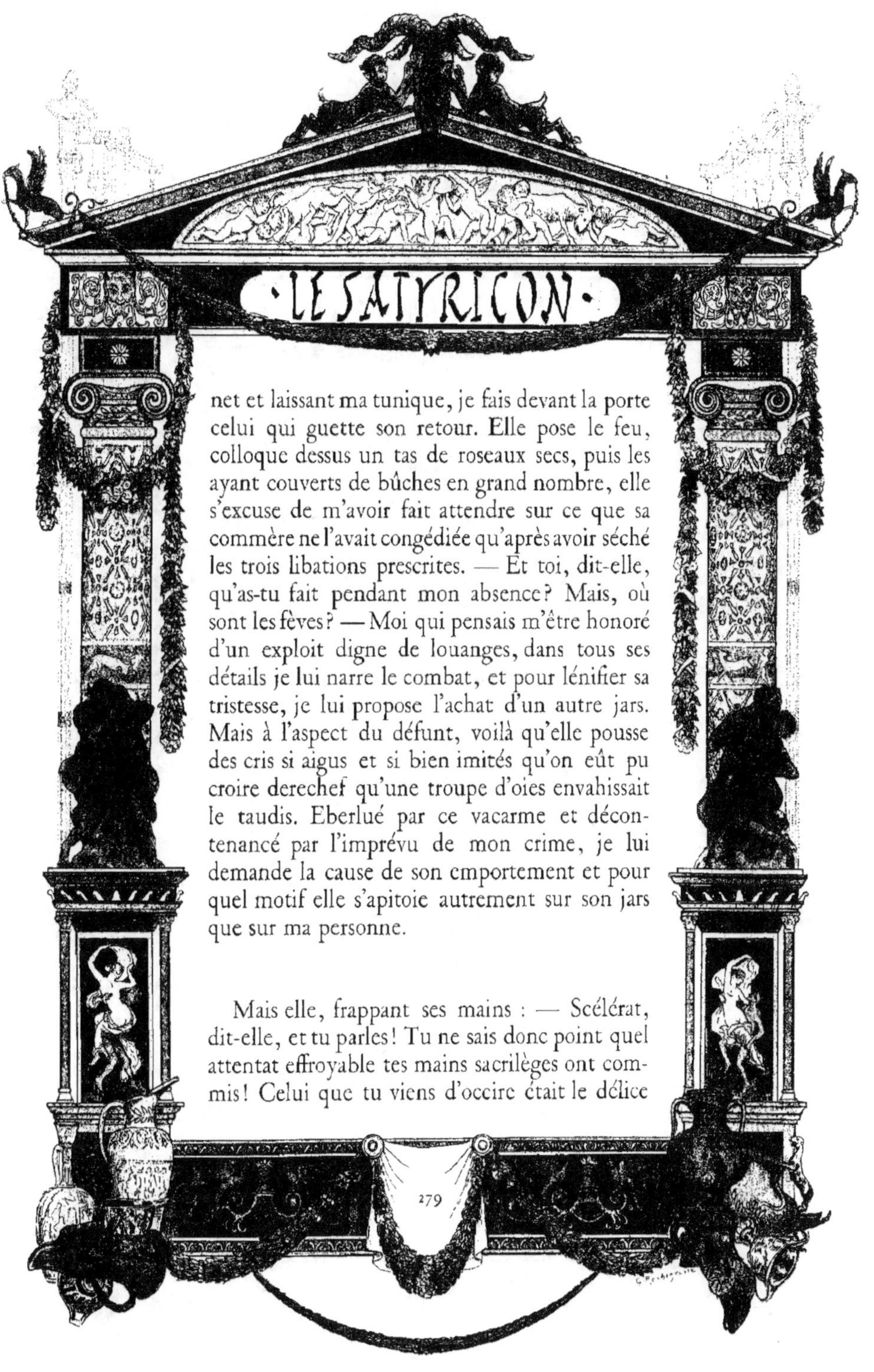

net et laissant ma tunique, je fais devant la porte
celui qui guette son retour. Elle pose le feu,
colloque dessus un tas de roseaux secs, puis les
ayant couverts de bûches en grand nombre, elle
s'excuse de m'avoir fait attendre sur ce que sa
commère ne l'avait congédiée qu'après avoir séché
les trois libations prescrites. — Et toi, dit-elle,
qu'as-tu fait pendant mon absence? Mais, où
sont les fèves? — Moi qui pensais m'être honoré
d'un exploit digne de louanges, dans tous ses
détails je lui narre le combat, et pour lénifier sa
tristesse, je lui propose l'achat d'un autre jars.
Mais à l'aspect du défunt, voilà qu'elle pousse
des cris si aigus et si bien imités qu'on eût pu
croire derechef qu'une troupe d'oies envahissait
le taudis. Eberlué par ce vacarme et décon-
tenancé par l'imprévu de mon crime, je lui
demande la cause de son emportement et pour
quel motif elle s'apitoie autrement sur son jars
que sur ma personne.

Mais elle, frappant ses mains : — Scélérat,
dit-elle, et tu parles! Tu ne sais donc point quel
attentat effroyable tes mains sacrilèges ont commis! Celui que tu viens d'occire était le délice

de Priapus, un jars très duisant à toutes les matrones. C'est pourquoi ne t'avise pas de regarder
ta faute comme une babiole. Si je te dénonçais
aux magistrats, ce serait la potence. Par toi, fut
de sang ma demeure pollue, ma demeure inviolée jusqu'à ce moment. Par ton fait, celui de
mes ennemis qui voudra s'en donner la peine
me fera bannir du sacerdoce.

Elle geint et de sa tête branlante arrache les poils gris.
Elle déchire ses joues et l'averse ne défaille de ses yeux.
Mais, tel que par les vallons, un fleuve torrentueux
Bondit, quand ont pris fin les neiges maussades ; lan-
guide, Auster
Ne souffre pas le gel sur la terre délivrée :
Tel, à plein jet, son masque ruissela et d'un profond
Gémissement sa gorge, par les murmures houleuse, re-
tentit.

Alors : — De grâce, dis-je, modère tes clameurs ; moi, pour un oison, je te donnerai
une autruche. Elle demeurait assise sur son lit,
moi, toujours stupide, et ne cessait d'incriminer
le destin de son jars. Entre temps, Prosélénos
revint avec l'argent du sacrifice. Voyant la bête
morte, après s'être enquise des motifs de notre
méchante humeur, elle se mit à pleurer d'une

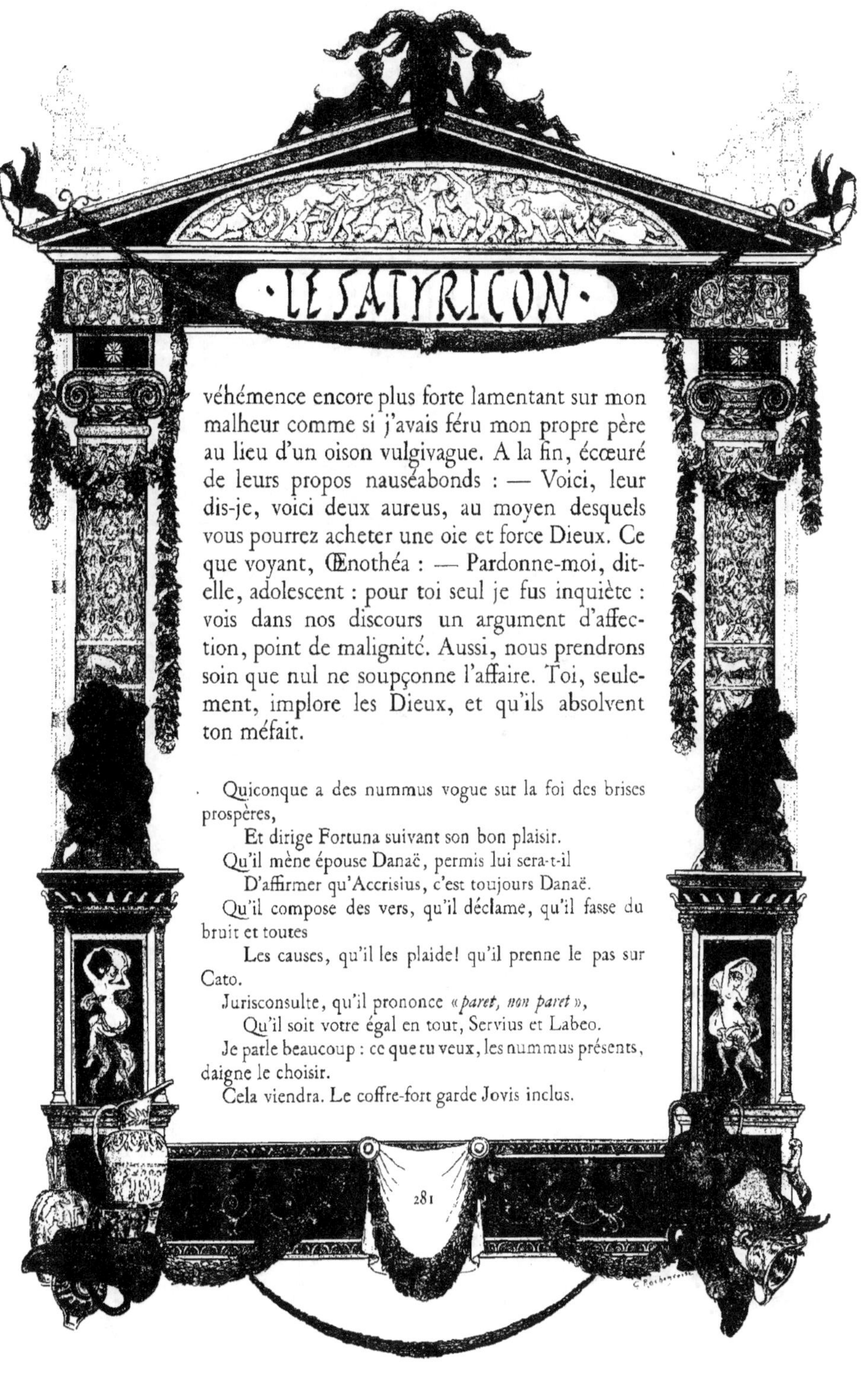

véhémence encore plus forte lamentant sur mon malheur comme si j'avais féru mon propre père au lieu d'un oison vulgivague. A la fin, écœuré de leurs propos nauséabonds : — Voici, leur dis-je, voici deux aureus, au moyen desquels vous pourrez acheter une oie et force Dieux. Ce que voyant, Œnothéa : — Pardonne-moi, dit-elle, adolescent : pour toi seul je fus inquiète : vois dans nos discours un argument d'affection, point de malignité. Aussi, nous prendrons soin que nul ne soupçonne l'affaire. Toi, seulement, implore les Dieux, et qu'ils absolvent ton méfait.

Quiconque a des *nummus* vogue sur la foi des brises prospères,
    Et dirige Fortuna suivant son bon plaisir.
Qu'il mène épouse Danaë, permis lui sera-t-il
    D'affirmer qu'Accrisius, c'est toujours Danaë.
Qu'il compose des vers, qu'il déclame, qu'il fasse du bruit et toutes
    Les causes, qu'il les plaide! qu'il prenne le pas sur Cato.
Jurisconsulte, qu'il prononce *« paret, non paret »*,
    Qu'il soit votre égal en tout, Servius et Labeo.
Je parle beaucoup : ce que tu veux, les *nummus* présents, daigne le choisir.
Cela viendra. Le coffre-fort garde Jovis inclus.

Pendant ce temps, la vieille, affairée, pose sous mes doigts une *camella* pleine de vin; sur mes paumes étendues, elle procède aux ablutions lustrales avec des branches de persil et des tiges de porreaux. Cela fait, elle immerge des avelines en marmonnant une prière. Soit qu'elles tombent au fond de la coupe, soit qu'elles remontent à la surface, elle en tire des présages; mais ceci ne me trompait aucunement, à savoir que les noisettes creuses, pleines de vent et sans moelle, surnageaient. Les lourdes, au contraire, avec l'intégrité de leur amande, coulaient au plus profond. Ce fut ensuite le tour du jars. Ouvrant sa poitrine, elle en extrait un foie énorme; d'après ses complexions elle me dit la bonne aventure. Bien plus, ne voulant que subsiste aucune trace du méfait, elle dépèce le jars tout entier et l'embroche pour en faire à celui que, peu auparavant, elle-même dédiait au trépas, un hâtereau du meilleur goût. Entre temps, les rouges-bords allaient bon train chez les deux vieilles. « Gaiement, l'une et l'autre dévoraient cette oie, naguère objet de tant de larmes. Quand tout fut grignoté jusqu'aux os, l'hiérodoule, un peu pompette, se tournant de mon côté, me dit : — Il faut achever nos

mystères afin de te rétablir en état de grâce tout
à fait. »

« A ces mots », elle apporte un phallus de cuir,
le graisse d'un oing composé d'huile, de poivre
concassé, de graine d'ortie en poudre et peu à
peu me l'insère dans l'anus. Puis, la sorcière
maupiteuse badigeonne l'intérieur de mes cuisses
avec le même liniment. Ensuite, elle compose
un suc de cresson et d'aurone dont elle arrose
mon pénis; elle saisit un fagot d'orties vertes
et me flagelle doucement à partir de l'ombilic.
Brûlé d'urtication, je prends la fuite, les deux
petites vieilles anhélant à ma poursuite. Encore
que soûles de vin et de cochonnerie, elles
m'emboîtent le pas; elles me courent, quelques
rues. — Appréhendez le voleur! clament-elles.
Je m'évadai, pourtant, les pieds ensanglantés
par ma course éperduc. « Enfin, arrivant au
logis, recru de lassitude, je gagnai mon lit
d'abord, mais je ne pus fermer les yeux. Cette
longue suite d'adversités, je la roulais dans mon
esprit et je considérais que nul ne fut exposé à
de si rudes traverses. Je m'écriais : — O Sort,
toujours persécuteur de ma joie, avais-tu donc

besoin des tortures d'Amour? Faut-il me hous-
piller encore? O moi infortuné! Ces deux pouvoirs unis, Amour et Sort, ont conspiré ma
perte. Et lui, le cruel Amour, oncques ne m'é-
pargna. Amant, aimé, j'ai des douleurs pareilles.
Voilà cette Chrysis, qui m'aime à la fureur et
m'outrage sans répit. Elle fut, naguère, l'entre-
metteuse de Circè. Naguère elle me dédaigna
comme esclave, parce que j'assumais une robe
servile. Or donc, c'est à présent cette même »
Chrysis qui tenait en mésestime si grande ma
première fortune et qui veut me suivre au péril
de sa tête. « Elle en a protesté avec les serments
les plus forts, quand elle m'a dévoilé son amour,
jurant qu'elle se tiendrait toujours à mon côté.
Mais Circè me possède tout entier. Je méprise
les autres. Vraiment, est-il rien de plus beau? »
Ariadné, Léda, qu'eurent-elles de pareil à ce
miracle de beauté? Que peuvent, à son regard,
Hélèna ou Vénus? Pâris lui-même, arbitre des
Déesses en litige, la voyant comparaître au débat,
avec ses yeux mutins, eût laissé en offrande
Hélèna et les Déesses. Du moins, si elle permettait de lui prendre un baiser, de tenir dans mes
bras sa gorge divine et céleste, peut-être ce corps
renaîtrait-il à la vigueur et redeviendraient sen-

sibles les parties insoporées, je crois, par un vénéfice. Et les outrages ne me lasseront point; j'en ai reçu les étrivières, peu m'importe! Elle m'a expellé comme un larron! L'indignité m'est un plaisir. Puissé-je seulement recouvrer ses bonnes grâces!

« Joints au tableau que j'évoquais, aux délices inspiratrices de Circè, mes rêves à ce point m'échauffèrent que je froissai mon lit d'inutiles transports, image précaire de ma violente amour : cependant mon belutage fut encore sans aucun résultat. Cette persécution obstinée, à la fin brisa ma patience et je reprochai à ma Tutelle ce charme invincible dont j'étais noué. Ayant mes esprits rassemblé, demandant aux héros antiques, jadis persécutés des Dieux, un motif de consolation, je m'écriai : »

Non pas moi seulement les Puissances et l'implacable Fatum
  Harcelèrent; le premier Tirynthyus, poursuivi par l'ire d'Inachia,
    Soutint le poids du ciel; avant moi, le profane
    Pélias éprouva Juno; porta des armes inconscientes
    Laomédon; le courroux d'un couple de divinités,

Téléphus le rassasia : et du règne de Neptunus s'effraya
Ulyxès.
Et moi, sur la terre, sur les flots du vieillard Néréus,
Moi, que désole la lourde animadversion de Priapus
Hellespontiacus !

« Torturé d'inquiétudes, je passai ma nuit
entière dans une morne anxiété. Giton, qui me
savait couché à la maison, entra dans ma chambre,
dès le point du jour et m'accusa, non sans âpreté,
de mener une vie scandaleuse. A l'entendre, le
domestique tout entier se plaignait avec force de
mes comportements. On ne me voyait presque
plus aux heures de service : et, peut-être, ces
commerces où tu te plais finiront par te jouer
un méchant tour !

« Je conclus de la romancine qu'il était fort
au courant de mes affaires et que ce ne pouvait
être que par un, venu durant mon absence pour
s'enquérir de moi. »

Pour m'en assurer, je m'informai près de
Giton si nul ne m'avait demandé? — Personne,
dit-il, aujourd'hui. Mais hier, une femme aucunement négligée, a franchi notre porte. Après
avoir longuement causé, me fatiguant de propos
tirés par les cheveux, elle se prit à me dire, vers
la fin, que tu mérites un châtiment et que tu

subiras la peine des esclaves si la partie lésée
maintient sa plainte. « Ce discours me tordit
violemment et, de nouvelles imprécations, je
maudis Fortuna. »

Je n'étais pas au bout de mes reproches,
lorsque survint Chrysis. Elle m'investit d'une
étreinte pleine d'effusion et : — Je te tiens,
dit-elle, comme je t'avais espéré, toi, mon désir,
toi, ma volupté! Jamais tu n'éteindras ce feu
à moins que tu ne l'arroses du meilleur de ton
sang.

« Par la violence de Chrysis, je fus grandement inquiété et j'usai de paroles caressantes
pour me défaire d'elle. Je craignais en effet que
le bruit de ses hennissements ne parvînt à
l'oreille d'Eumolpus; car, depuis le temps de sa
félicité, il nous montrait le sourcil orgueilleux
du maître. J'apportai donc toute mon industrie
à mitiger Chrysis; je feignis la passion; je susurrai
flatteusement; enfin, je dissimulai avec tant
d'astuce qu'elle me crut sans peine captif de son
amour. Je lui représentai quel danger nous cour-
rions l'un et l'autre, si on la surprenait avec moi,
dans ma *cella* et qu'Eumolpus infligeait des peines
sévères pour le moindre manquement. Ce discours la fit résoudre à me quitter au plus vite,

d'autant qu'elle aperçut rentrer Giton. Il était
sorti de ma chambre, un peu avant qu'elle ne se
montrât. »

« Elle venait de me quitter », quand un nouveau petit esclave accourut en toute hâte ; il
m'affirma que le maître était fort irrité contre
moi, qui, depuis deux jours, avais faussé compagnie à mon emploi ; et que je ferai sagement
de tenir toute prête une excuse idoine à le calmer. A peine se pourra-t-il faire que s'apaise la
mauvaise humeur du quinteux vieillard sans me
régaler de coups.

« A ce point inquiet et chagrin me vit
Giton qu'il ne souffla mot de la péronnelle.
D'Eumolpus il m'entretint uniquement ; il me
conseilla de tourner l'affaire en plaisanterie et de
ne la pousser point dans le sérieux. J'obéis donc,
et j'abordai le patron d'un si riant visage qu'il
me reçut, non avec des reproches, mais le plus
allègrement du monde. Il se gaussa de ma
Vénus propice : il vanta ma beauté, mon élégance, de toutes les matrones bienvenue, et :
— Je n'ignore pas, dit-il, que la belle des belles
se consume pour toi : et certes, Encolpis, cela
pourra, dans son temps, nous être fort utile.
Soutiens donc le personnage d'amant ; de même,

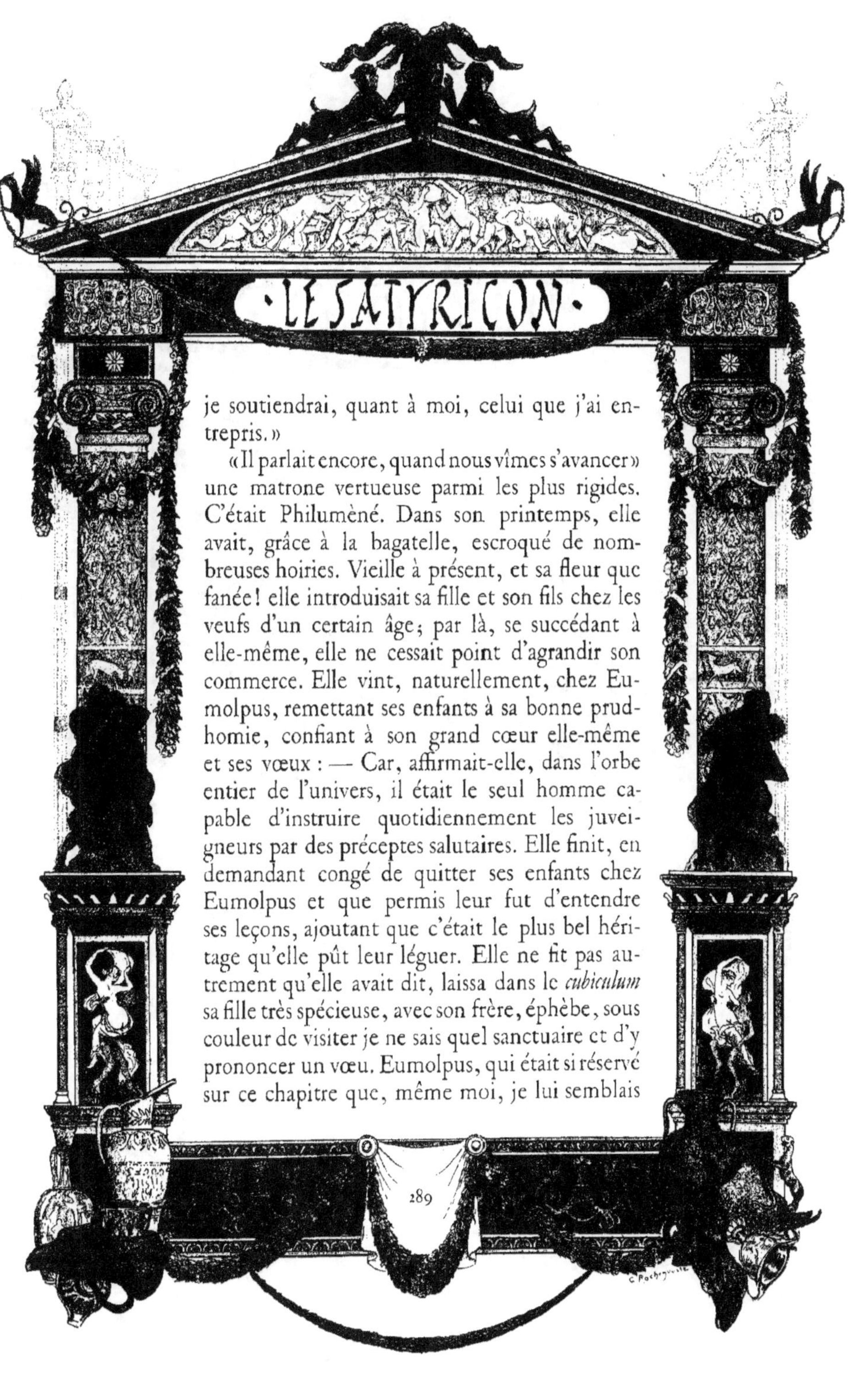

je soutiendrai, quant à moi, celui que j'ai entrepris. »

«Il parlait encore, quand nous vîmes s'avancer»
une matrone vertueuse parmi les plus rigides.
C'était Philumèné. Dans son printemps, elle
avait, grâce à la bagatelle, escroqué de nombreuses hoiries. Vieille à présent, et sa fleur que
fanée ! elle introduisait sa fille et son fils chez les
veufs d'un certain âge ; par là, se succédant à
elle-même, elle ne cessait point d'agrandir son
commerce. Elle vint, naturellement, chez Eumolpus, remettant ses enfants à sa bonne prud-
homie, confiant à son grand cœur elle-même
et ses vœux : — Car, affirmait-elle, dans l'orbe
entier de l'univers, il était le seul homme capable d'instruire quotidiennement les juveigneurs par des préceptes salutaires. Elle finit, en
demandant congé de quitter ses enfants chez
Eumolpus et que permis leur fut d'entendre
ses leçons, ajoutant que c'était le plus bel héritage qu'elle pût leur léguer. Elle ne fit pas autrement qu'elle avait dit, laissa dans le *cubiculum*
sa fille très spécieuse, avec son frère, éphèbe, sous
couleur de visiter je ne sais quel sanctuaire et d'y
prononcer un vœu. Eumolpus, qui était si réservé
sur ce chapitre que, même moi, je lui semblais

encore une petite femme, n'hésita pas un seul instant. Il convia la nymphe au labeur sacré du culletage. Mais il s'était donné à tous pour goutteux, en outre, paralytique des rognons. S'il ne gardait point la simulation intégrale, nous étions exposés à voir crouler cette admirable tragédie. C'est pourquoi, ne voulant pas démentir l'imposture, il pria sa partenaire de grimper sur lui, accommodée à son plaisir. En outre, il enjoignit à Corax de se mettre sous le lit d'amour à quatre pattes, les mains posant sur le parquet, et de mouvoir son maître, à renfort de croupion. Corax obéit. D'une secousse robuste, il répondait à la cadence du tendron. Mais quand le jeu fut près d'aboutir, Eumolpus, d'une voix claire, exhortait Corax à réitérer son office. Ainsi posé entre son courtaud et sa putain, le vieillard semblait faire un tour de balançoire. Une fois d'abord, puis, une autre, au milieu d'un grand rire dont luiméme se crevait, Eumolpus égaya son bas-ventre. Moi aussi, ne voulant pas laisser mes armes se gâter dans l'inaction, tandis que le frère étudie, par les fentes d'une cloison, la mécanique de sa sœur, je m'approche de lui, pour me rendre compte de l'appétit qu'il peut avoir des derniers outrages. L'enfant, très docte, ne s'effarouchait

pas le moins du monde, et répondait fort bien à
mes agaceries. Mais là, je retrouvais encore, sur
la marge du plaisir, l'inimitié d'un Dieu.

« Ce nouveau malheur, toutefois, ne me cha-
grina pas à la manière des précédents : car, peu
après, mes nerfs se développèrent et je sentis
renaître ma vigueur. Je proclamai : — Les
Dieux sont grands! Ils m'ont restauré dans mon
entier. Mercurius psychopompe, qui guide les
âmes vers Orcus et les produit à la lumière, a
daigné me rendre ce glaive qu'une main furieuse
avait tollu : tu connaîtras par là que je suis mieux
doué que Protésilas ou tout autre des Anciens!
A ces mots, je soulève ma tunique, et, sous
les yeux d'Eumolpus, je fais mes preuves au
complet. Mais lui, d'abord, s'épouvante, puis,
afin de croire davantage, il patine de l'une et
l'autre main le céleste guerdon.

« Cette résurrection admirable nous ayant mis
en gaîté, nous cavillâmes sur les intrigues de
Philuméné, sur l'expérience hâtive de ses reje-
tons, sur leur maîtrise dans le déduit. L'espoir
d'un héritage les avait amenés : mais ces précoces
talents ne pouvaient, ici, leur valoir aubaine.
La façon malpropre d'attirer les successions et de
circonvenir les aïeux sans famille m'induisit à

réfléchir sur notre état présent. Le goût me vint
de raciociner avec Eumolpus, lui remontrant
qu'il s'exposait, en captant les captateurs, à être
capté lui-même. Ajoutant combien il importait
que tous nos actes fussent d'une rigoureuse cir-
conspection, je lui dis : » — Socratès, au jugement des hommes et des Dieux le plus sage
mortel, se glorifiait souvent de n'avoir jamais
porté les yeux sur les boutiques ni permis à ses
regards d'embrasser les foules tumultueuses.
Tant il est vrai que rien n'est si profitable que
d'avoir toujours la sagesse pour conseil ! Cela est
constant : nul ne court plus vite à l'infortune
que celui qui guette les trésors d'autrui.

D'où les vagabonds, d'où les tire-laine pren-
draient-ils leurs revenus s'ils n'envoyaient de
petites bourses, de petits sacs tintant l'airain,
comme des hameçons, à travers le public? De
même que le vulgaire animal s'appâte au moyen
de la nourriture, de même, les hommes ne se
peuvent engluer dans l'espérance que sous la
condition de mordre parfois à quelques réalités.
« C'est pourquoi les Crotoniatès nous ont, jusqu'à présent, hébergé de si grasse manière ; mais »
le navire que tu avais promis avec ta pécune
et ton domestique n'arrive pas. Les captateurs

épuisés, déjà ralentissent leur munificence. Ou je me trompe beaucoup, ou la vulgaire Fortuna commence à être marrie des bontés que, depuis quelque temps, elle nous a fait paraître.

— «J'ai, dit Eumolpus, inventé un stratagème qui tiendra fort suspens les captateurs d'hoiries. Et, retirant ses tablettes d'une besace, il nous lit comme suivent les clauses de son testament : » Tous ceux qui trouveront dans le présent acte un legs en leur faveur, à l'exception de mes affranchis, recevront la libéralité que j'ai dite, à la condition de partager mon corps en morceaux, devant les Comices du peuple, et de le manger. Qu'ils n'en conçoivent nulle horreur! Nous savons qu'il est des gentils, conservant encore cette loi qui prescrit à leurs proches d'engloutir les défunts, à ce point d'objurguer fréquemment les moribonds, quand ils détériorent leur carne par un mal trop soutenu. J'admoneste, par là, ceux qui m'aiment de ne pas rechigner sur ce que j'ordonne, mais d'apporter à la consommation de ma viande le même entrain qu'ils mettront à dévouer mon esprit. «Comme il achevait ce premier article, certains familiers privés d'Eumolpus entrèrent dans le *cubiculum,* et voyant les tablettes testamentaires dans la main

du patron, ils le prièrent avec instance de les
faire participer à la lecture. Il y consentit sur-
le-champ et, depuis A jusqu'à Z, il débita son
factum. Eux, firent grise mine, devant cette clause
peu ordinaire qui les obligeait à souper d'un cadavre, mais » la réputation d'extrême opulence
dont jouissait Eumolpus aveuglait les yeux et les
intellects de ces goujats, « les tenait si ram-
pants devant lui qu'ils n'osèrent — les lâches —
rebiffer. Mais l'un d'eux, nommé » Gorgias, se
déclara prêt à exécuter la clause, « pourvu que
l'exécution ne se fît pas trop attendre. A quoi
Eumolpus » répondit :

— Je n'ai rien à redouter des récusations de
ton estomac. Il suivra ton ordre, si tu lui promets
en récompensation d'une heure fastidieuse, toutes
sortes de biens. Ferme les yeux, imagine qu'au
lieu de viscères humains, tu dégustes cent fois
cent mille sestertius. Ajoute à cela, que nous
trouverons quelque ragoût qui en dénature la sa-
veur. Et, de fait, aucune viande ne plaît en soi;
mais, déguisée par quelque savante rubrique,
elle conquiert les estomacs les plus adverses.
Que si tu veux corroborer mon conseil avec
certains exemples, les habitants de Saguntum,
investis par Hannibal, se sont repus de chair hu-

maine. Et cependant ils n'attendaient aucune espèce d'héritage! Quand Scipio fut entré dans Numantia, l'on trouva des mères qui tenaient contre leurs seins des cadavres d'enfants à moitié dévorés. Les Perusii firent de même, au temps d'une famine désespérée, et de ces banquets ils ne retiraient autre chose que de ne pas crever de famine. « Puis donc que » le dégoût qu'inspire la chair humaine est un leurre de l'imagination, vous emploierez votre cœur à surmonter cette fantaisie, ayant pour prix les legs immenses dont je dispose en votre faveur. — Ces paradoxes dégoûtants, Eumolpus les débitait d'un ton de voix, d'un air, convaincus si peu, que les captateurs se prirent à douter de ses promesses. Ils épluchèrent minutieusement nos dires et nos faits. Leurs soupçons augmentèrent, jusqu'à un point qu'ils furent à peu près convaincus de posséder en nous des vagabonds et des tire-laine. Alors, ceux qui pour nous recevoir s'étaient mis le plus en frais, résolurent de se saisir de nous, afin de prendre une vengeance égale à nos mérites. Mais Chrysis, au courant de toutes ces machinations, me découvrit les desseins des Crotoniatès à notre égard. Oyant cela, je fus effaré, à ce point que je décampai aussitôt avec Giton,

abandonnant Eumolpus aux rigueurs des Destins. Peu de temps après, je reçus la nouvelle que les Crotoniatès, furibonds à l'idée que cette vieille pratique avait été longtemps et grassement nourrie aux dépens du public, trucidèrent Eumolpus à la façon de Massilia. « Pour entendre cette figure, sachez que » les Massiliensès, chaque fois que la peste ravageait leur Cité, prenaient un de leurs pauvres qui s'offrait de lui-même. Pendant un an, il vivait sur les deniers publics, alimenté des plus exquises nourritures. Puis, à la date convenue, orné d'une robe sanctimoniale, couronné de verveine, on le promenait avec maintes exécrations, pour que retombassent les maux de tous sur sa tête « dévouée ». Ensuite « du haut d'un rocher », on le précipitait dans la mer.

LE SATYRICON A ÉTÉ TRADUIT PAR LAURENT
TAILHADE À LA PRISON DE LA SANTÉ — 31 OCTOBRE
1901-5 MAI 1902 — PUIS TRÈS SOIGNEUSEMENT REVU
À PARIS — JANVIER-MAI 1909 — SUR LE TEXTE DE
BUCCHELER ET D'APRÈS LES PLUS RÉCENTS TRAVAUX
DE MM. ALBERT COLLIGNON, PROFESSEUR À L'UNI-
VERSITÉ DE NANCY, ET PAUL THOMAS, PROFESSEUR À
L'UNIVERSITÉ DE GAND, ET ACHEVÉ D'IMPRIMER PAR
L'IMPRIMERIE NATIONALE POUR LOUIS CONARD, ÉDI-
TEUR, LE 15 NOVEMBRE 1909.

www.ingramcontent.com/pod-product-compliance
Lightning Source LLC
LaVergne TN
LVHW021525170726
843501LV00004B/967